□入相《いりあひ》　□夕《ゆふ》さり　□宵《よひ》　□夜《よ》さり　□夜半《よは》

ある期間を表す言葉

□日《ひ》ごろ　□月《つき》ごろ　□年《とし》ごろ

4 心情を見定める

21 好感（P.70〜71）

□めでたし　□をかし　□なつかし
□心《こころ》にくし　□めやすし　□愛敬《あいぎやう》づく
□きよらなり　□きよげなり　□うるはし
□あらまほし　□たぐひなし　□心《こころ》ゆく

22 不快感・嫌悪感（P.72〜73）

□うたてし　□ものし
□うとまし　□いとはし
□なめし　□むくつけ
□気色悪《けしきあ》し

23 茫然とする思い（P.74〜

□あさまし　□あきる
□ものもおぼえず　□う
□あれ［われ］かにもあらず

同意表現

□あれか人《ひと》か（にてあり）
□われかのさま・われかの気《け》

24 期待・期待外れ（P.76〜77）

□たのみ　□たのめ　□事《こと》かなふ　□事なる
□あらまし　□さればよ・さればこそ
□心《こころ》まさり　□心《こころ》おとり
□思《おも》はずなり　□思《おも》ひの外《ほか》なり

25 同情・気がかり（P.78〜79）

□いとほし　□心苦《こころぐる》し　□ふびんなり
□あたらし　□心《こころ》もとなし・おぼつかなし
□うしろめたし・うしろめたなし

反対語

□うしろやすし

26 恥ずかしさ・気後れ（P.80〜81）

□恥《は》づかしくす　□かたはらいたし
□はしたなし　□つつまし　□つつむ
□まばゆし　□おもなし　□人《ひと》わろし

27 間違えやすい心情表現（P.82〜83）

□あはれなり　□あかず　□つらし
□やさし　□さうざうし　□心《こころ》やまし

5 思考・行動を見定める

28 男性の教養（P.88〜89）

□文《ふみ》（書《ふみ》）　□文作《ふみつく》る　□文《ふみ》の道《みち》　□詩《し》
□才《ざえ》　□才《ざえ》がる　□誦《ず（じゅ）》す　□大学寮《だいがくれう》
□博士《はかせ》　□学生《がくしやう》

29 女性の教養（P.90〜91）

□手《て》　□手書《てか》き　□手習《てなら》ひ　□女手《をんなで》
□歌詠《うたよ》み　□詠《なが》む（下二段）・詠《えい》ず（サ変）
□歌《うた》つかうまつる　□琴《こと》

30 風流（P.92〜93）

□好《す》く　□好《す》き者《もの》（数寄者《すきもの》）・好《す》き人《びと》（数寄人《すきびと》）
□遊《あそ》び　□をかし　□おもしろし
□あはれなり　□情《なさ》けあり・心《こころ》あり　□めづ

31 身づくろい（P.94〜95）

□装束《さうぞ》く　□つくろふ　□化粧《けさう》す（化粧《けさう》ず）
□薫物《たきもの》　□火取《ひとり》　□伏籠《ふせご》
□引眉《ひきまゆ》「掃墨《はいずみ》」　□歯黒《はぐろ》め「鉄漿《かね》」　□泔坏《ゆするつき》

32 外出（P.96〜97）

□歩《あり》き　□まかる　□ものにまかる
□まうづ　□物詣《ものまう》で　□心《こころ》（を）やる
□心《こころ》やり　□下向《げかう》　□みゆき（行幸・御幸）

33 物忌み（P.98〜99）

□陰陽道《おんやうだう》　□いむ　□いまいまし
□物忌《ものい》み　□方塞《かたふた》がり　□方違《かたたが》へ

34 もてなし（P.100〜101）

□あるじまうけ　□あるじ　□まうけ
□まうく　□まらうと　□もてなす

35 手紙（P.102〜103）

□文《ふみ》・消息《せうそこ》　□文《ふみ》あり・消息《せうそこ》あり　□消息《せうそこ》す
□消息聞《せうそこき》こゆ　□音《おと》もせず　□返《かへ》し・返《かへ》り・返《かへ》り事《ごと》

「訪問する」「手紙をやる」の意味を持つ動詞

□とぶらふ　□おとづる
□おとなふ　□こととふ　□たより

36 恋・結婚（P.104〜105）

女に心引かれることを表す表現

□心《こころ》とまる　□心《こころ》につく　□思《おも》ひつく
□思《おも》ひかく　□思《おも》ひよる　□一筋《ひとすぢ》に思《おも》ふ
□〜に心移《こころうつ》る（心移《こころうつ》ろふ）

男女の契り＝結婚を表す動詞

□（女に）会《あ》ふ（逢《あ》ふ）　□（女を）見《み》る
□（男に）見《み》ゆ

後見返しに続く

本書の構成

常識編

基本的に見開きを上下段に分割しています。

❶上段…各アイテムの全体的な解説とビジュアルなどによる補足解説です。

❷下段右ページ…各アイテムに関連するキーワードなどを紹介しています。

❸下段左ページ…各アイテムにまつわる補足的な情報や注意点を挙げています。

❹「キーワード例文」や「資料」などをQRコードから確認できます。「キーワード例文」では、下段のキーワードを含む古文本文・現代語訳を掲載、実際の文章でどのように使われているのかを確認できます。「資料」では、見開きに掲載された要素に関連する動画や音声などを確認できます。

和歌編

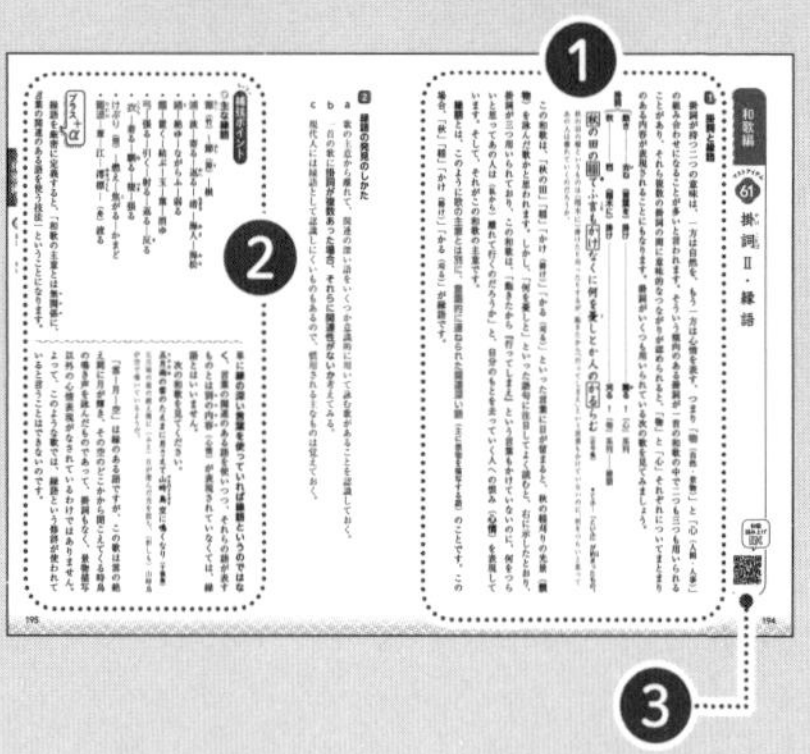

中心となる解説と、二段組の補足解説とで構成しています。

❶解説…和歌中に矢印や記号などを用いて視覚的にわかりやすく説明しています。掲載している和歌は、いっさい改行していません。

❷補強ポイント・プラス+α…さらに踏み込んだ解説や補足、注意事項を掲載しています。

❸QRコードから、見開きに掲載された和歌の読み上げ音声を確認することができます。

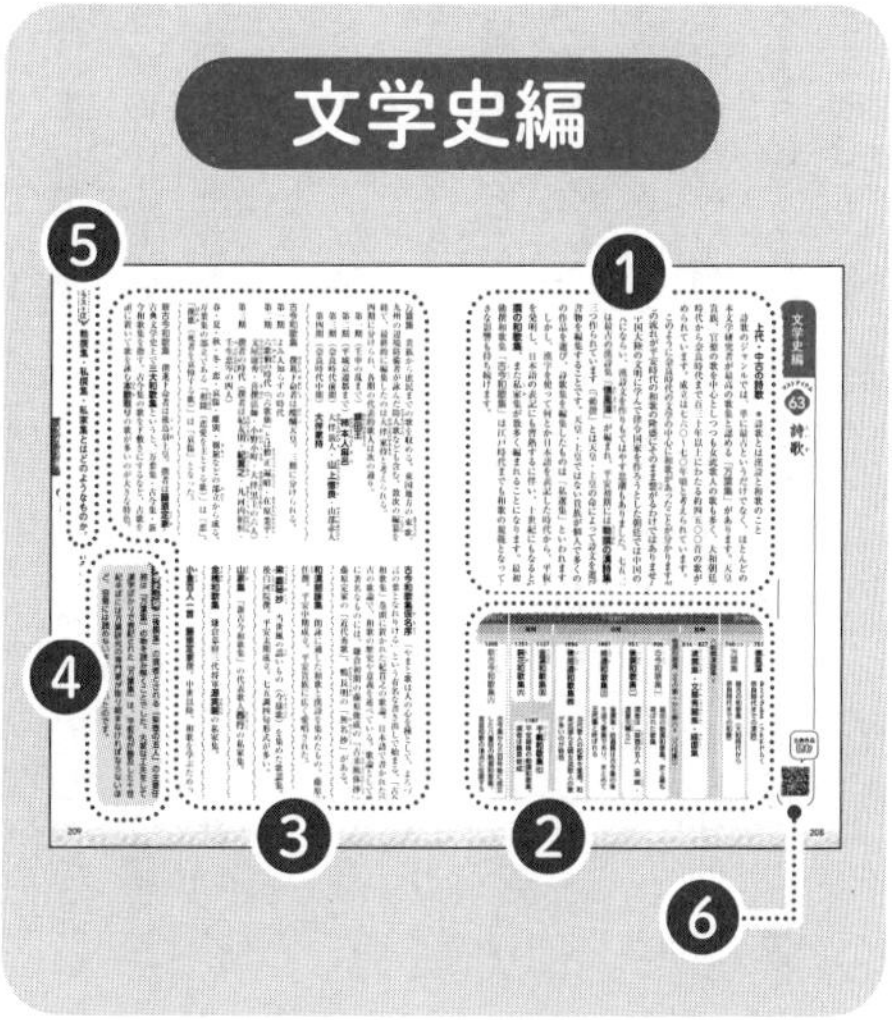

❶各ジャンルの概説をわかりやすくコンパクトにまとめています。
❷各ジャンルの作品を概観できるような年表を入れています。
❸各作品の特徴や見どころをコンパクトにまとめて紹介しています。
❹文学史小話…ジャンルや作品に関連する「文学史小話」を入れています。
❺プラス+α…発展的な学習につながる、ジャンルや作品に関する問いかけを入れています。
❻QRコードから、各ジャンルの代表的な作品について、それぞれ有名な場面の古文本文・現代語訳を確認できます。

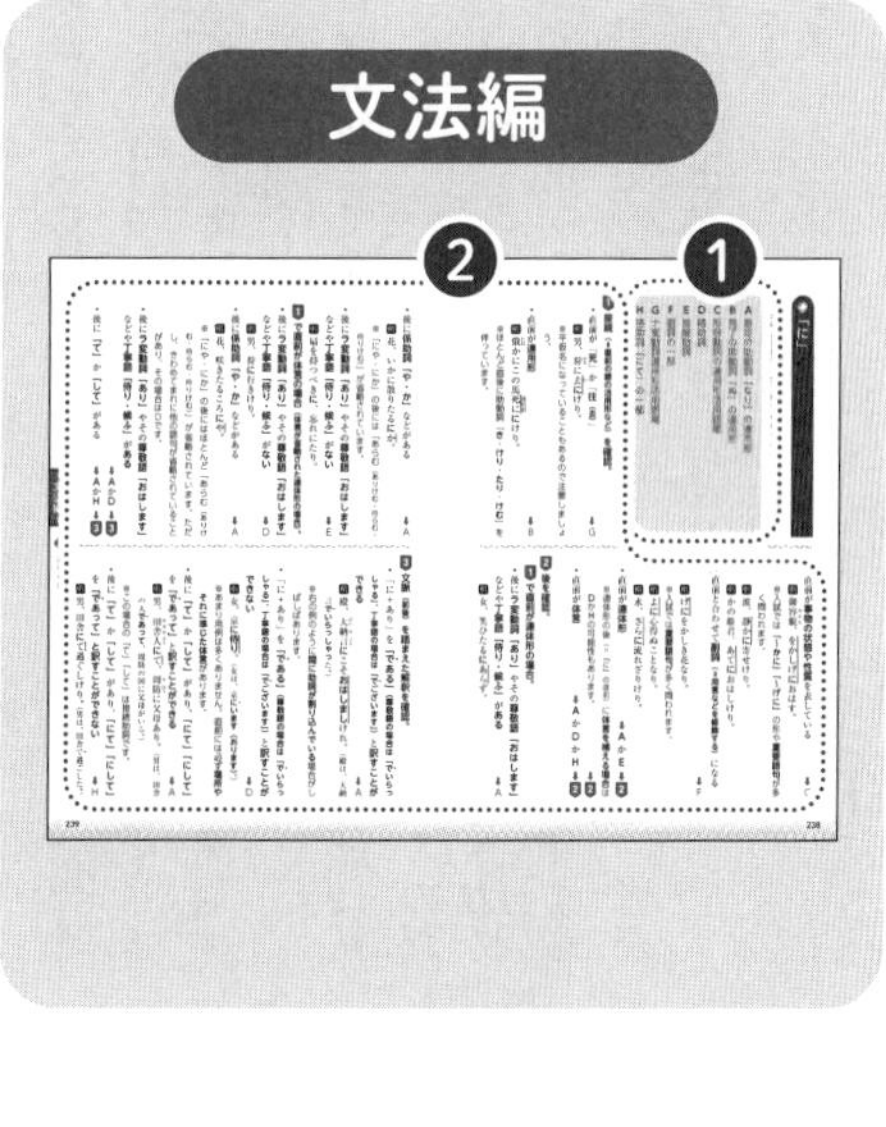

❶**囲み**…重要文法項目の核となる内容を挙げています。
❷**解説**…識別や意味の特定の手順を中心に解説しています。

〈凡例〉

1・**2**・**3**…識別の手順を示します。
↓Aや①…識別完了であることを示します。
↓AかE↓**2**…複数の可能性があり、次の手順に進む必要があることを示します。
↓Aを優先して**2**…次の手順で確認する必要があることを示します。

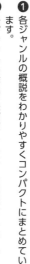

はしがき

本書は改訂版で新たに「文学史編」を加え、「常識編」「和歌編」「文学史編」「文法編」の四部から成っています。それぞれは独立していますが、互いに関係し合ってもいます。

「常識編」は、単に知識を習得するのではなく、常識の習得が古文の内容を理解する手がかりとなるように編集しました。ですから、こんなことも知っておいたほうがいいよという知識集ではなく、この知識こそが古文理解の鍵となるのだという事柄を選び抜いています。

古文がなかなかうまく読めない、なんだかよく分からないというもやもやした思いが消えないという人には、「誰が」「どこで」「いつ」といった基本がちゃんとつかめていないところに大きな原因があります。この基本的なことをまず見定められるようにすること、そして、それらを踏まえて、心情・行為を具体的につかめるようにすること、それがこの「常識編」の目指したところです。

「和歌編」は、高校の副教材「短期集中シリーズ 和歌」をもとにしています。この和歌の解釈の仕方を基本から教える初めての問題集に「比喩」の章も立て、問題の入れ替えもして再構成しました。

「文学史編」は、上代から近世までを10のジャンルに分類しています。項目の丸暗記ではなく、ジャンルごとに全体の流れを把握したのち、作品の特徴や見どころをコンパクトにまとめた「読んで楽しめる」文学史となっています。

「文法編」は、重要な文法事項を「(同形の語の)文法的識別」と「(重要な助動詞や助詞の)意味(用法)の識別」とに分け、敬語も含め、それぞれ確認すべき要素を示しました。「どこに」そして「何に」着目するか、その手順を具体的に述べています。

本書を最後まで読み通したときに、各編の知識は互いにつながっているのだ、互いに支え合っているのだということが、改めて理解できるはずです。本書は改訂版となり、さらに見やすく読みやすい形になりました。必ずや古文の読解を助ける大きな力になる一冊だと確信しています。

著者しるす

目次

索引

色字はキーワード／重要作品／重要項目・色数字は詳細解説ページをそれぞれ示します。

索引の項目は歴史的仮名遣いで表記しています。

あ行

さ行

た行

な行

は行

や行

ら行

わ行

常識編

常識編では、読解に活《い》きる知識を厳選し、文章読解の手順に沿って配列しています。

初めて接する古文の文章では、登場人物、場面（場所・時間）、心情、思考・行動のそれぞれをきちんと見定める必要があり、これらの見定めに密接に関わる情報を、単語・慣用句・常識語の区別なく取り上げています。そして、最後に主語を見定めるための着目点を紹介しており、常識編を通して「読解のために必要な情報」を収録しています。

また、ＱＲコードから「キーワード例文」や「資料」などを参照できます。「キーワード例文」では、下段のキーワードを含む古文本文・現代語訳を掲載、実際の文章でどのように使われているのか確認しましょう。「資料」では、見開きに掲載された要素に関連する動画や音声などを確認できます。

1 登場人物を見定める

マストアイテム 1

〈序〉登場人物はいかなる人物か

▼登場人物は貴人か、貴人に仕える人か、僧か、それ以外の人かをまず見定めるようにする。

古文にはさまざまな人物が登場します。天皇、后妃、上皇、皇太子、親王といった皇室の人々、それから大臣、大納《だいな》言《ごん》、中納言といった朝廷の政務の中枢を占める上流貴族、その夫人や姫君、また中将、少納言、蔵人《くろうど》といった中流貴族の人々、都から地方に派遣される国司たち、またこれらの貴族にお仕えする男たち・女たち、さらにまた俗世を離れた僧や尼もしばしば登場します。

大事なことは、それらの身分・立場によって行動も発言も違ってくることです。本文に登場した人物がどんな身分なのか、どんな役職・立場にあるのか、それらが頭に入っていれば、**本文中の人物関係もずっととらえやすくなります。**

登場人物が把握できると、明示されていない文の主語も推定しやすくなります。また、一人の人物が役職名や屋敷の所在地で呼ばれることを知ると、例えば「大納言」と「四条殿《しでうどの》」とは、呼称が違っても同一人物だと判断できることになります。

登場人物を見るキーポイント

1 貴人の場合――皇室の人々
　a 天皇・皇太子・上皇
　b 后妃
2 貴人の場合――上流貴族
3 貴人の場合――中流貴族
　a 中央官吏
　b 地方官吏
4 お仕えする人
　a 男性　b 女性
5 僧（出家者）
　a 男性　b 女性（尼）
6 その他（身分の低い人）
　a 海人《あま》（漁師・海女《あま》）
　b 山賤《やまがつ》（猟師・木樵《きこり》）など

プラス＋α

文章中に登場する人物をきちんと押さえるためには、登場人物を示すと思われる名前や役職名をいつも◯で囲むようにするといいでしょう（呼称は違っても同一人物ということもあります）。

その登場人物一人一人がどんな地位・身分の人かをよく見定めるとともに、それらの人が**「どういう関係にあるか」**をしっかりとらえることも重要です。

主な「関係」として次のようなものがあります。

1 男と女（夫と妻）の関係
2 親と子の関係
3 兄弟姉妹〔**はらから**〕の関係
4 主人と仕える人の関係
5 同僚〔**かたへ**〕の関係
6 親密な関係
7 敵対関係
＊特に古文では4が重要です。

1 登場人物を見定める

マストアイテム

2 皇室の人々——男性

キーワード例文読む

古文には、最も高貴な人である天皇が登場する場面が少なくありません。天皇を表す言葉は「**帝**《みかど》（**御門**《みかど》）」「**内**《うち》」「**内裏**《うち》」「**上**《うへ》」「**公**《おほやけ》」「**主上**《しゆしやう》」「**君**《きみ》」などいろいろあります。本文の初めには「帝」とあり、途中で「内」や「君」と言い換えられることもあります。

新しい天皇の即位とともに、次に天皇となる皇太子を立てます。これを「**立坊**《りつばう》（**立太子**）」といい、皇太子のことを古文では主に「**東宮**《とうぐう》（**春宮**《とうぐう》）」と呼びます。

昔の天皇は存命中に子や弟に譲位することが多かったので、もと天皇、すなわち上皇も多く登場します。上皇のことを「**院**」といい、院が二人いると「**本院**」「**新院**」といって区別しました（出家した上皇は「**法皇**」といいました）。

ただ、「院」とあっても、天皇在位時の話であることも多く、注意が必要です。その時は「院」は天皇と考えないと混乱が生じます。いつの時点の話なのか、見極めが重要です。

キーワード

天皇を意味する言葉と注意点

- **帝**《みかど》…「御門」と表記することもある。
- **内**《うち》（**内裏**《うち》）…「宮中」の意もある。
- **上**《うへ》…「貴人の妻」の意もある。
- **公**《おほやけ》…「朝廷」の意もある。
- **君**《きみ》…帝以外の人を指すこともある。

皇太子を意味する言葉

- **東宮**《とうぐう》（春宮《とうぐう》・春の宮）
- **儲**《まう》**けの君**《きみ》（「次に準備された君」の意）

天皇の子息を意味する言葉

- **親王**《みこ》…数多い親王の中から一人の東宮が選ばれる。
- **御子**《みこ》…「御子《おほんこ》」「御子《おんこ》」とある場合は一般の貴人の子を指す。
- **宮**《みや》…幼いと「若宮」、官職に就くと「兵部卿宮《ひやうぶきやうのみや》」「式部卿宮《しきぶきやうのみや》」などと官職名を付けて呼ばれる。

東宮と帝と院

「東宮に立つ」
（立坊・立太子）
東宮

≫

「位に就く」
（即位）
帝

≫

「位下《お》る」
（退位）
院

帝
どれもみんな同じです
おほやけの仰せなれば
御門の仰せなれば＊
上の仰せなれば
内の仰せなれば
主上の仰せなれば

＊「仰《おほ》せ」⬇P.114

プラス＋α

皇族に生まれながら、その身分を離れて臣下の身（**ただ人《びと》・ただ人《うど》**）となることがあります。これを**臣籍降下《しんせきこうか》**といいます。『源氏物語《げんじものがたり》』（⬇P.210）の主人公光《ひかる》源氏は天皇の子息として生まれましたが、「源《みなもと》」の姓を賜《たまわ》り、朝廷を支える人間（**後見《うしろみ》**）として生きていく身となったのでした。なお、「ただ人」は、上流貴族ではない「並の身分の人」という意味でも使われます。

一方、皇族の女性が臣下に嫁《とつ》ぐこともあり、これを「**降嫁《こうか》**」といいます。特に有名な例は、『源氏物語』において、朱《す》雀《ざく》院の娘で光源氏のもとに嫁ぐ「女《をんな》三の宮」です。院の第三皇女を正妻として光源氏が迎え入れたことは、長年光源氏に連れ添い、事実上の正妻と見なされてきた紫《むらさき》の上《うえ》にとって、それはそれは心穏やかならぬことでした。

1 登場人物を見定める

マストアイテム 3

皇室の人々──女性

平安時代は、有力貴族の藤原《ふじわら》氏が**摂政**《せっしょう》・**関白**《かんぱく》として天皇を補佐する形で政治を執り行う摂関政治の時代でした。

では、この摂政・関白という地位を有力貴族はいかにして手に入れたのか。それは、**自分の娘を天皇の后**《きさき》**とし**、娘と天皇との間に生まれた男の子が次の天皇となる、そうなれば、天皇の母方の祖父（これを**外祖父**《がいそふ》といいます）として、天皇を補佐する盤石《ばんじゃく》の地位を手にすることができたのです。有力貴族にとって権力を保持するには、天皇の后となれる娘を持っていることが決定的に大きな意味を持ったのです。

后妃は何人もいて、序列がありました。正妻というべき人が**皇后**または**中宮**《ちゅうぐう》です（皇后と中宮が並び立ったときもありました）。その次は**女御**《にょうご》、その次が**更衣**《こうい》で、女御や更衣はたいてい複数いました（平安時代中期以降は女御から皇后を立てるのが通例でした）。それら后妃たちは帝の愛をめぐって互いに競い合う緊張関係にあったことも知っておきましょう。

キーワード例文 読む

キーワード

天皇の后妃

- **中宮**《ちゅうぐう》…天皇の正妃。皇后に同じ。「**后**」「**后**《きさい》**の宮**」ともいう。通常、摂政・関白・大臣の娘から選ばれた。
- **女御**《にょうご》…中宮（皇后）に次ぐ妃。摂政・関白・大臣の娘から選ばれた。
- **更衣**《こうい》…女御に次ぐ妃。大納言《だいなごん》以下の娘から選ばれた。中宮・女御・更衣に決まった女性が内裏に入ることを「**入内**《じゅだい》」という。
- **御息所**《みやす(ん)どころ》…天皇の子を生んだ女御や更衣（皇太子および親王の妃を指すこともある）。

天皇の娘

- **女宮**《をんなみや》…姉妹だと「**女一の宮**」「**女二の宮**」などと呼ばれた。「**女御子**《みこ》」や「**内親王**《ないしんわう》」という言い方もある。

后妃の序列

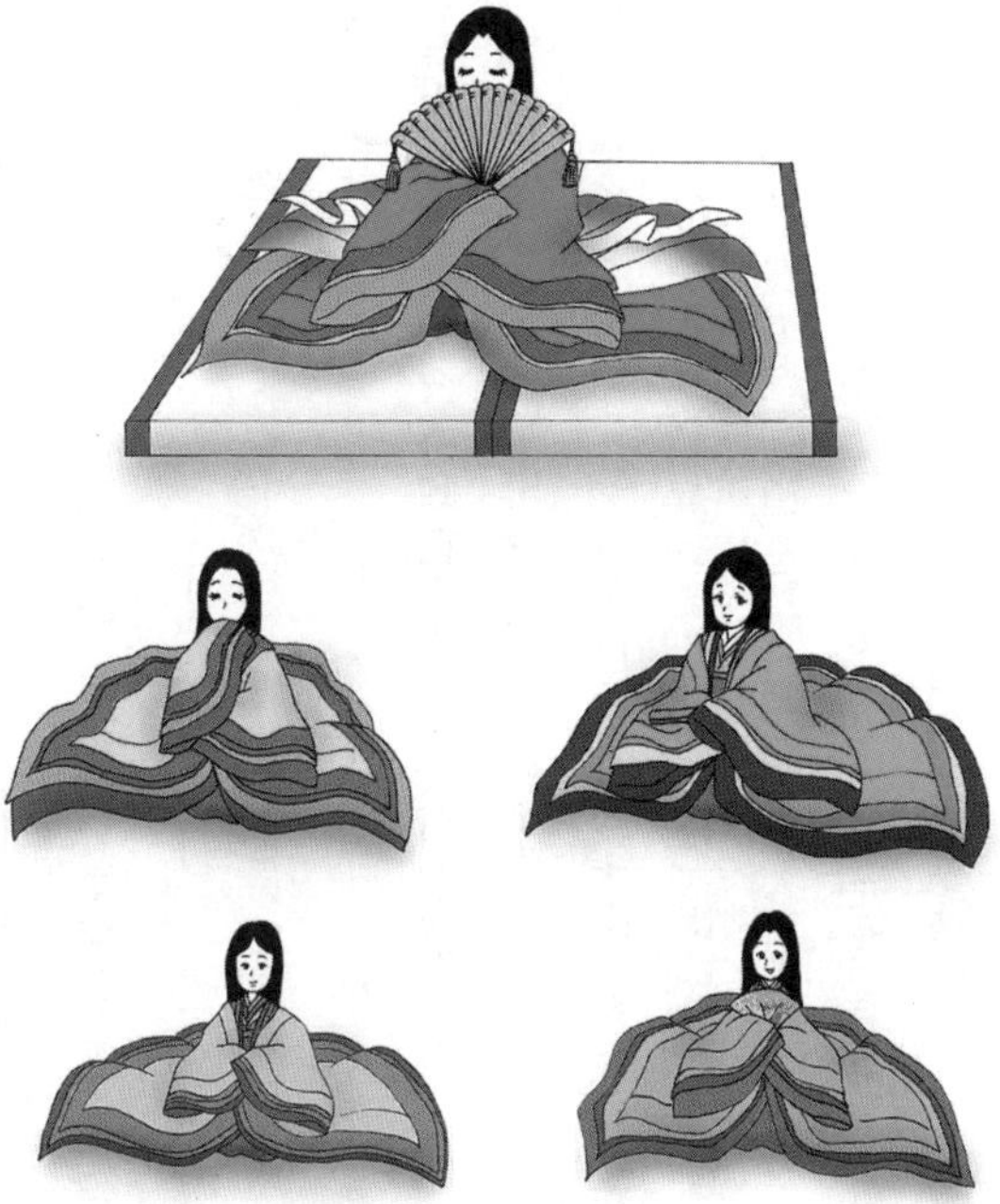

1 皇后（中宮）

2 女御

3 更衣

プラス＋α

中宮や女御、更衣はすべて天皇の后妃ですから、文中にこういう言葉があれば、高貴な女性の登場です。

作品により異なる呼び方もあります。『枕草子《まくらのそうし》』（⬇P.218）では中宮を「**宮**《みや》」もしくは「**宮の御前**《おまへ》」、または単に「**御前**」などと作者は呼んでいます。

「**女院**」という言葉も高貴な女性を指します。「にょいん」とも「にょういん」とも読み、もと天皇のお后であった方や天皇の母である方を敬った呼称です。

「**門院**」も女院と同じで、宮中の門の名を付して、「**上東門院**《じやうとうもんゐん》」とか「**建礼**《けんれい》**門院**」といった呼び方をしました。

「上東門院」は一条《いちじょう》天皇の中宮彰子《しょうし》（紫式部《むらさきしきぶ》が仕えた人）のこと、「建礼門院」は平清盛《たいらのきよもり》の娘で高倉《たかくら》天皇の中宮であった徳子《とくこ》のことです。さまざまな古典作品によく登場します。

マストアイテム 4

上流貴族

摂政《せっしょう》・関白《かんぱく》はもちろん、**大臣**、**大納言**《だいなごん》、**中納言**といった官職名を見たら、その人たちは貴族の中でもトップの人たちだと考えてください。これら上流貴族をひっくるめて**上達部**《かんだちめ》と言います（**公卿**《くぎょう》ともいいます）。全員合わせても二十名足らずで、政務全般を取り仕切る**太政官**《だ(い)じょうかん》のまさに最高幹部の人々です。

宮中において大臣を中心に公卿が列座する重要会議を行い、政治を執り行いました。大臣は**太政**《だ(い)じょう》**大臣**、**左大臣**、**右大臣**、内《ない》大臣（⬇P. 25）がいますが、太政大臣は名誉職的地位で、実際に最も強い権限を持ったのは左大臣です。右大臣は左大臣の下に位置づけられます（左大臣を**左府**《さふ》、右大臣を**右府**《うふ》ともいいます）。その下に**大納言**と**中納言**と**参議**が数名ずついました。

注意してほしいのは、公卿の会議の結果が最終決定ではないということです。最終決定権は天皇、または天皇を補佐する摂政もしくは関白にありました。

キーワード

- **上達部**《かんだちめ》…「**公卿**《くぎやう》」の和風な言い方。摂政・関白をはじめ、**大臣**・**大納言**・**中納言**・**参議**など、三位《さんみ》以上の者の総称。参議は四位《しい》の者もいるが、これも上達部に入れる。参議のことを「**宰**《さい》**相**《しやう》」ともいう。
- **一**《いち》**の人**《ひと》…摂政・関白の異称（儀式で第一の座に着く人の意）。
- **大将**《だいしやう》…近衛府《このえふ》の長官。左大将と右大将がいる。名門の有力貴族が就く役職。大納言が兼職することが多い。
- **帥**《そち》…大宰府《だざいふ》の長官。多く親王が任じられ「**帥親王**《そちのみこ》」「**帥宮**《そちのみや》」と称した。実際に現地に赴くことはなく、実務は「**権**《ごんの》**帥**《そち》」または「**大弐**《だいに》」が代行した。
- **君達**《きんだち》（公達《きんだち》）…上流貴族の子息・子女（男の子をいう場合が多い）。

キーワード例文読む

貴族の位階と主な官職

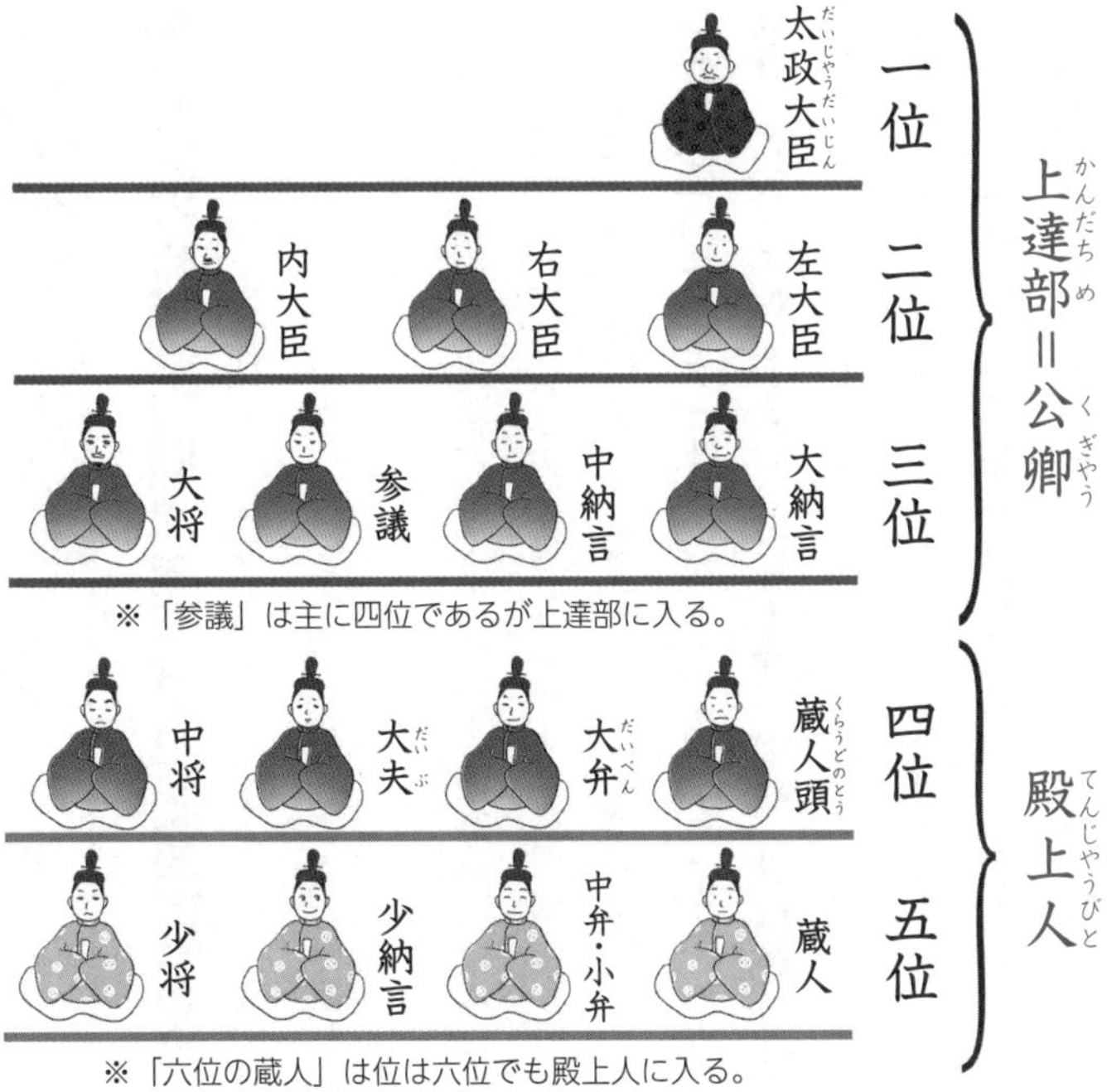

※「参議」は主に四位であるが上達部に入る。

※「六位の蔵人」は位は六位でも殿上人に入る。

プラス＋α

摂政・関白について説明を補足しておきましょう。

摂政・関白とは**天皇を補佐し政務を執行する職で、天皇の幼少時は摂政、成人後は関白**といいます。藤原《ふじわら》氏がその地位を独占していました。

天皇がまだ幼い場合は、摂政に最終決定権があります。

天皇が十二、三歳くらいで元服《げんぷく》（成人）し、大人としての見識を持つようになると、天皇と関白の間で意見交換がなされ、その上で最終決定が下されたようです。

大臣についても補足しておきますと、左右大臣の補佐役的存在で、「**内大臣**」もたまに登場します。「**内《うち》の大臣《おとど》**」ともいいます。藤原《ふじわらの》道隆《みちたか》の息子伊周《これちか》が二十一歳の若さでなったことが有名です（道隆が関白の権限をもって我が子を強引に引き上げたのです）。

マストアイテム 5

中流貴族

a 中央官吏

三位《さんみ》以上の上達部《かんだちめ》が上流貴族で、それに次ぐ四位《しい》・五位の貴族はいわば中流貴族です。この中には**殿上人**《てんじょうびと》と呼ばれる人がいます。

殿上人とは、天皇の御座所である宮中の**清涼殿**《せいりょうでん》の南端にある**殿上の間**《ま》**に昇殿できる人**ということです。摂関家の子弟で、後に上達部に上り詰めるような人も、十代半ばで元服《げんぷく》すると、五位の殿上人としてスタートしました。官職としては、四位に**大弁**、**大夫**《だいぶ》、**中将**などが、五位に**中弁**、**少弁**、**少納言**《しょうなごん》、**少将**などがあります。宮中に勤める中で、失策をして天皇のお叱りを受け、昇殿の資格を失った人の話も古文には出てきます。

天皇に近侍し、天皇の秘書の役割を果たしたのが**蔵人**《くろうど》です。その長官が**蔵人の頭**《とう》で、殿上人の中ではトップの役職です。

殿上の間への昇殿を許されない人は**地下**《じげ》と呼ばれ、軽く扱われました。

キーワード

中央官吏

- **殿上人**《てんじやうびと》…四位・五位の者で、清涼殿の殿上の間に昇殿を許された者。「**雲**《うん》**上人**《じやうびと》・**雲**《くも》**の上人**《うへびと》・**上人**《うへびと》」ともいう。
- **蔵人**《くらうど》…天皇の側近くに仕え、伝達などの諸事を担当した人。五位の蔵人と六位の蔵人とがおり、六位の蔵人も殿上人に入れられる。
- **蔵人**《くらうど》**の頭**《とう》…「**蔵人所**《どころ》」の長官。四位の殿上人から二人選ばれた。近衛中将《このえのちゅうじょう》を兼ねた者を「**頭の中将**」といい、事務官である弁官（中弁）を兼ねた者を「**頭の弁**」といった（貴族が二つや三つの役職を兼任するのは普通のこと）。
- **地下**《ぢげ》…清涼殿の殿上の間に昇殿を許されない官人。
- **朝臣**《あそん》…五位以上の人への敬称。

キーワード例文 読む

b 地方官吏

上達部と殿上人は朝廷に勤める中央官僚ですが、都から各国（現在の県にほぼ相当する）に派遣される貴族もいました。それが国司《こくし》です。東京の本社勤務より地方の支店勤務を下と見なす現代と同じく、位が五位・六位の国司は、都の上流貴族からは受領《ずりょう》といわれ、下に見られる存在でした。しかし、国司はいわば徴税官で、四年の任期を勤めると巨富を築く者もいました。説話にはそんな受領がときどき登場します。

また、九州諸国を統轄した大宰府《だざいふ》の長官を大宰帥《だざいのそち》といいますが、大宰権帥《だざいのごんのそち》は菅原道真《すがわらのみちざね》や藤原伊周《ふじわらのこれちか》がそうであったように、都で失脚した貴族が左遷されたときに就く地位でもありました。

紫式部《むらさきしきぶ》の父も、清少納言《せいしょうなごん》の父も、『更級日記《さらしなにっき》』（➡P.214）の作者の父も国司です。平安女流文学は受領など中流貴族の娘たちによって成り立っているといえます。

キーワード

地方官吏

- **国司《こくし》**（国《くに》の司《つかさ》）…諸国を治めるために都から各国に派遣された官吏。長官を「**守《かみ》**（国守《こくしゅ》）」、次官を「**介《すけ》**」という。狭義には「国司」は国守のみを指す。
- **受領《ずりょう》**…国司のこと（「守」を指す場合が多いが、「介」を指す場合もある）。
- **郡司《ぐんじ》**…国司のもとで郡の行政を担当した役人。その土地の人がなった。
- **大宰権帥《だざいのごんのそち》**…大宰府の長官である**大宰帥《だざいのそち》**（単に「帥《そち》」ともいう）の次位の官。帥には親王が就き、現地に赴かないことが多かったので、権帥が実質的には現地の長官を務めた。
- **大弐《だいに》**…大宰府の次官。権帥を置かないときは、次官の大弐が実質的な長官の任務を果たした。
- **下《くだ》る**…（都から任地の）地方へ行く。
- **上《のぼ》る**…（任期を終えて）都へ戻る。

マストアイテム 6

お仕えする人―女性

キーワード例文読む

a 女房

女房《にょうぼう》とは貴人にお仕えする女性で、宮中の中宮に仕える人もいれば、大臣邸の夫人や姫君に仕える人もいます（主人である大臣に仕える女房ももちろんいます）。

今読んでいる古文の場面が、ある邸宅の室内であるとします。そこで「**人々**」とあったら、それはたいてい「女房たち」を指します。女房は何人も仕えているのが普通ですし、古文では室内に男たちがたくさん集まっている場面はそう多くはないのです。「**大人しき人**」とあったらベテラン女房、「**若き人**」とあったら新入り女房と思ったらいいでしょう。

女房の名は父や兄弟や夫の官職名を利用して付けられました。ですから、「右近《うこん》」や「侍従《じじゅう》」や「少納言《せうなごん》」も女房として登場することがあるのです。これらの官職を見て、これは男なのか、それとも女房名なのか、状況をよく見て判断しなければなりません。

キーワード

- **女房**《にょうぼう》…宮中または貴人邸に仕える女性。「妻」の意ではない。中流貴族の娘が多かったが、上流貴族出身の「**上臈**《じやうらふ》**女房**」もいた。女房（侍女）はわざわざ登場人物として本文に明示されていないことも多い。貴人の側には必ず女房が控えていることを忘れないように。
- **乳母**《めのと》…貴人の子の養育を担当する女性。乳児のときだけでなく、成人後までもお世話をするので、貴人にとって最も信頼の置ける女房であることが多い。
- **乳母子**《めのとご》…乳母の子。乳母子は女子の場合と男子の場合とがあるが、女子の場合は、十数歳になると、乳母の代わりを務めたりする。
- **女童**《めのわらは》…女房に仕える召し使いの少女。

b 内侍

天皇にお仕えする女性を特に**内侍**《ないし》といいます。**内侍司**《ないしのつかさ》の女官《にょかん》で、**かみ・すけ・じょう**の序列がありました。

尚侍《ないしのかみ》…内侍司の長官。女御・更衣に準ずる地位ともなった。

典侍《ないしのすけ》…内侍司の次官。天皇の寵愛を受ける人もいた。単に「すけ」ともいう。

掌侍《ないしのじょう》…内侍司の三等官。通常「内侍」といわれるのはこの掌侍を指す。その首位の者を「勾当内侍《こうだうのないし》」という。

プラス＋α

内侍は確かに「お仕えする女性」ではありますが、尚侍も典侍もたいがい上達《かんだち》部《め》（公卿《くぎょう》）の娘がなるものでした。定員も尚侍が二人、典侍が四人、掌侍だって四人ですから、**内侍は宮中のエリート女官**であったのです。ただの女房とは格が違うのです。

中宮に仕える女房であった清少納言《せいしょうなごん》は、ある貴族が彼女の才能を称《たた》えて、「清少納言を内侍に（つまり掌侍に）推薦したい」と言ったことをとても誇らしげに書いています。当時の女性にとって天皇のお側にお仕えする内侍はあこがれの仕事であったのでしょう。

天皇のお側近くに仕える女官としては、ほかに「**命婦**《みやうぶ》」がいます。「上《うへ》の命婦《みやうぶ》」「左近命婦《さこんのみやうぶ》」「靫負命婦《ゆげひのみやうぶ》」などと呼ばれる人が『源氏物語《げんじものがたり》』（⬇P.210）にも登場しています。

マストアイテム 7

お仕えする人—男性

キーワード例文 読む

お仕えする女性は主に室内勤務であるのに対し、**お仕えする男性**は、貴人の外出のお供のほか、手紙を届けるなどの使い走り、門番、庭掃除など**室外での仕事を主に担当**します。

「侍《さぶらひ》」が最も一般的な「お仕えする男」を表す言葉ですが、以下のように、「お仕えする男（＝召し使いの男）」を表す呼称がたくさんあります。

「**雑色**《ざふしき》」「**下種**《げす》」「**男**《をのこ》」「**従者**《ずさ》」「**舎人**《とねり》」などです。

貴人に仕える男は主な登場人物でもなく、身分も低い人ですから、女房と同じく、その場にいるのに、登場人物としてわざわざ本文には書いていないこともあります。

貴人のお出かけとなると、少なくとも一人は供の者が従うということは絶対に知っていなくてはなりません。夜に訪問した相手の家の戸を叩くといったことも、貴人自らはすることはなく、供の者にさせたのです。「戸を叩かせて」とあったら、それは「**供の者に**戸を叩かせて」なのです。

キーワード

- **侍**《さぶらひ》…貴人に仕えて雑用をする人。宮中警護の武士「**滝口**《たきぐち》」や上皇御所警護の武士「**北面**《ほくめん》」も「侍」であるが、「侍《さぶらひ》」＝「侍《さむらい》（＝武士）」ではなく、単に「お仕えする人」というのが本来の意味である。「侍」は必ず男であるが、「さぶらふ人（候ふ人）」は男の場合も女の場合もある。
- **前駆**《さき》（先《さき》・前《さき》）…貴人が牛車《ぎっしゃ》に乗って通行するとき、その先頭に立って大きな声を上げ、道の前方にいる通行人を追い払う（＝先払いをする）人。
- **先**《さき》**追**《お》**ふ**（前《さき》追《お》ふ）…先払いをすること。
- **随身**《ずいじん》…貴人の外出のとき、弓矢を持ち太刀を帯び、護衛として付き従う人。身分によって定員が決まっていた。「御随身」は「みずいじん」と読む。

先頭の男が「前駆」。
「おーしー、おーしー」と大きな声を出した。
男が響かせるその声で、家の前を通る貴人
（牛車の中の人）が誰か分かったりもした。

プラス+α

「主殿司《とのもりづかさ》」というと、どんな役職の人だとイメージしますか。「司《つかさ》」は役所・役人という意味ですが、「主殿」という文字から何か偉そうな人だと思い込む人が多いようです。その思い込みから、「主殿司」を本文の中で重要な役割を担う人だろうと勝手に決めつけ、貴人が主語であるところを「主殿司」が主語だと読み違えたりする人も出てきます。

しかし、実は**「主殿司」は宮中の雑事を務める下級役人**なのです。貴人の手紙を届ける使い走りや庭の掃除をするのが、この人の役目です。ですから、たいてい端《は》役《やく》を務めるだけの人でしかありません。

貴人とそれに仕える人を混同してしまうと、間違った読解へ突っ走ることになります。登場人物の見定めこそ正しい読解の第一条件なのです。

マストアイテム 8

僧

「僧」とは俗世を捨てて仏門に入った人です。下段に示すようにさまざまな呼称があり、さまざまなあり方が存在します。

都や都周辺の大寺に所属し、上流貴族の法要などに招かれるような高僧もあれば、人里離れた庵《いおり》に一人念仏三昧《ざんまい》の日々を送る僧もあり、また修験道《しゅげんどう》の秘法を修め、祈りの力で病気を治すという僧もあり、また歌人として広くその名を知られるようになる僧もありました。

僧はすなわち出家者ですから、「家を出」て寺に入るというのが本来のあり方ですが、「家を出ない」つまり自邸の一角に御堂を建ててそこで勤行《ごんぎょう》に励むなど、**在俗のままで仏道修行する**ということもありました。それが「**入道**」です。

「**入道の宮**」といえば、自邸や別邸で読経と祈りの静かな日々を送る皇族のことです。また、藤原道長《ふじわらのみちなが》や平清盛《たいらのきよもり》は後年「**入道殿**」と呼ばれました。彼らは仏門に入りながらも俗世の権力者としての地位も保持し続けたのでした。

キーワード

- **法師《ほふし》**…「僧」に同じ。
- **聖《ひじり》**…高徳の僧または修行僧。聖人《せいじん》（徳の高い立派な人物）の意であることは少ない。「聖」＝「僧」と考える。
- **大徳《だいとく》**…徳の高い僧または単に僧の意。「だいとこ」とも読む。
- **上人《しやうにん》**（**聖人《しやうにん》**）…僧の敬称。お坊様。

＊「上人《うへびと》」は「殿上人《てんじやうびと》」のこと。

＊聖人は「せいじん」と読まないし、「聖人君子」の意でもない。

- **僧正《そうじやう》**…僧に与えられる官職の最高位。僧正に次ぐのは「**僧都《そうづ》**」、そして「**律《りつ》師《し》**」。
- **阿闍梨《あざり》**…**修法《すほふ》**（ずほふ）（**加持祈禱《かじきとう》**）の中心となる僧。「あじゃり」とも読む。
- **入道《にふだう》**…剃髪《ていはつ》し僧衣を着てはいるが、在俗のまま、仏道修行している人。

キーワード例文 読む

出家姿

a 男性
髪を全て剃り落とす

b 女性
肩の辺りで髪を切りそろえる（尼削《あまそ》ぎ）

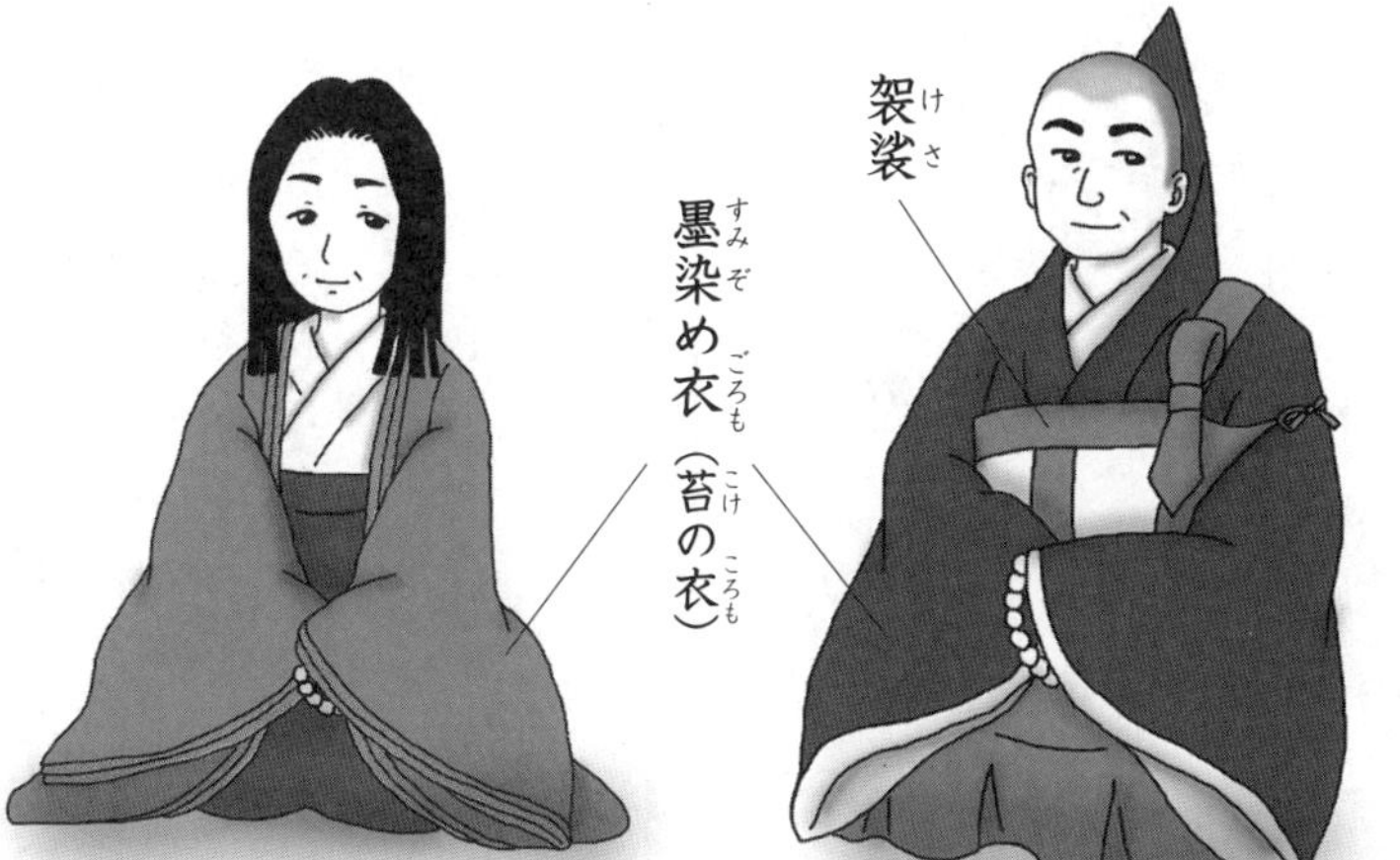

プラス+α

右に述べたとおり、僧といってもさまざまなあり方が見られたわけですが、俗世間を離れ、俗事に煩わされることなく、仏道に専念したり、心の向くままに思索にふけったりする人を一般に**隠遁者**《いんとんしゃ》または**隠者**《いんじゃ》といいます。

中世（鎌倉時代）の文学の主要な担い手はこの隠者であったために、中古（平安時代）の女房文学、近世（江戸時代）の町人文学に対して、中世文学は**隠者文学**といわれたりします。代表は**西行**《さいぎょう》、**鴨長明**《かものちょうめい》、**兼好法師**《けんこうほうし》の三人です。それぞれの代表作品は『**山家集**《さんかしゅう》』『**方丈記**《ほうじょうき》』『**徒然草**《つれづれぐさ》』です。（⬇P.209・218）

仏教的な無常観、脱俗性、閑寂といったところが作品の基調となっています。後の時代の連歌師《れんがし》の**宗祇**《そうぎ》や俳人の**芭蕉**《ばしょう》（⬇P.226）らもこの隠者文学の系譜に連なる人だと言えるでしょう。

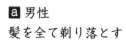

1 登場人物を見定める

マストアイテム 9

登場人物の装束

資料 見る

キーワード例文 読む

古文には男女の会話の場面が多く出てきますが、ある会話部分が男の会話部なのか女の会話部なのか判定しづらいときがあります。そんなとき、**衣装の描写に着目すると**、簡単に判断できたりします。男女の装束の違い、またその名称をよく頭に入れておいてください。

a 男の装束

キーワード

男の装束

- **束帯《そくたい》**…宮中行事などに出るときの貴族の正装。「**昼《ひ》の装束《さうぞく》**（日の装束）」ともいう。頭には冠をかぶり、右手には笏という薄い板を持つ。
- **直衣《なほし》**…正装ではない貴族の平常服。日常私邸で着用したが、公卿《くぎやう》はこの姿で参内《さんだい》することもできた。
- **狩衣《かりぎぬ》**…直衣よりさらに略装の貴族の平常服。狩衣での参内は許されない。
- **指貫《さしぬき》**…袴《はかま》。ゆるやかで長いので、外出時には裾《すそ》を紐《ひも》で括《くく》る。
- **烏帽子《えぼし》**…直衣・狩衣姿のときに頭にかぶるもの。
- **直垂《ひたたれ》**…武家の平常服（後に式服）。

以上は、女性が身につけることは決してないもの。

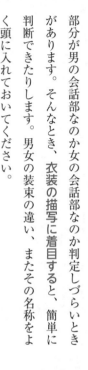

b 女の装束

唐衣《からぎぬ》裳《も》姿

小袿《こうちき》姿

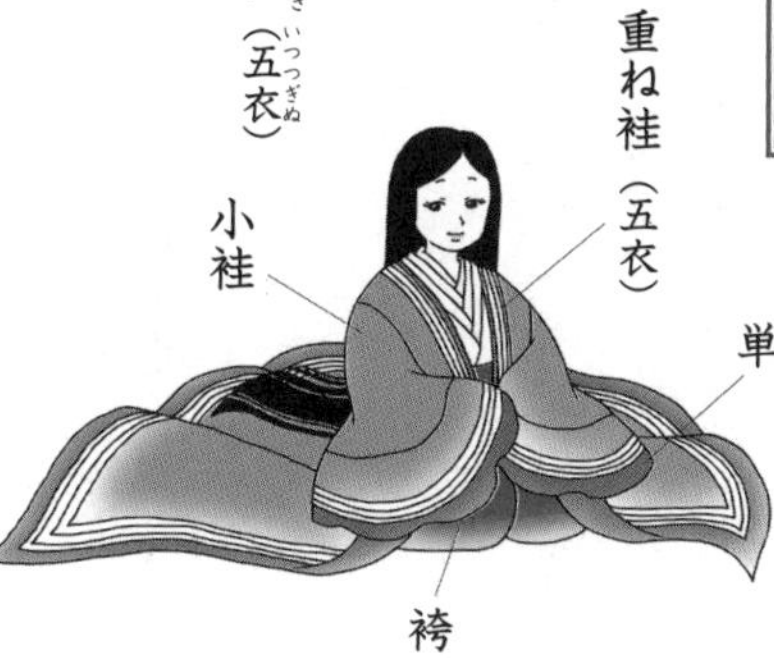

注 男性も直衣・狩衣の下に袿を着ており、束帯などの礼装のときには、装束の一番下に単（単衣）を着ていたが、「袿」「単」は女性の衣装を描写するときに出てくることが多い。

キーワード

女の装束

- **単《ひとへ》**（**単衣《ひとへ》**）…装束の一番下に着た裏地の付かない衣服（上半身用の下着）。下半身には「袴」を着用する。
- **袿《うちき》**（袿《うちぎ》）…単の上に数枚重ねて着る衣服。「十二単《じふにひとへ》」というが、重ねて着たのは単ではなくこの袿。五枚重ねたものを「**五衣《いつつぎぬ》**」といった。
- **表着《うはぎ》**（**上着《うはぎ》**）…袿の一番上に着るもの。
- **唐衣《からぎぬ》**…表着の上に着る上半身だけの衣装。**改まった場で着用する。**
- **裳《も》**…後ろ腰につける裾の長い衣装。唐衣と同じく、**改まった場で着用する**（「裳着《もぎ》」➡P.108・109）。
- **小袿《こうちき》**…姫君たちが日常の私服として着用した衣装。普通、五衣の上に着用する。宮中に仕える女房の略礼装にもなった。
- **汗衫《かざみ》**…宮仕えの女童《めのわらは》の装束。表着の上に着る晴れの衣装。

登場人物を見定める

問一 **傍線部と同意の語を、文章中から一つ抜き出せ。**

内には、万里小路大納言《までのこうぢだいなごん》入道師重《もろしげ》と言ひし女《むすめ》、大納言の典侍《すけ》とていみじう時めく人あるを、堀川の春宮権大夫《とうぐうごんのだいぶ》具親《ともちか》の君、いと忍びて見そめられけるにや、かの女、かき消ち失《う》せぬとて、求め尋ねさせ給ふ。二、三日こそあれ、程なくその人とあらはれぬれば、上《うへ》いとめざましくにくしと思《おぼ》す。（増鏡）

問二 **傍線部は、誰が、どうであったと言っているのか、説明せよ。**

在中将《ざいちゆうじやう》、二条の后《きさい》の宮《みや》、まだ帝にも仕《つか》うまつりたまはで、ただ人《びと》におはしましける世に、よばひたてまつりける時、（後略）（大和物語）

問三 **次の文章において、(A)「一条の太政大臣《だいじやうだいじん》」と「寝殿の上」、(B)「内《うちの》大臣《おとど》殿《どの》」と「三の君」とは、どういう関係か。最も適当なものを、それぞれ後から選べ。**

一条の太政大臣の女君《をんなぎみ》たちは、鷹司《たかつかさ》なる所にぞ住み給ふに、内大臣殿忍びつつおはし通ひけり。寝殿の上とは三の君をぞ聞こえける。御かたちも心もやむごとなうおはすとて、父大臣いみじうかしづき奉り給ひき。（栄花物語）

イ 親子　**ロ** 恋人　**ハ** 兄弟姉妹　**ニ** 主人と女房

(A)

(B)

問四 **次の文章を読んで、「＊元方《もとかた》」に関する説明として最も適当なものを、後から選べ。**

元方の民部卿《みんぶきやう》の御孫、儲《まう》けの君にておはする頃、帝の御庚申《かうしん》せさせ給ふに、この民部卿参り給へり。（大鏡）

＊元方…藤原《ふじわら》元方。

イ 元方は民部卿の孫である。
ロ 元方の孫は帝の臣下である。
ハ 元方の孫は皇太子妃である。
ニ 元方の娘は帝の妃である。

問五 **傍線部の説明として最も適当なものを、後から選べ。**

故大納言も母上も、うちつづきかくれたまひにしかば、いと心細き古里に（姫君は）ながめ過ごしたまひしかど、はかばかしく御乳母《めのと》だつ人もなし。ただ常に候《さぶら》ふ侍従《じじゆう》、弁などいふ若き人々のみ候へば、年にそへて人目まれにのみなりゆく。（堤中納言物語）

イ 姫君のそばに仕える女房たち
ロ 大納言家に仕えてきた家来たち
ハ 姫君が外出のとき警護する者たち
ニ 女房に仕える召し使いの少女たち

問六 **次の文章に描かれている人物は男性・女性のいずれであるか、答えよ。**

几帳《きちやう》の際《きは》すこし入りたるほどに、袿姿《うちきすがた》にて立ちたまへる人あり。階《はし》より西の二の間《ま》の東のそばなれば、紛れどころもなくあらはに見入れらる。（中略）御髪《みぐし》の裾までけざやかに見ゆるは、糸をよりかけたるやうになびきて、裾のふさやかにそがれたる、いとうつくしげにて、七八寸ばかりぞあまりたまへる。（源氏物語・若菜上）

問一 解答 **上**

訳 （後醍醐《ごだいご》）天皇には、万里小路《までのこうじ》大納言入道師重《もろしげ》といった（人の）娘で、大納言の典侍《すけ》といって非常に寵《ちょう》愛《あい》を受けている人がいるのを、堀川の春宮権大夫《とうぐうごんのだいぶ》具《とも》親《ちか》の君が、たいそう人目を忍んで見そめられたのであろうか、その女が、消え失せてしまったといって、（天皇は）捜し求めなさる。（行方が分からないまま）二、三日たったが、まもなくその人だと顕《あらわ》れた（＝具親の仕業だと露見した）ので、天皇はたいそう気にくわなく不快だとお思いになる。

▼「内には、…大納言の典侍とていみじう時めく人ある」とあるので、「内」は「宮中」の意か「天皇」の意かのどちらかだと考えられる。「宮中」を意味する語は文章中には見つからないが、「天皇」を意味する語は「上《うへ》」があるので、これが解答となる。

内・上➡P.20　典侍➡P.29

問二 解答 **二条の后の宮が、貴族の娘であった。**

訳 在中将《ざいちゅうじょう》（＝在原業平《ありわらのなりひら》）が、二条の后《きさい》の宮が、まだ帝にもお仕え申し上げなさらないで、普通の人（＝並の貴族の身分）でいらっしゃった頃に、求婚し申し上げた時、（後略）

▼「后の宮」が「まだ帝にも仕うまつりたまはで、ただ人におはしましける」とは、まだ妃として天皇にお仕えしなさることはなくて、「ただ人」、すなわち、並の貴族でいらっしゃったということ。具体的には、大臣や大納言の娘でいて、入内《じゅだい》していなかった（＝帝の妻となっていなかった）ということ。冒頭の「在中将」は「よばひたてまつりける」の主語である。

ただ人《びと》➡P.21

問三 解答 **(A) イ　(B) ロ**

訳 一条の太政大臣の姫君たちは、鷹司《たかつかさ》にある屋敷に住んでいらっしゃるが、内大臣殿が人目を忍んで通っていらっしゃった。寝殿の上とは三の君を（そうお呼び）申し上げたのだった。（三の君は）ご容貌も性格も並々でなくていらっしゃるということで、父大臣《おとど》は（三の君を）とても大切に育て申し上げなさった。

▼「一条の太政大臣の女君たち」とあるので、「一条の太政大臣」は「女君（＝娘）たち」の父親。次に「内大臣殿」は「女君たち」の所に「忍びつつおはし通ひ」とあるので、「内大臣殿」にとって「女君たち（の中の一人）」は恋人である。「寝殿の上」は「三の君（＝三女）」の呼び名である（「寝殿の上」と、「三の君」のことをお呼び申し上げた）。この「寝殿の上」が、「内大臣殿」が忍んで通った相手だが、その「寝殿の上」すなわち「三の君」を「父大臣」はたいそう「かしづき」とあるので、「父

大臣」＝「一条の太政大臣」であり、三の君はその娘たちの一人である。このように、登場人物がどういう関係にあるかを、常に確かめながら、読み進めることが大切である。

登場人物の関係➡P.19

問四 解答　ニ

訳 民部卿《みんぶきょう》（藤原《ふじわら》）元方《もとかた》の御孫が、皇太子でいらっしゃる頃、帝が（神仏に酒食を供え、夜も寝ずに過ごす）ご庚申《こうしん》待ちをしなさると、（その席に）この民部卿も参上しなさった。

▼「元方の民部卿」は「民部卿元方」に同じ。その孫が「儲《まう》けの君」すなわち皇太子ということは、元方の娘が入内《じゅだい》して妃（女御《にょうご》や更衣《こうい》）となり、帝との間に男の子が生まれ、その子が皇太子になっているということである。

儲けの君➡P.20

問五 解答　イ

訳 故大納言も母上も、続いてお亡くなりになってしまったので、たいそう心細い自邸に（姫君は）もの思いに沈んでお過ごしになったが、しっかりと（姫君の）世話をする乳母らしい人もいない。ただいつもおそばにお仕えする侍従《じじゅう》、弁などという若い女房たちのみが伺候するので、年とともに人の訪れもめったにないようになっていく。

▼「若き人々」とあれば「若い女房たち」の意であることが古文では普通。「侍従」や「弁」は姫君にお仕えしているのだから、これは女房の呼び名である。

女房の名➡P.28

問六 解答　女性

訳 几帳《きちょう》の辺りから少し奥に入った所に、袿《うちき》姿でお立ちになっている人がいる。階段から西へ二つ目の間《ま》の東寄りの所なので、隠れる所もなくまる見えに覗《のぞ》き見ることができる。（中略）御髪《みぐし》の裾まではっきりと見える髪は、糸をよって掛けているように横に広がって、裾がふさふさと切り削《そ》がれているのは、たいそうかわいらしい感じで、七、八寸ほど（髪の長さが身の丈を）超えなさっている。

▼「袿姿」は貴族女性の正装ではない普段の姿だから、これだけで女性と分かる。さらに、身長より七、八寸（二一～二四センチ）も長い「御髪」が描かれている。長い黒髪は魅力的な女性の第一の条件である。女性は姿を人目にさらさないようにしていたが、特に立ち姿を見られることはあってはならないことであった。

袿➡P.35

マストアイテム 10

〈序〉登場人物はどのような場所にいるか

大臣や大納言《だいなごん》といった上流貴族、また中宮や中宮に仕える女房といった人が登場していると、場面は内裏《だいり》（宮中）だと決めつけて、登場してもいない帝が登場しているはずと思い込んで本文を読んだりする人がいます。しかし、場面は大臣邸かも知れないし、中宮が「**里**《さと》（実家）」に帰っている場面かも知れません。**登場人物が今どこにいるかを見定めることは、文の主語の把握などにも関わる重要なこと**なのです。

次に大事なことは、例えば、男女が会話している際の二人の位置です。男はどこにいて女に語りかけているのか、**具体的に場面がイメージできると、二人の関係性や会話文の理解も深まります**。そのためには、昔の建物の構造、部屋の中の調度品などについて最低限知っておく必要があります。

以下、京の周辺から始めて、京の都、内裏、貴族邸やその内部の様子をイラストを交えながらその要点を説明していきますので、場所をとらえる手助けとしてください。

京都周辺解説

京の都（平安京）の地理的な位置をまず押さえておきましょう。都の北には**鞍**《くら》**馬山**《まやま》、北東には**比叡山**《ひえいざん》、東側には**東山**《ひがしやま》の峰々が南北に連なっており、さらに東には琵琶湖《びわこ》があります。川は、北から**賀**《か》**茂川**《もがわ》が平安京の東側を流れて南下し、西から流れ来る**桂川**《かつらがわ》と合流して、難波《なにわ》（大阪）へ下る**淀川**《よどがわ》となります。

地図に書き込まれた神社・寺院や地名はどれも古文によく出てくる所です。中でも数多く歌に詠まれているのは**逢坂**《おうさか》**の関**《せき》（**逢坂山**）です。都から東国へ旅する人は、必ずここを通ったのですが、この関を越えると近江《おうみ》の国ですから、旅人は都を後にする感慨をここで覚えたのです。逢坂の関がどこにあるかを知らなくてはその感慨も味わえないでしょう。

京都周辺図

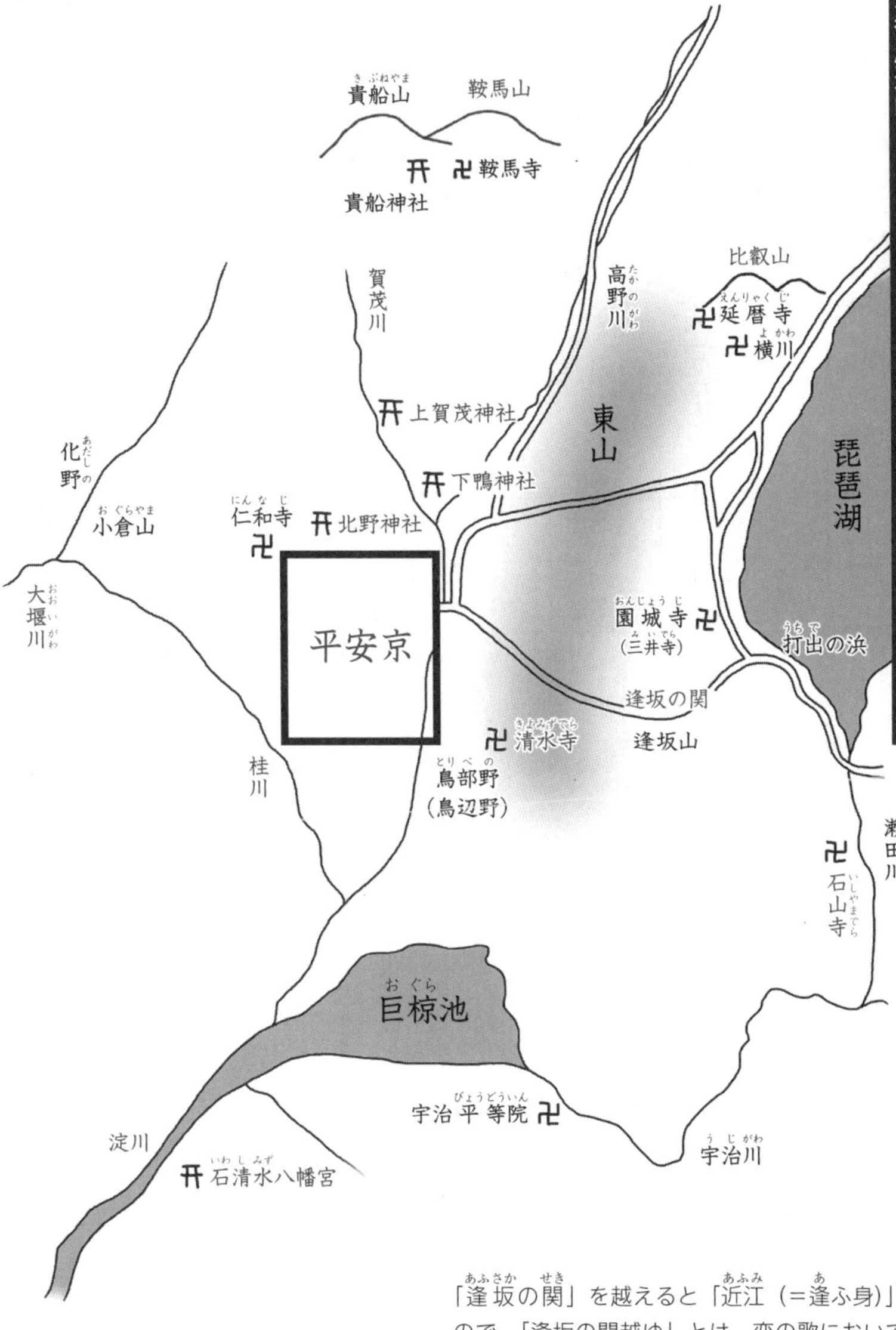

「逢坂《あふさか》の関《せき》」を越えると「近江《あふみ》（＝逢《あ》ふ身）」なので、「逢坂の関越ゆ」とは、恋の歌においては男女が契りを結ぶことを意味した。

マストアイテム 11

平安京・内裏《だいり》

平安京図

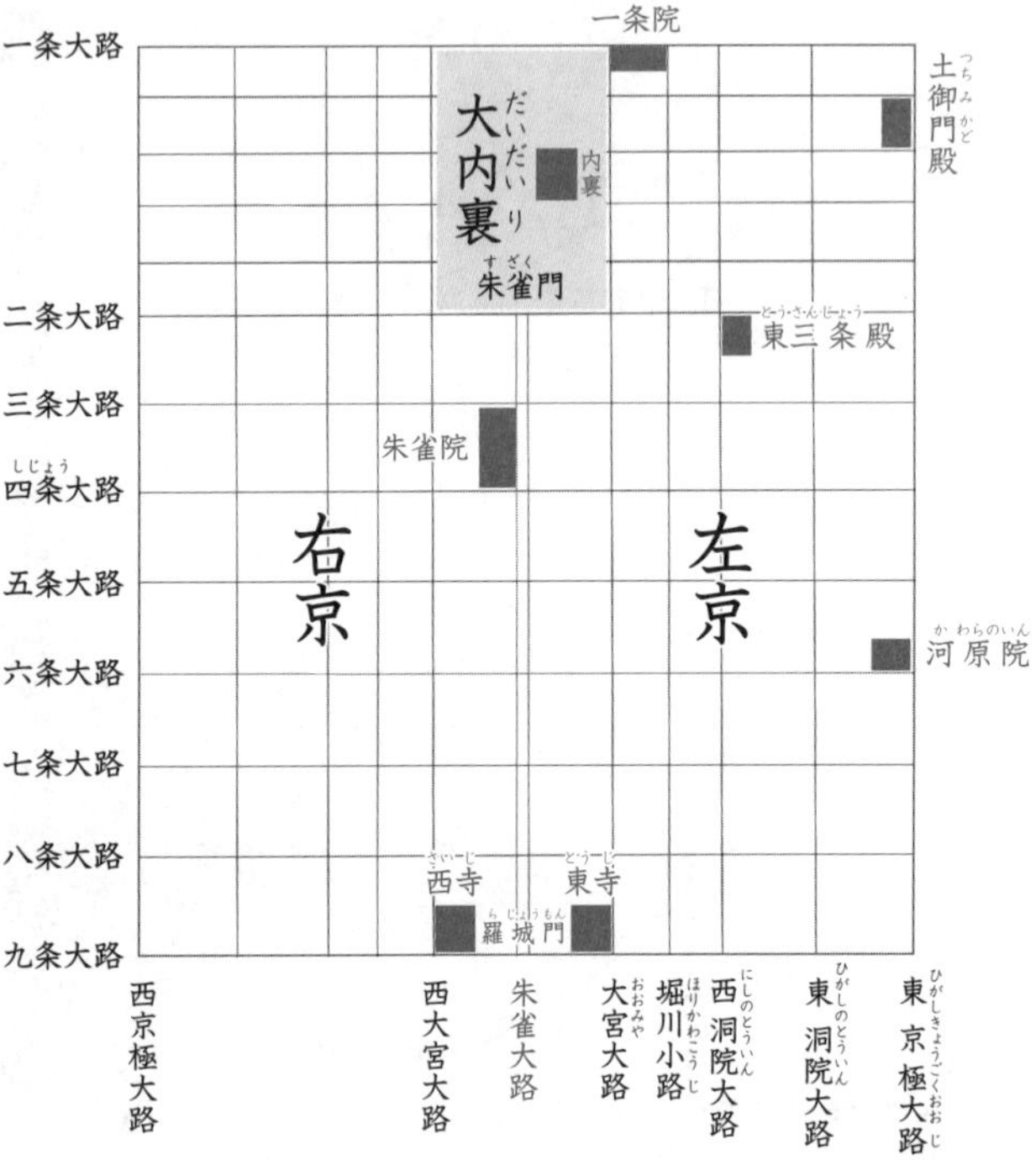

平安京解説

まず「平安京図」の上の方を見てください。中央に官庁が集まった「**大内裏**《だいだいり》」があります（その真ん中あたりに次ページで紹介する「内裏」があります）。ここが貴族・官人の勤務地でした。

この大内裏を中心として、**南北に中央を貫く「朱雀大路《すざくおおじ》」**のほか、「大宮《おおみや》大路」など多くの通りが走り、東西には**一条から九条までの「大路」**（その間に「小路《こうぢ》」）が碁盤《ごばん》の目のように整備されていました。

貴族の住まいは四条から北の東側（左京）に多くあったようです。東《とう》三条殿や四条大納言《だいなごん》のように、邸宅のあった場所がそこに住む人の呼称になったりもしました。一条から二条は別として、二条から三条、三条から四条…の距離は五百メートルほどで、歩くと十分足らずです。

資料見る　解説例文読む

内裏図

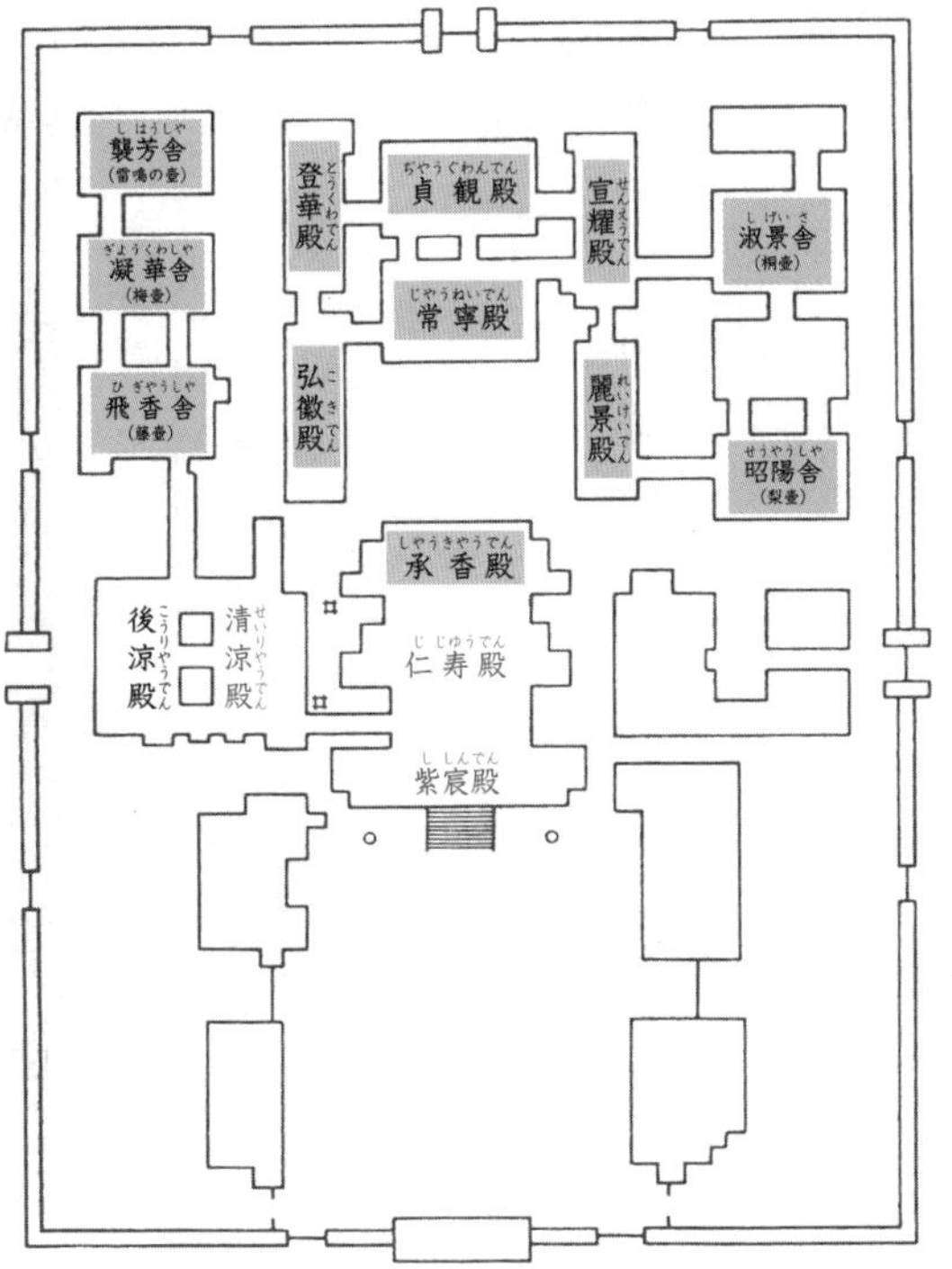

▒ は後宮《こうきゅう》五舎、▒ は後宮七殿

内裏解説

「内裏《だいり》」、すなわち宮中は、「内《うち》」「九重《ここのへ》」「禁中」また「雲の上」「雲居《くもゐ》」とも呼ばれる特別な場所です。

天皇の即位など重要な儀式が執り行われた紫宸殿《ししんでん》（別名南殿《なでん》）、私的な宴に使われた仁寿殿《じじゅうでん》を中心に、その西側に天皇の日常の住まいの場である清涼殿《せいりょうでん》（➡P.44）がありました。

内裏の北半分は、後宮《こうきゅう》といって后妃や女官たちが住む宮中の奥御殿です。弘徽殿《こきでん》・麗景殿《れいけいでん》・宣耀殿《せんようでん》・登華殿《とうかでん》・貞観殿《じょうがんでん》・常寧殿《じょうねいでん》・承香殿《しょうきょうでん》の七殿、飛香舎《ひぎょうしゃ》（藤壺《ふじつぼ》）・凝華舎《ぎょうかしゃ》（梅壺《うめつぼ》）・襲芳舎《しほうしゃ》（雷鳴《かみなり》の壺）・淑景舎《しげいさ》（桐壺《きりつぼ》）・昭陽舎《しょうようしゃ》（梨壺《なしつぼ》）の五舎が立ち並んでいました。

これらの建物にちなんで、后妃たちは「弘徽殿の女御《にょうご》」や「桐壺の更衣《かうい》」などと呼ばれました。また、勅撰集《ちょくせんしゅう》に入れる歌を選ぶための和歌所《わかどころ》が後宮の昭陽舎（梨壺）に設置されたこともありました。

2 場所を見定める

マストアイテム 12

清涼殿《せいりょうでん》・寝殿造《しんでんづく》り

清涼殿図

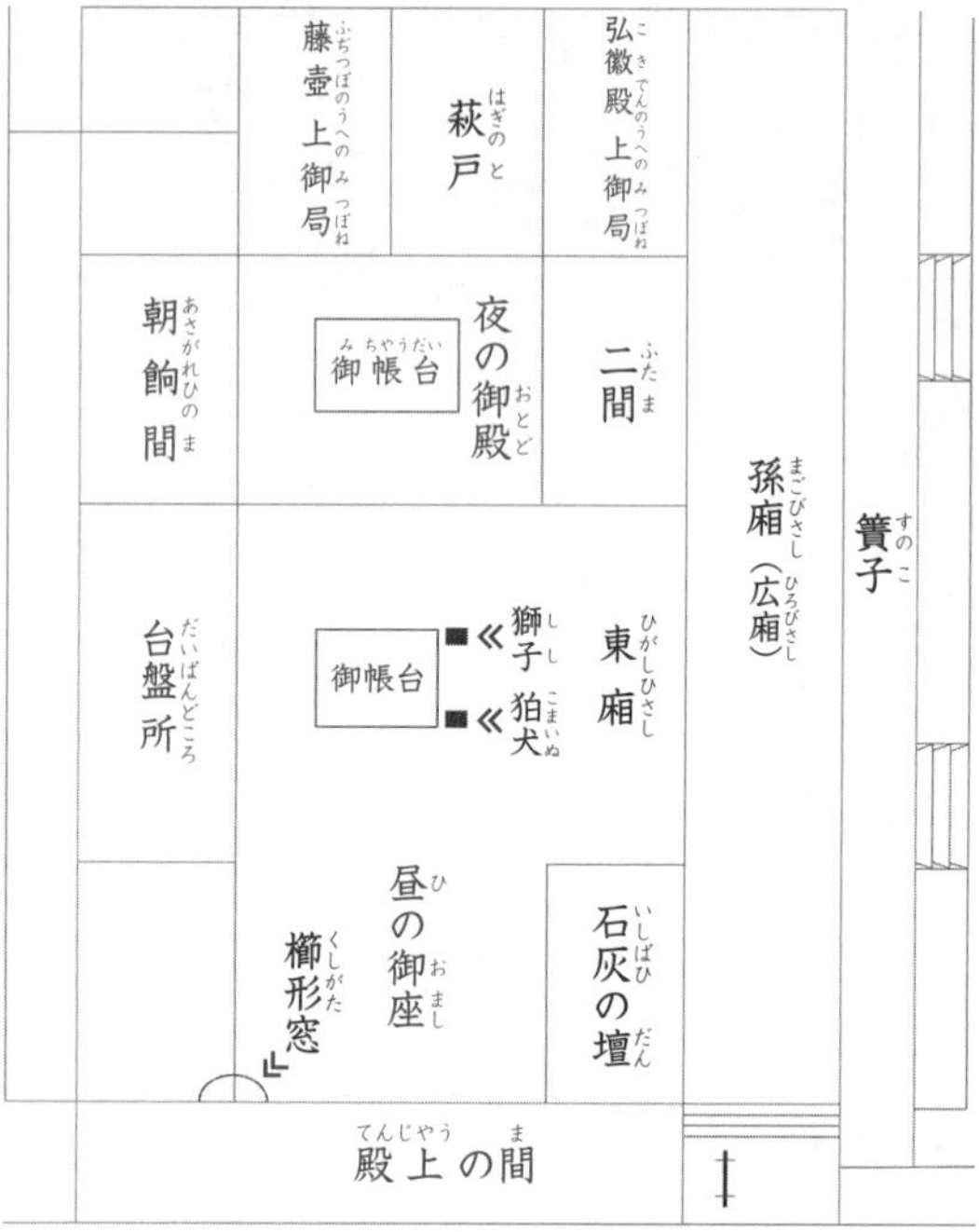

清涼殿解説

「**清涼殿**《せいりやうでん》」は天皇の日常生活の場であり、かつ四方拝《しほうはい》、小朝拝《こじょうはい》、除目《じもく》などの公事《くじ》もここで行われました。

天皇が昼間過ごされる部屋が「**昼《ひ》の御《お》座《まし》**」です。その南に上達部《かんだちめ》・殿上人《てんじょうびと》の執務室であり控え室でもあった「**殿上《てんじやう》の間《ま》**」がありました。天皇は櫛形《くしがた》の小さな窓から殿上の間を覗《のぞ》くこともできました。殿上の間は古文においては「**殿上**」という言葉で頻繁に登場します。

「**夜の御殿**《おとど》」が天皇の寝室です。その北には二つの「**上御局**《うへのみつぼね》」があります。これは中宮や女御《にょうご》のために、後宮の住まいとは別に用意された部屋です。

その他、天皇が食事をとった「**朝餉**《あさがれひの》**間**《ま》」、女房たちの詰め所である「**台盤**《だいばん》**所**《どころ》」などが西側にありました。

資料見る　解説例文読む

寝殿造り

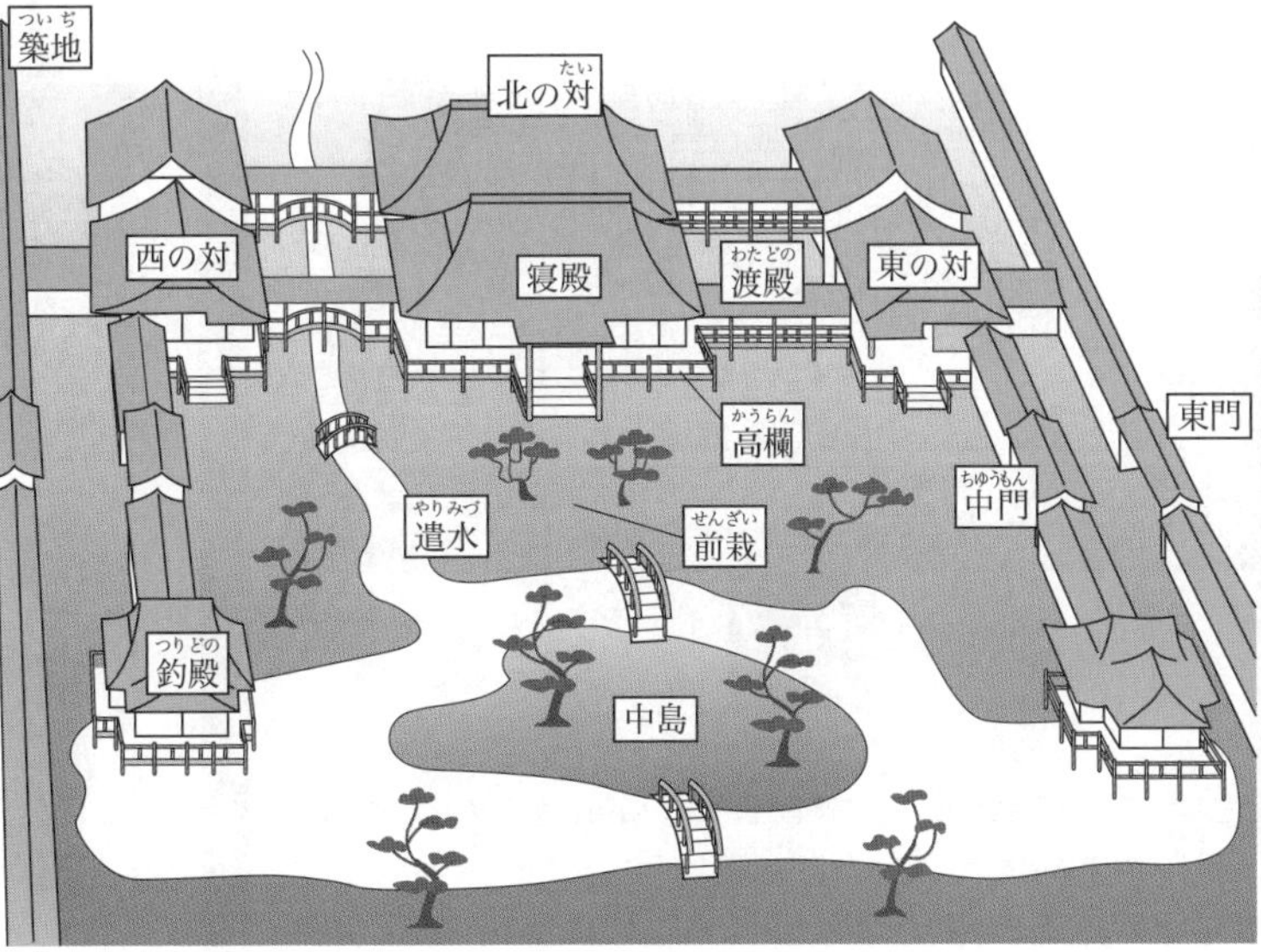

寝殿造り解説

王朝貴族の邸宅を**寝殿造り**《しんでんづくり》といいます。大臣邸ともなると敷地は一町《ひとまち》（約一二〇メートル四方）もありましたので、とにかく広い邸宅です。

主な建物は四つ。中央に主人や姫君が住む「**寝殿**」があり、その北に「**北の対**《たい》」、西に「**西の対**」、東に「**東の対**」と呼ばれる「**対屋**《たいのや》」がありました。対屋には夫人や子息などが住み、寝殿と対屋は「**渡殿**《わたどの》（屋根のついた渡り廊下）」で結ばれていました。

寝殿の南側には建物はなく、広く庭が開けており、「**遣水**《やりみづ》」を通して水を引き入れた池があり、中島なども造られました。古文では主人公が南面《みなみおもて》（＝南側）の部屋から「**前栽**《せんざい》（庭の草木）」が植え込まれた庭を眺める様子などがよく描かれています。邸宅の周囲には「**築地**《ついぢ》」という土塀を巡らし、東西に出入り口の門があり、東門が正門とされました。客は普通、中門で牛車《ぎっしゃ》から降り、案内を請いました。

2 場所を見定める

マストアイテム 13

寝殿《しんでん》内部

寝殿内部

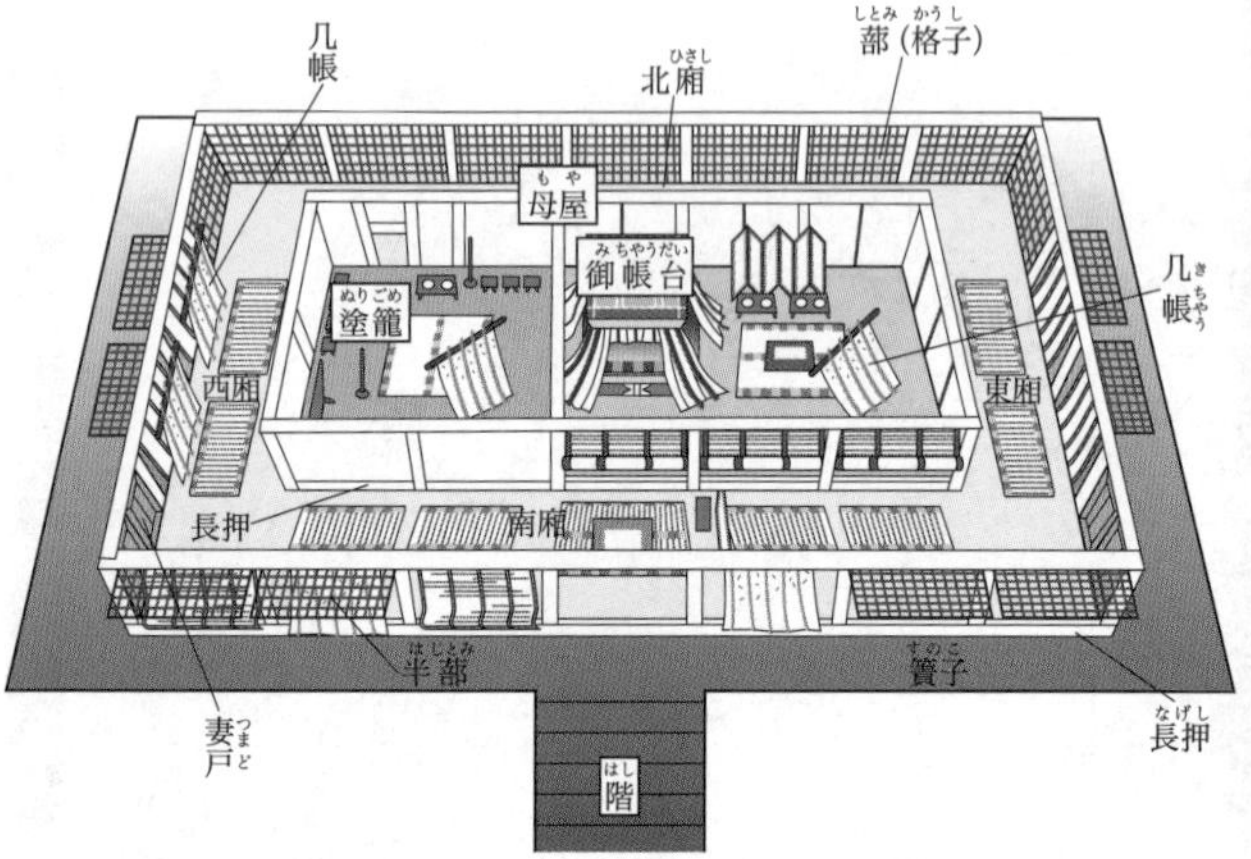

母屋《もや》は広いので、屏風《びょうぶ》や几帳《きちょう》で適宜仕切って使用した。床はすべて板敷きで、畳は人の座る所だけに用いた。

塗籠《ぬりごめ》とは母屋の一部を仕切り、周囲を壁で塗り込めた部屋。衣服・調度などを納める部屋として主に用いた。

寝殿内部解説

寝殿は大きく「**簀子**《すのこ》」「**廂**《ひさし》（廂の間《ま》）」「**母屋**《もや》」の三つの部分に分けられます（対《たいの》屋《や》も寝殿と同様です）。**簀子とは外側の板敷き（縁側）の部分です。**通路であり、「**高**《こう》**欄**《らん》（手すり）」が付くこともあります。**廂から内側が室内です。**簀子と廂との間には「**格子**《かうし》」（この裏に板を張ったものが「**蔀**《しとみ》」）が立てられます。この蔀は上下二枚から成り、下一枚は固定し、上一枚は押し上げると窓を開けたようになります（これが「**半蔀**《はじとみ》」）。蔀は取り外すこともできました。廂の間の奥、**寝殿の中央の部屋が母屋です。**主人や姫君の居室として使われました。母屋と廂との仕切りには「**御簾**《みす》」が掛けられ、仕える女房たちは用があれば姫君のお側にいますが、そうでないときは御簾の外の廂の間に控えていました。

資料 見る

解説 例文 読む

御簾越しの会話

御簾越しの会話解説

男が女（女房または姫君）を訪ねて会話する場面がよくあります。そんなとき、男と女とは初めから互いに顔を見て話すのではありません。男が**廂**や**母屋**にいきなり入ることはなく、**簀子**に座り、**御簾**《みす》**越しに廂の間にいる女房に語りかける**のです。

御簾は細く割った竹を編んだものですから、御簾の向こうの人はぼんやりと姿が見える程度です（特に暗い室内にいる女性は男から見えにくかったようです）。相手が女房だと御簾越しに、直接会話もできますが、相手が姫君だと、姫君は母屋にいますから、女房が伝達者となって客（男）と主人（姫君）の言葉を取り次ぐということになります。

御簾は男と女の間にあって、男女を隔てるものであり、男を御簾の内へ入れることは、男女が特別の関係になることを意味したのです。

2 場所を見定める

マストアイテム 14

建物の中の人物

1 簀子《すのこ》に立つ男を御簾《みす》越しに見る女房

3 几帳《きちょう》の後ろに身を隠す女房

2 半蔀《はじとみ》を下ろす女房

4 妻戸《つまど》から入る男

5 脇息《きょうそく》に寄りかかる男

6 御帳台《みちょうだい》の中の姫君

7 暁《あかつき》に帰って行く男とそれを待つ牛車《ぎっしゃ》と供人《ともびと》

8 灯火のもとで文《ふみ》を読む男

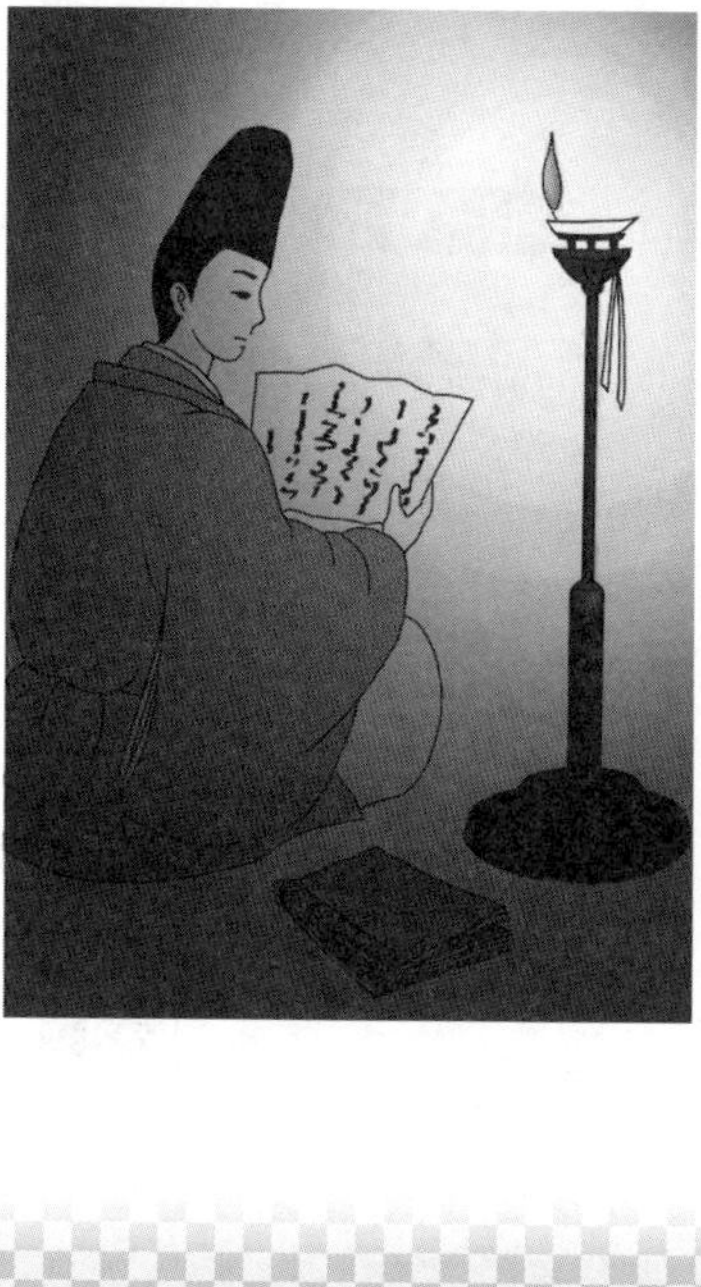

マストアイテム 15

場所・方角・建物が人物を表す

キーワード例文 読む

「あの方《かた》がこうおっしゃったのです」と言うとき、「方」は人を表します。「方」という言葉は、もとは「方角・方向」の意ですが、このように人物を表すものとしても使われます。

古文を読む上でも、**場所や方角、また建物を表す言葉であったものが人物を表す場合がある**ので注意する必要があります。最も注意すべきなのは、**場所を指し示す代名詞が人称代名詞として使われること**です。「**そこ**」「**ここ**」は場所を表すだけでなく、会話の中で「**あなた**」「**わたし**」を表す人称代名詞としても使われます。

「**殿**《との》」や「**宮**《みや》」という言葉は人物を表す場合もありますが、もとは建物を表す言葉で、その意味でも使われます。「**所**《ところ》」という言葉は、文字通りの意味とともに、貴人を数える単位としても使われます。場所・建物なのか人なのか、確かめながら読んでください。

キーワード

- **そこ**…あなた。
- **ここ**…この私。
  - ＊「**これ**」も「この私」の意がある。
- **こなた**…この私。
  - ＊もとは「こっち」の意。「あなた」は「あっち」の意であって、現代語の「あなた」の意は絶対にない。
- **殿**《との》…**1** 貴人の邸宅。御殿。 **2** 主人・貴人の敬称。
- **宮**《みや》…**1** 皇族の邸宅。御所。 **2** 皇族の敬称。
- **所**《ところ》…貴人を数える単位。「二所《ふたところ》」は二人、「三所《みところ》」は三人の意。
- **北《きた》の方《かた》**…貴人の夫人（正妻）のこと。上流貴族の夫人は、寝殿《しんでん》造りの北にある建物（**北の対**《たい》）に住んだことからそう呼ばれる（⬇P.45）。

「そこ」「ここ」「所」

a 場所を表す場合

b 人を表す場合

「殿」「宮」

a 邸宅・建物を表す場合

b 人を表す場合

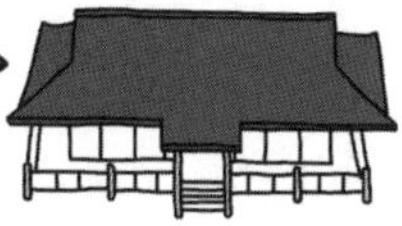

さまざまな語を作る「所」

- **所置く**…はばかる。遠慮する
- **所《ところ》得《え》顔《がほ》**…得意顔
- **所《ところ》柄《がら》**…場所がら
- **所《ところ》争《あらそ》ひ**…場所を得ようと争うこと
- **所《ところ》顕《あらは》し**…結婚のお披露目（⬇P.104）

プラス＋α

格助詞の「に」には主体を示し敬意を表す用法（敬主格の「に」ともいいます）があることを知っていますか。

例えば、「内にも院にもうれしきことにおぼしめしたり」という文の、「内**に**も院**に**も」の「に」がそうです。「帝**におかれて**も上皇**におかれて**も」と訳します（もっと簡単に訳すと「帝も上皇も」です）。

この主格を表す「に」は、もとは場所を表す格助詞であって、「どこどこにおいて」という意味であったのが、「その場におられるその人が」という意味でも使われるようになったのです。場所が人を表すということは、こういう助詞の使い方にも見ることができます。

「帝」という意の「内」ももとは場所を表す言葉です。「院」ももとは貴人の邸宅や上皇の御所を指したのが、上皇その人を指す言葉にもなったのです。

問一 **次の二つの文章は、どこでの出来事を述べたものか。その場所を示す語を、それぞれ文章中から抜き出し、その意味もあわせて答えよ。**

(1) 去《さ》んぬる応保《おうほう》のころほひ、二条院御在位の時、鵼《ぬえ》といふ化鳥《けてう》禁中に鳴いて、しばしば*宸襟《しんきん》をなやますことありき。先例をもつて*頼政《よりまさ》を召されけり。ころは皐月《さつき》二十日あまりの、まだ宵《よひ》の事なるに、鵼ただ一声《ひとこゑ》おとづれて、二声《ふたこゑ》とも鳴かざりけり。（平家物語）

*宸襟…天皇の御心。　*頼政…源《みなもと》頼政。

(2) 大納言行成《だいなごんゆきなり》卿、いまだ殿上人《てんじやうびと》にておはしける時、実方《さねかた》中将、いかなる憤りかありけん、殿上に参り会ひて、いふ事もなく、行成の冠《かうぶり》を打ち落として、小庭に投げ捨ててけり。（十訓抄）

	語	意味
(1)		
(2)		

問二 **次の文章は『枕草子』の一節である。傍線部では何を知っているというのか、簡潔に答えよ。**

里《さと》にまかでたるに、殿上人などの来るをも、やすからずぞ人々はいひなすなる。（中略）あまりうるさくもあれば、「このたび、いづく」となべてには知らせず、左の中将経房《つねふさ》の君、済政《なりまさ》の君などばかりぞ知りたまへる。

問三 **傍線部の「あづまのこと」には二通りの意味が込められている。二つの意味をそれぞれ答えよ。**

*匡衡《まさひら》を呼びて、女房ども*倭琴《わごん》を差し出だして、「よろづのこと知り給へるなれば、これを弾き給ふらむ。これ弾

き給へ。聞かむ」と言ひければ、匡衡そのいらへをば言はずして、かくなむ詠みかけける、

逢坂《あふさか》の関のあなたもまだ見ねばあづまのこともしられざりけり（今昔物語集）

＊匡衡…大江《おおえ》匡衡。大学寮で学ぶ「学生《がくしやう》」であった。　＊倭琴…日本古来の楽器。「あづまごと」ともいう。

問四　次の文章における、九条殿の夢はどういうことを予兆する夢だと考えられるか。最も適当なものを、後から選べ。

（九条殿が）まだいと若くおはしましける時、「夢に、朱雀門《すざくもん》の前に、左右の足を西・東の大宮《おほみや》に差し遣りて、北向きにて内裏を抱きて立てりとなむ見えつる」と仰せられける。（大鏡）

イ　将来、蔵人頭《くろうどのとう》になることを予兆する夢。　**ロ**　将来、近衛大将《このえのだいしょう》になることを予兆する夢。

ハ　将来、摂政・関白になることを予兆する夢。　**ニ**　将来、天皇になることを予兆する夢。

問五　次の文章は『和泉式部日記《いずみしきぶにっき》』の一節で、帥宮《そちのみや》が女（和泉式部）のもとを初めて訪れた場面である。傍線部a・bはどこを指しているか。最も適当なものを、それぞれ後から選べ。

西の妻戸《つまど》に円座《わらざ》さし出《い》でて、（帥宮を）入れたてまつるに、世の人の言へばにやあらん、なべての御様《さま》にはあらず、なまめかし。これも心づかひせられて、ものなどきこゆるほどに、月さし出でぬ。いと明し。（帥宮）「ふるめかしう奥まりたる身なれば、aかかるところにゐならはぬを、いとはしたなき心地するに、bそのおはするところに据ゑ給へ。よもさきざき見給ふらむ人のやうにはあらじ」とのたまへば、（後略）

イ　階《はし》　**ロ**　簀子《すのこ》　**ハ**　廂《ひさし》の間《ま》　**ニ**　母屋《もや》

a

b

問一 解答 ⑴ **禁中・宮中（内裏）**

⑵ **殿上・清涼殿の殿上の間**

⑴ **訳** 去る応保《おうほう》の頃、二条院が天皇でいらっしゃった時、鵺《ぬえ》という怪鳥が宮中で鳴いて、しばしば天皇の御心を悩ますことがあった。先例によって頼政《よりまさ》をお呼びになった。時は五月二十日過ぎの、まだ宵のことであるが、鵺がただ一声《ひとこえ》を立てて、二声《ふたこえ》とも鳴かなかった。

▼内裏（宮中）を表す言葉はいろいろある。すべて覚えておくこと。 **内裏**⬇P.43

⑵ **訳** 大納言行成卿《だいなごんゆきなりきょう》が、まだ殿上人《てんじょうびと》でいらっしゃった時、実方《さねかた》中将は、どのような憤りがあったのだろうか、殿上の間《ま》に（二人が）ともに参上して、（実方は）何も言わずに、行成の冠を打ち落として、小庭に投げ捨ててしまった。

▼「殿上」すなわち殿上の間は殿上人の詰め所で、古文にはよく出てくる。清涼殿《せいりょうでん》のおおよその内部構造は知っておくことが望ましい。 **清涼殿・殿上**⬇P.44

問二 解答 **清少納言の退出先がどこであるかということ。**

訳 （私が）実家に退出している時に、殿上人などが（実家に）やって来るのを、穏やかなことではないと（同僚の）女房たちは言っているようだ。（中略）あまりに煩わしくもあるので、「今回（の里下がり）は、どこ」と一般の人には知らせず、左中将経房《つねふさ》の君、済政《なりまさ》の君などだけが知りなさっている。

▼『枕草子《まくらのそうし》』（⬇P.218）の作者清少納言《せいしょうなごん》は中宮定子《ていし》に仕えた女房なので、中宮が宮中におられると清少納言もほとんど宮中にいることになるが、中宮でも出産のときなどは「里」に帰ったのであり、女房も時には暇をもらって「里下がり（里居《さとゐ》）」することがあった。冒頭の「里にまかで」とは「実家に退出する」ということである。清少納言はたいそう人気のあった女房なので、彼女の退出先の実家まで殿上人がやって来て、煩わしかったので、特定の人にしか「里がどこか」を教えなかったという話である。「清少納言が里下がりしている実家がどこなのかということ」といった答えでもよい。 **里**⬇P.40

問三 解答 **あづまごと（倭琴）と東国のこと。**

訳 匡衡《まさひら》を呼んで、女房たちは（匡衡の前に）倭琴《わごん》を差し出して、「（あなたは大学寮の学生《がくしょう》なので）ありとあらゆることを知りなさっている方であるから、これを弾きなさるだろう。これを弾いてください。聞きましょう」と言ったところ、匡衡はその返答の言葉を言わないで、次のように歌を詠みかけた（その歌は）、逢坂《おうさか》の関の向こうはまだ（私は）見たことがないので、東国のことを知ることができませんし、倭琴（の弾き方）も知ることができないのですよ。

▼「逢坂の関」がどこにあるか、P.41の〈京都周辺図〉を見て確認しよう（P.40の解説も参照）。「逢坂の関」の「あなた（向こう）」は「東《あづま》（東国）」である。よって、「あづまのこと」は「東国のこと」であり、それに「あづまごと＝倭琴」が掛けられている。

問四　解答　ハ

訳　（九条殿が）まだたいそう若くていらっしゃった時、「夢に、朱雀門《すざくもん》の前で、左右の足を西・東の大宮（＝西大宮大路・東大宮大路）に差しのばして、北向きに内裏を（両手で胸に）抱いて（自分が）立っていると見えた」とおっしゃった。

▼P.42の〈平安京図〉を見ながら、大内裏の朱雀門の前に立つガリバーのような九条殿の姿を想像してみよう。これは宮中を我がものとする夢である。「殿」は親王ではないので、天皇にはなり得ない。よって、この夢は摂政《せっしょう》・関白《かんぱく》になることを予兆する夢ということになる。

摂政・関白➡P.22・25

問五　解答　a ロ　b ハ

訳　西の妻戸《つまど》に円座《わらざ》を差し出して、（そこに帥宮《そちのみや》を）お入れ申し上げると、世の人が噂《うわさ》しているせいなのであろうか、（帥宮は）普通のご様子ではなく、優美である。女の方でも自然と意識されて、お話など申し上げるうちに、月が出てきた。（月は）たいそう明るい。（帥宮）「古風に奥に引きこもっている身であるから、このような（端近《はしぢか》な）所には座りつけていないので、たいそういたたまれない気持ちがするので、あなたのいらっしゃる所に座らせてください。まさか以前に（あなたが）お会いになった男のように振る舞うことはないだろう」とおっしゃるので、（後略）

▼「かかるところ」とは帥宮が今座っている所だが、帥宮は妻戸の前に出された円座に座っている。妻戸は寝殿造りの廂《ひさし》の間から簀子《すのこ》への出入り口であるから、帥宮が座っている所は簀子である。「そのおはするところ」とは和泉式部《いずみしきぶ》が座っている所で、それは廂の間。廂の間のさらに奥が母屋《もや》だが、今この場面では、帥宮と和泉式部は仲介者なしに直接（といっても簀子と廂の間との間には御簾《みす》が下がっているので相手の姿ははっきりとは見えない）会話を交わしているので、和泉式部は母屋ではなく、廂の間にいると考えられる。

寝殿内部・御簾越しの会話➡P.46・47

マストアイテム 16

〈序〉いつの場面が描かれているか

キーワード例文読む

まず次のことを頭に入れる。
〈春〉陰暦の一月から三月まで。
〈夏〉陰暦の四月から六月まで。
〈秋〉陰暦の七月から九月まで。
〈冬〉陰暦の十月から十二月まで。

古文を読む上で大事なこと、それは第一に登場人物を押さえること、次に人物の置かれた場所をつかむこと、そして三番目が、「**時**」を確認することです。

例えば、古文における「三月」は晩春、つまり春の終わりの月であることが分かっていないと、そこで詠まれる惜春の歌（春が過ぎ去ることを悲しむ歌）もよく理解できないで終わるでしょう。また逆に「暁《あかつき》」「つとめて」「入相《いりあひ》」（➡P.64）といった**時間に関する言葉の意味をよく知っていれば、その時の人物の行動・心理をより正確にとらえることができるで**しょう。

古文の暦は陰暦です。現代の陽暦とはおよそ一か月くらい違います。古文では二月に桜が咲きますが、現代では桜の開花は三月です。私たちにとって梅雨《つゆ》は六月の雨ですが、古文ではこれを「五月雨《さみだれ》」といいます。この違いをよく理解して古文を読んでいくことが大切です。

キーワード

- **春立《はるた》つ**…春になる。春が来る。
- **春《はる》さる**…春になる。春が来る。
- **行《ゆ》く春《はる》**…過ぎ去ろうとしている春。晩春（三月末）。
- **春《はる》の限《かぎ》り**…春の終わり。春の最後。
- **秋《あき》さる**…秋になる。秋が来る。
- **行《ゆ》く秋《あき》**…過ぎ去ろうとしている秋。晩秋（九月末）。
- **行《ゆ》く年《とし》**…終わりゆく一年。年の暮れ。
- **年返《としかへ》る**…年が改まる。新年になる。
- **返《かへ》る年《とし》**…翌年。来年。

月の異名《いみょう》

一月から十二月には異名（別の呼び方）があります。これらはすべて覚えなくてはいけません。

春	一月	睦月	むつき	初春
	二月	如月	きさらぎ	仲春
	三月	弥生	やよひ	晩春
夏	四月	卯月	うづき	初夏
	五月	皐月	さつき	仲夏
	六月	水無月	みなづき	晩夏
秋	七月	文月	ふみづき（ふづき）	初秋
	八月	葉月	はづき	仲秋
	九月	長月	ながつき	晩秋
冬	十月	神無月	かんなづき	初冬
	十一月	霜月	しもつき	仲冬
	十二月	師走	しはす	晩冬

プラス＋α

鶯《うぐいす》（春）、**時鳥**《ほととぎす》（夏）、**雁**《かり》（秋）といった季節ごとの鳥、また**梅**や**桜**（春）、**花橘**《はなたちばな》や**菖蒲**《あやめ》（夏）、**萩**《はぎ》や**菊**（秋）といった季節ごとの花、また**霞**《かすみ》（春）、**五月雨**《さみだれ》（夏）、**霧**（秋）、**時雨**《しぐれ》（初冬）といった自然現象、これらを見て、**季節がいつかを見定めること**が大事ですが、それとともに**季節ごとの行事や風習を知っておくこと**も大切です。

例えば、五月五日は現代の私たちにとっては「子どもの日」ですが、古文では「**端午**《たんご》**の節句**」といい、家の軒先には邪気を払うとされる菖蒲を飾りました。そういうことを知らないと、なぜこの日に菖蒲が出てくるのかも、「**菖蒲葺**《あやめふ》**く**」などという表現が何のことかも分かりません（「あやめふく」とは菖蒲を軒端《のきば》に挿して飾ることで、「菖蒲」は「あやめ」とも「しょうぶ」とも読みます）。

マストアイテム 17

四季――春・夏

春

貴族の一年は、元旦に皇太子、大臣以下の上達部《かんだちめ》・殿上人が、天皇に年賀の辞を申し上げる小朝拝《こじょうはい》の儀をもって始まりました。**睦月**《むつき》（正月）は新春を祝い喜ぶ月だったのです。**初子**《はつね》**の日**には野に出て小松を引きました。この長寿を祈って引き抜く松を「**子**《ね》**の日の松**」といいます。

ただ新春とは名ばかりで、一月はまだ寒い日が多かったことでしょう。鳥が鳴き、花も蕾《つぼみ》を開き、その香を漂わせる、そんないかにも春らしい季節の訪れは二月から三月です。この季節こそ心待たれるものでした。

四季それぞれの味わいがあるとはいえ、昔の人が深く心を寄せたのは何といっても春と秋です。それ故、春はまた去りゆくことが惜しまれるものでした。

キーワード

春の風物と行事

- **鶯**《うぐひす》…春の到来を告げる鳥。
- **梅**《うめ》…白梅の白さは雪にたとえられる。梅は花だけでなく香りも愛《め》でる。
- **東風**《こち》…春を告げる風（春は東からやってくると考えられていた）。
- **桜**《さくら》…「花」といえば平安時代以降は桜を指す。梅と違い、香りを愛でることはない。
- **霞**《かすみ》…「霞」とあれば季節は必ず春。
- **朧月**《おぼろづき》…春の夜のぼんやり霞《かす》んだ月。
- **子**《ね》**の日**《ひ》**の遊**《あそ》**び**…正月初子《はつね》の日（一月の最初の子の日）に催された遊宴行事。野辺に出て若菜を摘み、小松を引いて楽しんだ。長寿を願った遊び。
- **帰**《かへ》**る雁**《かり》…秋に日本に飛来した雁は春になると北に帰って行く。

資料 見る

キーワード例文 読む

夏

日本人の姓に「四月一日」という珍しい姓があります。「わたぬき」と読みます。冬着には綿が入っているので、夏が始まる四月一日にはその綿を抜くのです。更衣《ころもがえ》にちなむ姓です。

夏というと、何といっても**時鳥**《ほととぎす》です。歌にもたくさん詠まれています。初夏に日本にやってくるこの渡り鳥の声を誰よりも早く聞いたことを男も女も自慢しました。

京都の初夏の一大イベントは**賀茂祭**《かものまつり》（葵祭《あおいまつり》）です。この盛大な祭りの様子は『源氏物語《げんじものがたり》』など多くの作品に描かれています。

そして、もう一つ夏の風習として押さえておかなければならないものは、五月五日の**端**《たん》**午**《ご》**の節句**です。ここでは**菖蒲**《あやめ》が大事な役割を果たしました。

キーワード

夏の風物と行事

- **更衣**《ころもがへ》…夏の初日である陰暦四月一日に装束や調度を冬用から夏用のものに改めた。
- **時鳥**《ほととぎす》…夏を知らせる鳥で、その初音《はつね》を聞くことを競った。時鳥の初音を「**忍**《しの》**び音**《ね》」という。「死出《しで》の田長《たをさ》」の異名を持ち、この世と冥土とを行き来する鳥とも、田植えの時を告げる鳥とも考えられた。また夜鳴く鳥として知られる。
- **賀茂祭**《かものまつり》…陰暦四月の第二の酉《とり》の日に行われる京都賀茂神社の祭り。祭りの行列の牛車《ぎっしゃ》や人々の冠、家の軒などに葵の葉を飾るので「**葵祭**《あふひまつり》」ともいう。「**祭**」といえば葵祭を指す。
- **端午**《たんご》**の節句**《せつく》…陰暦五月五日の節句。菖蒲を軒に挿して邪気を払う。「**菖蒲**《あやめ》**の節句**《せつく》」ともいう。菖蒲の根の長さを競う「**根合**《ねあ》**はせ**」もあった。
- **五月雨**《さみだれ》…現在の梅雨《つゆ》に当たる。

3 時を見定める

マストアイテム 18

四季——秋・冬

資料 見る
キーワード例文 読む

秋

七月、八月は私たちにとっては夏真っ盛りですが、**古文の世界では七月から秋**です。初秋の七月七日の夜は天《あま》の川《がわ》を見上げて、牽牛《けんぎゅう》と織女《しょくじょ》を思い、八月十五日の月は「**仲秋の名月**」といわれ、一年で最も美しい月とされました。

台風（**野分**《のわき》）を経て秋も深まると、秋の夜長《よなが》にはかなげな虫の音《ね》に耳を傾け、近くの山から響いてくる**鹿**の声に聞き入りました。山野に出かけて木々の紅葉を観賞する**紅葉**《もみじ》**狩**《が》**り**も行われました。野には**すすき**の穂が風に揺れ、**萩**《はぎ》や**女郎花**《おみなえし》が迎えてくれたことでしょう。晩秋（九月）の年中行事に**重陽**《ちょうよう》**の節句**があり、**菊の花**が愛《め》でられました。

キーワード

秋の風物と行事

- **七夕**《たなばた》…牽牛と織女が一年に一度逢《あ》う（「星合ひ」）という日。鵲《かささぎ》という鳥が翼を連ねて天の川に橋を架けるという伝説があり、その橋を「**鵲の橋**」という。
- **雁**《かり》…秋に日本に来る渡り鳥。「雁」は「かりがね」とも読む。
- **鹿**《しか》…牡鹿《おじか》が牝鹿《めじか》を呼ぶそのせつない声が歌によく詠まれる。
- **尾花**《をばな》…すすきの穂が出たもの。
- **野分**《のわき》…秋に吹く激しい風。台風。
- **霧**《きり》…「霧」とあると季節は秋。
- **重陽**《ちようやう》**の節句**《せつく》…陰暦九月九日の節句。菊の花を酒に浮かべて飲み、長寿を祈った。端午《たんご》の節句を菖蒲《あやめ》の節句というのに対して**菊の節句**という。

冬

十月一日に冬着に変える更衣《ころもがえ》があると、冬の始まりです。秋の草花も枯れ果て、木々は紅葉から落葉の季節を迎えます。この紅葉と落葉をもたらすもの、それが晩秋から初冬に降る**時雨**《しぐれ》です（時雨は秋の歌にも冬の歌にも詠まれます）。

十一月には、その年収穫された穀物を神々に供え、天皇自らも食する**新嘗祭**《にいなめさい》が宮中で行われました。天皇即位後の初めての新嘗祭を特に**大嘗会**《だいじょうえ》といいます。それに先立つ**御禊**《ごけい》は、『更級日記《さらしなにっき》』（⬇P.214）に「（天皇）一代に一度の見物《みもの》にて、田舎世界の人だに（都から遠く離れた地方の人でさえ）見るもの」だったとあります。地方の人でさえ、「御禊」を見るために、京の都に出向いたのです。

現代の節分の豆まきのもととなる**追儺**《ついな》という儀式は、かつては大晦日《おおみそか》に宮中で行われていました。

キーワード

冬の風物と行事

- **更衣**《ころもがへ》…陰暦十月一日から冬なので、この日に冬の装いに変える。ただ「更衣」というと、陰暦四月一日の更衣を指すことが多い。
- **時雨**《しぐれ》…晩秋（陰暦九月）から初冬（陰暦十月）に降る雨。木の葉を紅葉させる雨。紅葉した木々は時雨が降るごとに葉を散らせてゆく。動詞に「時雨《しぐ》る」（ラ行下二段活用）がある（⬇P.122）。
- **網代**《あじろ》…川で魚（氷魚《ひお》）を捕るための仕掛け。宇治《うじ》川の網代が特に有名。
- **大嘗会**《だいじやうゑ》…陰暦十一月に行われた、天皇即位後の初めての「**新嘗祭**《にひなめさい》」。これに先立ち、天皇が賀茂《かも》川で禊《みそぎ》をする儀式を「**大嘗会の御禊**《だいじやうゑのごけい》」といい、盛大な行列を見ようと人が多数押し寄せた。
- **追儺**《ついな》…大晦日《おおみそか》（十二月三十日）の夜に宮中で行われた、悪鬼を追い払う儀式。「**鬼遣らひ**《おにや》」ともいう。

3 時を見定める

マストアイテム 19

月齢

かつての京の都の夜はどんな感じだったのでしょうか。街灯もビルの明かりもまったくない夜の街を想像してみましょう。月が空になければ完全な闇夜です。しかし、空に月が昇れば夜歩きもしやすかったでしょう。そんな月の光の恩恵も、また風情も深く感じ取っていた昔の人にとって、月は日々の生活に密着した存在であって、何日の何時頃にどんな月が出るかはおのずから分かっていたことでした。

月の出は一日ごとに約五十分ずつ遅れていきますが、**十五夜の月**（満月）**は午後六時過ぎに東の空に昇る**ということを頭に入れておきましょう。二十日以降の**有明《ありあけ》の月は、夜も更けて出てくる**ので、夜が明ける頃にもまだ空に残っています。百人一首に「有明のつれなく見えし別れより暁《あかつき》ばかり憂《う》きものはなし」とあるように、女と一夜を過ごした男が未明に女の家を出て帰って行くとき、空には有明の月が輝いている、そんな光景が古文にはよく描かれています。

資料 見る　キーワード例文 読む

キーワード

- **朔日《ついたち》**…もとは「月立《つきた》ち」で「月が立つ日」、つまり月の最初の日をいう。「月の上旬（月初め）」の意もある（その意味で使われる方が多い）。
- **晦日《つごもり》**…もとは「月籠《つごも》り」で「月が籠《こ》もる日」、つまり月の最終日をいう。「月の下旬」の意もある。十二月の末日は「**大晦《おほつごもり》**」という。
- **月影《つきかげ》**…月の光の意。空に浮かぶ月そのものを指すこともある。
- **隈《くま》なし**（形容詞・ク活用）…月に曇りや陰りがないこと。
- **弓張月《ゆみはりづき》**…七日頃の月。日没時には真南の空高く見える右半分の月。「**上弦《じやうげん》の月《つき》**」ともいう。月の出が夜中である二十三日頃の左半分の月（**下弦の月**）も弓張月という。

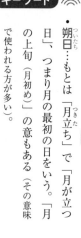

日没頃の月の形と位置

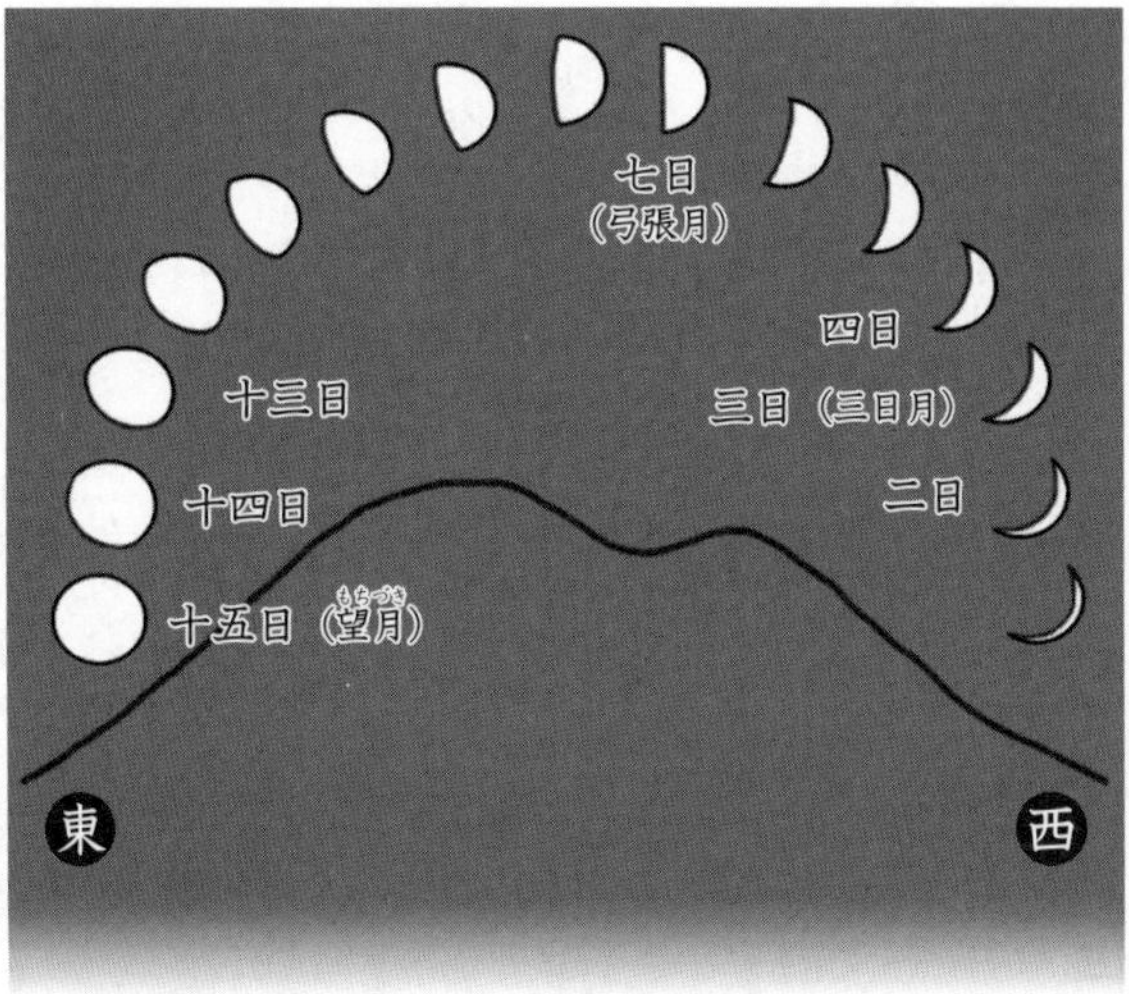

望月は西に太陽が沈む頃、東の空に昇ってくる。
弓張月は日没の頃には真南の高い空にある。
三日月は西に沈んでゆく太陽の近くに見える。

古文の暦

古文の暦は月の満ち欠けを基準にした**太陰暦**（陰暦）。一か月は二十九日か三十日。三十一日の月はない。二年か三年に一度、一年を十三か月にした。この余分な月を**閏月**《うるうづき》という。

キーワード

- **望月**《もちづき》…満月（十五夜）のこと。
- **十六夜**《いざよひ》（の月《つき》）…十五夜の翌日の月。「いざよふ」とは「ためらう」の意で、日没後に少し間を置いて昇ってくる月。満月が少し欠けた月。日没時にはまだ空に昇らない月なので、この月以降の月は上段のイラストには描かれていない。阿仏尼《あぶつに》の『十六夜日記《いざよいにっき》』（➡P.214）は十月十六日に京を出立したことでその名が付いた。
- **立待月**《たちまちづき》…十五夜の二日後の月。十六夜よりさらに遅く出るが、立って待っているうちに出てくる月。
- **居待月**《ゐまちづき》…十五夜の三日後の月。月の出を待ち、立ち疲れ座った頃出る月。
- **臥待月**《ふしまちづき》…十五夜から四日後の月。「**寝**《ね》**待月**《まちづき》」ともいう。
- **有明**《ありあけ》（の月《つき》）…陰暦二十日過ぎの、夜も遅くなって空に昇り、夜が明けても空に残っている月。

マストアイテム 20

一日の時間

古文で「**暁**《あかつき》」というと、旅に出る人が出立する時間であり、夜を共にした男女が別れる時間です。「暁」は「**曙**《あけぼの》」とは違い、夜明け前のまだ外は真っ暗な頃をいいます。時間と人の行動とは深く結びついています。今描かれている場面が一日のどんな時間帯のことなのか、それをよくつかんでおくことが、人物の行動・心理をつかむことにつながります。夕暮れ時に寺で撞《つ》かれる「**入相《いりあひ》の鐘**」の音に耳を傾けている主人公は、わびしげな心境ということになるでしょう。

夜から朝、また夕方から夜中への時間の移り行きはおよそ次のように押さえておくといいでしょう。

- **夜中→暁→曙→朝《あした》**
- **夕《ゆふ》・夕べ→宵《よひ》→夜→夜更《ふ》く→夜半《よは》（夜深《よぶか》し）**

右に挙げた一日の時を表す言葉とともに、**十二支**による時刻の表し方（➡P.65）も知っておく必要があります。

キーワード

一日の時を表す言葉

- **暁**《あかつき》…夜明け前のまだ暗い頃。未明。
- **東雲**《しののめ》…東の空が明るくなる頃。
- **曙**《あけぼの》…夜がほのかに明け始める頃。
- **つとめて**…**1** 早朝。**2** 翌朝。
- **朝**《あした》…**1** 朝。**2** 翌朝。

＊「明日」は「あす」と読む。「あした」とは読まない。

- **入相**《いりあひ》…夕暮れ時。
- **夕**《ゆふ》**さり**…夕方になる時分。夕方。
- **宵**《よひ》…夕方と夜の間。
- **夜**《よ》**さり**…夜になる時分。今夜。
- **夜半**《よは》…夜中。

ある期間を表す言葉

- **日**《ひ》**ごろ**…ここ数日。数日の間。
- **月**《つき》**ごろ**…数か月（の間）。
- **年**《とし》**ごろ**…数年来。長年。

キーワード例文 読む

十二支と時刻・方位

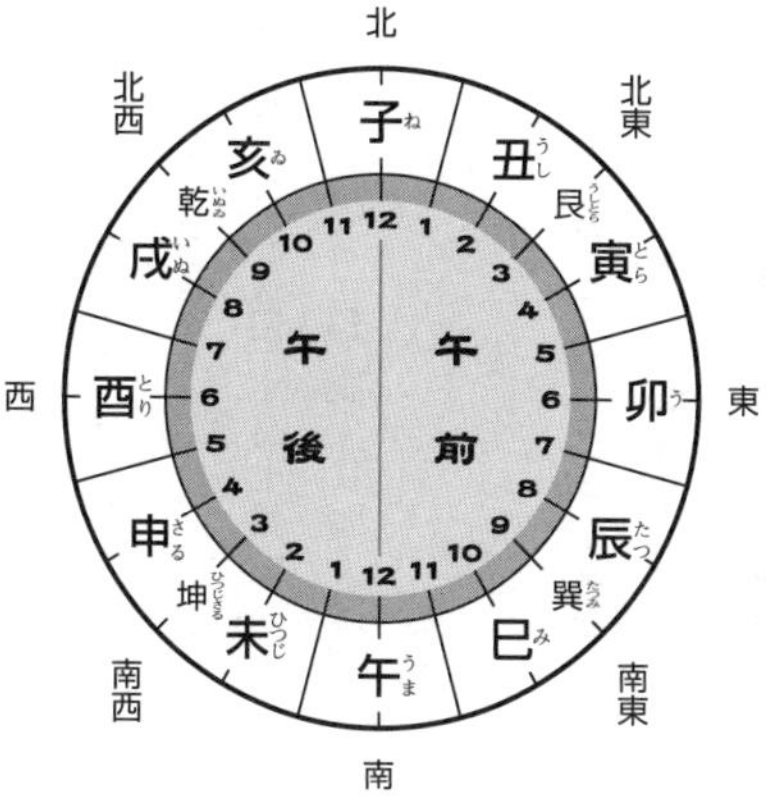

時刻の押さえ方

- まず十二支（子、丑、寅、卯…）を暗記する。
- 子の刻は午前零時頃（午後十一時〜午前一時の二時間）。あとは、丑、寅、卯…と時計回りに二時間刻みで数える。
- 一刻（二時間）を四分し、一つ、二つ、三つ、四つと数えることもある。「丑三《み》つ」だと、午前二時〜二時半頃のこと。
- 十二支は方角を表すことにも用いられる。「辰巳《たつみ》（巽《たつみ》）」だと、辰と巳の間の方角、すなわち南東の方角を指す。

プラス＋α

時間に関わる次のような副詞や慣用句もこの際覚えておきましょう。

- **とく（疾く）**…早く。
- **いま（今）**…すぐに。
- **やうやう**…しだいに。だんだん。
- **いつしか**…
  1 いつの間に。早くももう。
  2 できるだけ早く（〜たい）。
- **やがて**…1 そのまま。
  2 すぐに。
- **すなはち（即《すなは》ち）**…即座に。すぐに。
- **〜や遅きと**…〜（する）とすぐに。
- **〜ままに**…〜（する）とすぐに。
- **とばかり**…ちょっとの間。
- **ひねもす（終日）**…一日中。
- **日一日《ひひとひ》**…一日中。
- **日暮《ひぐ》らし**…一日中。
- **夜一夜《よひとよ》**…一晩中。
- **夜《よ》もすがら**…一晩中。

問一 空欄に当てはまる最も適当な語を、後から選べ。

□の晦日《つごもり》の日、雨の降りけるに、藤《ふぢ》の花を折りて人につかはしける　業平朝臣《なりひらあそん》

ぬれつつぞしひて折りつる年のうちに春は幾日《いくか》もあらじと思へば（古今和歌集）

イ 如月　ロ 弥生　ハ 卯月　ニ 皐月

□

問二 傍線部a・bの意味内容として最も適当なものを、後からそれぞれ選べ。

そのむかし、かしらおろして貴《たふと》き寺々参りありき侍りし中に、a神無月かみのゆみはりのころ、長谷寺《はせでら》に参り侍りき。（中略）b入りあひの鐘の声ばかりして、ものさびしきありさま、梢《こずゑ》のもみぢ嵐にたぐふ姿、何となうあはれにおぼえ侍りき。（撰集抄）

a　イ 九月上旬　ロ 十月七日頃　ハ 十月二十三日頃　ニ 十一月初旬

b　イ 日没につく鐘　ロ 夜半につく鐘　ハ 未明につく鐘　ニ 夜明けにつく鐘

a □
b □

問三 次の文章は作者が失恋の痛手の中で綴《つづ》ったものであるが、文章の内容から作者の恋は、おおよそどのくらいの期間続いたと考えられるか、数字を用いて答えよ。

春ののどやかなるに、何となく積もりにける手習ひの反古《ほご》など破《や》り返すついでに、かの御文どもを取り出《い》でて見れば、梅《うめ》が枝《え》の色づきそめし始めより、冬草枯れ果つるまで、折々のあはれ忍びがたき節々を、うちとけて聞こえ

交はしけることの、積もりにける程も、今はと見るはあはれ浅からぬ中に、(後略)(うたたね)

問四 **次の文章の傍線部について、後の問いに答えよ。**

さて、(聖《ひじり》は)すでにその日のつとめては堂へ入りて、さきにさし入りたる僧どもおほく歩み続きたり。(中略)さて、やりもてゆきて、七条《しちでう》の末にやり出《いだ》したれば、京よりはまさりて、入水《じゆすい》の聖拝まんとて、河原の石よりもおほく、人集ひたり。河ばたへ車やり寄せて立てれば、聖、「ただ今は何時ぞ」といふ。供なる僧ども、「申のくだりになり候《さぶら》ひにたり」といふ。(宇治拾遺物語)

(1) 「申」の読み方を平仮名で答えよ。

(2) それは聖が堂に入ってからどのくらいの時間が経過していることになるのか。最も適当なものを、次から選べ。

イ 一時間くらい　**ロ** 三時間くらい　**ハ** 半日くらい　**ニ** 一日くらい

(1)

(2)

問五 **次の文章の傍線部において、「右方の人」が笑った理由を、簡潔に説明せよ。**

寛平《くわんぴやう》の歌合《うたあはせ》に、「初雁《はつかり》」を、友則《*とものり》、

春霞《はるがすみ》かすみていにしかりがねは今ぞ鳴くなる秋霧《あきぎり》の上に

と詠める、左方にてありけるに、五文字を詠みたりける時、右方の人、声ごゑに笑ひけり。さて次の句に、「かすみていにし」といひけるにこそ音もせずなりにけれ。(古今著聞集)

*友則…紀《きの》友則。歌人。

問一 解答 ロ

訳 陰暦三月の下旬の日、雨が降ったが、藤《ふじ》の花を折ってある人に贈った（時の歌） 業平朝臣《なりひらあそん》

雨に濡《ぬ》れながらもあえて折ったのです。今年のうちに春はもう幾日もないだろうと思うので。

▼古文においては陰暦一月から三月が「春」であるから、「年のうちに春は幾日《いくか》もあらじ」とは、三月（弥生《やよい》）の下旬ということになる。「晦日《つごもり》」は月の最終日の意もあるが、ここは下旬の意がふさわしい。

月の異名⬇P.57 晦日⬇P.62

問二 解答 a ロ b イ

訳 その昔、（私が）出家して尊い寺々を参詣してまわっていました中で、陰暦十月の上弦の月の頃、長谷寺《はせでら》に参詣しました。（中略）日没に撞《つ》く鐘の声だけが聞こえて、もの寂しい様子や、梢の紅葉が激しい風に散りゆく姿は、わけもなく心にしみじみと感じられました。

▼「神無月」は陰暦の十月。「かみのゆみはり」とは「上の弓張月《ゆみはりづき》」すなわち上弦の月で、七日頃の月。「しものゆみはり」は「下の弓張月」すなわち下弦の月で、二十三日頃の月をいう。

月の異名⬇P.57 弓張月⬇P.62

「入りあひ（入相）」とは夕暮れ時。夕暮れに撞く鐘が「入相の鐘」。

入相⬇P.64

問三 解答 約一年

訳 春の穏やかな日に、なんとなくたまってしまったなぐさみ書きの不用の紙などを破ったりする折に、あの人のお手紙を取り出して見ると、梅の枝が色づき始めたその始まりから、冬の草がすっかり枯れてしまうまで、その時その時の深い思いは堪えられないほどのいろいろのことを、心許して伝え交わしたその手紙が、たまってしまったのも、もう今は終わりと思って見る感慨は浅くない中で、（後略）

▼「梅が枝《え》の色づきそめし始めより、冬草枯れ果つるまで」が作者の恋の期間。「梅が枝の色づ」くとは梅の枝の花のつぼみがほころび始めるということ。梅は春の花の中でも早く咲く花なので、一月か二月頃になる。冬は十月から十二月なので、「冬草枯れ果つる」頃は十一月か十二月と考えられる。短くて二月から十一月で約十か月、長くて一月から十二月で約一年。「数字を用いて」とあるので、「約一年」と答えればよいが、「約十か月」「約十二か月」などでもよい。

春の風物⬇P.58

問四 解答 (1) さる (2) ハ

訳 そうして、（聖《ひじり》は）いよいよその（入水《じゅすい》の）日の早朝

には堂へ入って、先に入っていた僧たちが大勢（聖に）歩いて続いた。（中略）そうして、（牛車《ぎっしゃ》を）だんだん進めて行って、七条大路の（西の）果てまで進め出したところ、京（の街中）よりもまして、入水の聖を拝もうとして、河原の石よりも多く、人が集まっている。川のほとりに車を進め寄せて止めたところ、聖は、「ただ今は何時か」と言う。供の僧たちが、「午後四時過ぎになっております」と言う。

▼「申」は「さる」と読み、午後四時頃を指す。

聖が堂に入ったのは「その日のつとめて」とある。「つとめて」は「早朝」なので、午前五時か六時頃といったところ。そして、今、午後四時頃というのだから「半日くらい」経過したというのが正しい。「くだり（下り）」には「ある時間の終わり頃」の意があるので、「申」の刻が午後三時から五時頃であるとすると、「申のくだり」は正確には午後五時頃を指すと考えられる。ただ「くだり」があってもなくても解答に影響はない。

つとめて⬇P.64　十二支と時刻⬇P.65

問五 解答　**歌の題の「初雁」は秋の風物なのに、「春霞」と詠み始めたので、時節に合わない歌を詠んでいると思ったから。**

訳　寛平《かんぴょう》の歌合《うたあわせ》のときに、「初雁《はつかり》」（という歌題）を（出されて）、紀友則《きのとものり》は、

　春霞《はるがすみ》がかすんで去って行ってしまった雁が、今（またやってきて）鳴いているようだ、秋霧の上で。

と詠んだ時、（友則は）左方であったが、（最初の）五文字（「春霞」）を詠んだ時、右方の人は、皆声を出して笑った。そうして次の句で、（友則が）「かすみていにし」と言った時に（右方の人は）黙ってしまった。

▼「歌合」は二つのグループに分かれて歌を競い合うゲームである（⬇P.91）。「初雁」は「寛平の歌合」で出された歌題で、参加者はこの題にふさわしい歌を詠まなくてはならない。雁は秋に日本にやってくる渡り鳥であるから、その鳴き声をこの秋初めて聞いた情感などを詠むことが求められている。それなのに、左方の紀友則は「春霞」と詠み始めた。それで、右方の人は皆笑い出してしまった。それは「紀友則は、季節もわきまえない、何ととぼけた歌を詠んでいるのだろう」と思って笑ったのである。紀友則の歌を最後まで聞くと、ちゃんと歌題にかなった歌であったのだが。

季節ごとの風物をよく分かっておくことが、本文の内容をよく理解する鍵になることがある。P.58～61の春夏秋冬の〈風物と行事〉をしっかり頭に入れておいてほしい。

マストアイテム

21 好感

作者または登場人物の心情を見定めるには、特に文中の**形容詞・形容動詞に着目し、その意味が正確に理解できていることが**求められます。

ある人物に好感（プラスの感情）を抱いているか、嫌悪感（マイナスの感情）を抱いているかは心情を見定める上での基本です。ここでは**好感を表す言葉**を整理しておきましょう。

「**めでたし**」は何であれ「すばらしい」と褒めるとき最もよく使われる言葉です。「**をかし**」もたいていの場合「すてきだ」という褒め言葉です。「**なつかし**」は親しみが感じられるということで、初めて会った人にも使います。「**心にくし**」は憎らしいという意味ではないので、要注意の語です。「**めやすし**」も「**愛敬**《あいぎやう》**づく**」も一目見て感じがよいということです。「**きよらなり**」はこの上なく高貴で上品な美しさを表す言葉ですが、「**きよげなり**」や「**うるはし**」は一般的に整った美しさを形容する場合に使われる言葉です。

キーワード

- **めでたし**…すばらしい。
- **をかし**…すてきだ。
- **なつかし**…好ましい。心引かれる。
- **心**《こころ》**にくし**（心憎《こころにく》し）…奥ゆかしい。（深い魅力に）心引かれる。
- **めやすし**（目安《めやす》し）…（見て）感じがよい。
- **愛敬**《あいぎやう》**づく**（愛敬付《あいぎやうづ》く）…愛らしさがある。＊「愛敬」とはやさしく愛らしいこと。
- **きよらなり**（清《きよ》らなり）…上品で美しい。清らかで美しい。
- **きよげなり**（清《きよ》げなり）…さっぱりとして美しい。
- **うるはし**…きちんと整っている。
- **あらまほし**…申し分ない。理想的だ。
- **たぐひなし**…並ぶものがない。
- **心**《こころ》**ゆく**（心行《こころゆ》く）…満足する。心が晴れ晴れする。

キーワード例文読む

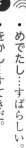

「心にくし」と「にくし」の違い

心にくきもの（奥ゆかしいもの）
奥深い魅力が感じられて、
強く心引かれるもの

にくきもの（憎らしいもの）
嫌な気にくわないもの

プラス＋α

「**いみじ**」には「たいそうすばらしい」の意もあれば、まったく反対の「大変ひどい」の意もあります。

「**ゆゆし**」もそうです。主に「不吉だ・忌まわしい」の意ですが、「たいそう立派ですばらしい」の意でも使われます。『今物語《いまものがたり》』に、随身《ずいじん》の武正《たけまさ》という男が女から「あなゆゆし。鳩吹く秋とこそ思ひまゐらすれ」と声をかけられるという話があります（「あな」は「ああ」という感動詞です）。武正は女にののしられたと思い込み、女に向かってののしり返します。

しかし、実は、男らしい武正の姿に女は一目《ひとめ》ぼれして、思わず「あなゆゆし（＝何て立派なすてきな人）」と声をかけたのでした。

武正は歌語の「鳩吹く秋」の意味が分からなかったため、「ゆゆし」を「忌まわしい」の意としかとれなかったのでした。

マストアイテム 22

不快感・嫌悪感

不快感・嫌悪感といっても「見苦しい」「腹立たしい」「気持ち悪い」など、さまざまですが、広く一般に「**嫌な感じだ**」ということを表す形容詞は「**うたてし**」「**ものし**」「**むつかし**」の三語でしょう。

人は好きなものには近づきたいと思い、嫌いなものからは離れたいと思うものです。「**心づきなし**」は心が対象に「付く」ことがない、つまり好きになれないということです。

「**うとまし**」は「うとむ（疎む）」という動詞からできた形容詞です。対象を嫌悪し、遠ざけたいという気持ちを表しています。「**いとはし**」も「いとふ（厭ふ）」という動詞からできた形容詞です。

「**めざまし**」は目が覚めるほど意外だということで、身のほどを知らぬ生意気な振る舞いに対するしゃくにさわる気持ちを主に表します。「**なめし**」は無礼・不作法な言葉遣いや振る舞いに対して嫌悪の気持ちを表す言葉です。

キーワード

キーワード例文読む

- **うたてし**…嫌な感じだ。
  ＊悪い事態に顔をしかめたくなる感じ。
- **ものし**…不快だ。嫌な感じだ。
  ＊「ものし」はシク活用の形容詞。サ変動詞の「ものす」と混同しないこと。
- **心《こころ》づきなし**…気にくわない。
- **うとまし**（疎《うと》まし）…いとわしい。嫌な感じだ。
- **いとはし**（厭《いと》はし）…嫌だ。嫌いだ。うっとうしい。
- **めざまし**…目に余ることだ。
  ＊「目が覚めるほどすばらしい」意もある。
- **なめし**…無礼だ。
- **むくつけし・むくつけなし**…気味が悪い（異様でこわい）。
- **気色《けしき》悪《あ》し**…（不快な思いをして当人が）機嫌が悪い（「〈心の〉様子が悪い」ということ）。

形容詞と動詞とセットで覚える不快感を表す語

1 むつかし…不快だ。うっとうしい。気味が悪い。

むつかる…不愉快に思う。腹を立てる。

※「むつかし」は「難《むずか》しい」の意ではない。「かたし（難し）」が「難しい」の意。

2 ねたし…しゃくにさわる。憎らしい。いまいましい。

ねたがる…憎らしく思う（➡P.79）。

3 心憂《う》し…嫌だ。不愉快だ。

心憂がる…心から嫌だと思う（➡P.79）。

ムカ
ムカ

もうイヤ〜

イラ
イラ

プラス＋α

「**やすからず**」は形容詞「安し」の未然形＋打消の助動詞なので、「不安だ」という意に取りがちです。しかし、「やすからず」は「心穏やかでない」つまり「心が波立つ」ということで、「しゃくにさわる・腹立たしい」という不快・不満を表す言葉としてよく使われます。

「**にくし（憎し）**」は憎しみというより「嫌な感じ」という嫌悪感を表す形容詞ですが、これに打消の助動詞「ず」が付いた「**にくからず**」は「憎たらしくない」とか「嫌いではない」という文字通りの意味ではありません。もっと積極的に「好感が持てる」とか「感じがよい」ということです。「女をにくからず思ふ」とは「魅力的ないい女だと思う」ということです。

打消を伴うと、別の意味合いを持つ言葉もあるので、注意が必要です。

マストアイテム 23

茫然《ぼうぜん》とする思い

入試で最もよく意味が問われる形容詞は「**あさまし**」といっていいでしょう。**意外なことに出会った驚きを表す**形容詞です。思いがけないすばらしいことについていわれることもありますが、多くは悪いことに遭遇した場合に使われます。訳はどんな場合も「驚きあきれたことだ」でいいわけではありません。こんなことになろうとは嘆かわしいということで、「情けない」といった訳がぴったりの場合もあります。

大きなショックを受けると、人はただぼんやりとしてしまいます。この**「茫然自失のさま」を表す言葉が「ものもおぼえず」**です（「ものおぼえず」となることもあります）。もとの意味は「物事が当たり前に感じられない」ということで、何が何だか分からなくなった状態を表します。**「あれかにもあらず」**という表現もあります。「あれ」は「吾（我）」で、「あれかにもあらず」とは、自分が自分なのか他人なのかも分からないような状態にあるということです。

キーワード

- **あさまし**…
  1 驚きあきれたことだ。意外だ。
  2 （あきれて）嘆かわしい。情けない。
- **あきる（呆《あき》る）**…事の意外さにどうしてよいか分からなくなる。
- **あきれまどふ（呆《あき》れ惑《まど》ふ）**…茫然として途方に暮れる。
- **ものもおぼえず**…（何も知覚できないほど）茫然としている。
- **うつつともおぼえず（現《うつつ》ともおぼえず）**…（あまりのことに）現実のこととも思えない。
- **あれ（われ）かにもあらず**…（自分を見失うほど）茫然としている。

同意表現

- **あれか人《ひと》か（にてあり）**
- **われかのさま・われかの気色《けしき》**

キーワード例文 読む

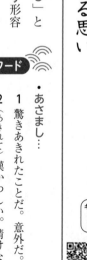

「どうしようもない」の意を表す表現

・いかがはせむ

直訳は「どうしようか」だが、ほとんどが「どうしようもない」の意で用いられる。

・何かはせむ

「何かしようか」ではなく、「いったいどうなるだろうか、いや、どうにもならない」の意。

・せむかたなし（せんかたなし）

「かた（方）」は方法の意なので、直訳は「するような方法がない」ということ。

・すべきやうなし

「べき」は可能の助動詞、「やう」は方法の意だから、「することができる方法がない」ということ。

・すべなし・ずちなし

「すべ」も「ずち」も手段・方法の意。それがないということで「どうしようもない」の意になる。

プラス＋α

どう考えてみても「ああ、もうどうすることもできないのだ」とあきらめるほかないこともあるでしょう。しかし、また一方で、あきらめるしかないような状況にありながら、人は**いつまでもあきらめがつかず悶々《もんもん》と苦しむ**こともあるものです。それもまた人間の一つの真実の姿でしょう。

理性では**どうにも判断も決断もつけられない「どうしようもない」さま**を表す形容詞が「**わりなし**」です。手の届かない、ある女のことが「わりなく恋しく」思われ、夜ごと「わりなく心乱るる」男が古文にはよく登場します。

「どうしようもなく」て、もうあきらめるというのか、「どうしようもなく」て悶々とただそうするしかないというのか、どちらなのかは心情表現だけでなく、行動をよく見定めることも必要です。

マストアイテム 24

期待・期待外れ

これからこうなるだろう、できればこうなってほしいものだ、いや、あの人はきっとこうしてくれるだろうと思っていたことが、まさにその通りになることもあれば、まさかこんなことになろうとは「かけても思はざりし（まったく思いもしなかった）」という事態に陥ることもあります。古文の場面としては後者の方が多いといえるでしょう。

「こうなるだろう、こうしてくれるだろう」と「あてにすること」を表すのが「**頼み**」です。「頼みをかく（期待をかける）」というように使います。

期待通り、事がうまく運べば「**事《こと》かなふ**」「**事なる**」と表現します。また、「**あらまし**（予想）」が的中したときに使う言葉に「**さればよ**」「**さればこそ**」があります。「やはりそうだ・思った通りだ」と訳します。予想を超えれば「**心まさり**」、予想以下だと「**心おとり**」、まったくの予想外だと「**思はずなり**」「**思ひの外《ほか》なり**」などの言い方があります。

キーワード

キーワード例文 読む

- **たのみ**（頼《たの》み）…あてにすること（四段動詞「たのむ（頼む）」の名詞形）。
- **たのめ**（頼《たの》め）…あてにさせること（下二段動詞「たのむ（頼む）」の名詞形）。

＊動詞「たのむ」（⬇P.134）

- **事《こと》かなふ**（事適《ことかな》ふ）…思い通りになる。
- **事《こと》なる**（事成《ことな》る）…うまくいく。成就する。成功する。
- **あらまし**…予想。予定。
- **さればよ・さればこそ**…思った通りだ。案の定だ。
- **心《こころ》まさり**（心勝《こころまさ》り）…予想より優れていると感じられること。
- **心《こころ》おとり**（心劣《こころおと》り）…予想より劣っていると感じられること。幻滅。
- **思《おも》はずなり**…思いも寄らないことだ。
- **思《おも》ひの外《ほか》なり**…思いも寄らないことだ。

思うようにならなかった残念な気持ちを表す形容詞

・**くちをし（口惜し）**…残念だ。がっかりだ。
＊期待を裏切られた失望感・不満感。
・**くやし（悔し）**…悔やまれる。
＊自分の行為を後悔せずにはいられない気持ち。
・**本意《ほい》なし**…残念だ。不本意だ。
＊本来の望みが実現しないことを残念がる気持ち。

期待・予想と結果

期待
頼み

予想
あらまし

≫

予想通り
さればよ
さればこそ

予想以上
心まさり

予想外
思はずなり
思ひの外なり

予想以下
心おとり

プラス＋α

十七歳の光源氏《ひかるげんじ》は夕顔《ゆうがお》という女に執心し、女の家で一夜を明かした後、彼女を廃院に誘いますが、夜半、夕顔は魔物に襲われて急死してしまいます。うろたえた源氏は「惟光《これみつ》とく参らなむ（惟光が早く参上して**ほしい**）」と強く思います。惟光とは源氏の乳母子《めのとご》で、源氏にとって最も信頼の置ける家来です。その惟光に早くこの場に来てもらい、内密に事を処理してほしいと源氏は考えたのです。

自分がこうしたい、ああなりたいという希望ではなく、**何かに対してこうなってほしい、また誰かに対してああしてほしいという、心の中の願望を表す言葉**に、**終助詞の「なむ」**があります（この「なむ」は活用語の未然形に接続します⬇P.259）。このような期待を表す助詞の知識も、登場人物の心情をとらえる上で欠かせないものです。

マストアイテム 25

同情・気がかり

まだあどけない子どもが病気で亡くなったりしたら、誰しも「何てかわいそうなこと、気の毒に」と思うでしょう。この**ような気の毒な人への同情の念は古文で最も多く表現される感情**です。これを表す古語をしっかり押さえましょう。

また、いつの世も不安・心配の種は尽きることがありません。長く続いていた恋人の訪れがぷっつり途絶えたとしたら、何かあったのだろうかと女は不安にさいなまれることでしょう。こういう**不安・気がかりな思いを表す古語もまたことのほか重要**です。

古語の**「心苦し」は人の身の上について心が痛むということ**で、「そんなことをしてもらうのは心苦しい（＝申し訳ない）です」といった現代語の「心苦しい」とは違います。

「心もとなし」「おぼつかなし」には三つの意味があります。どの意味で読むのがいいか、文脈の中でよく考えなくてはなりません。

キーワード

- **いとほし**…**1** 気の毒だ。かわいそうだ。
  2 いとしい。かわいい。
- **心苦《こころぐる》し**…**1** 気の毒だ。かわいそうだ。
  2 気がかりだ。心配だ。
- **ふびんなり**（**不便《ふびん》なり**）…
  1 不都合だ。困ったことだ。
  2 かわいそうだ。気の毒だ。
- **あたらし**（**惜《あたら》し**）…惜しい。もったいない。
  ＊「新しい」の意ではない。
- **心《こころ》もとなし・おぼつかなし**…
  1 はっきりしない。
  2 気がかりだ。不安だ。
  3 待ち遠しい。じれったい。
- **うしろめたし・うしろめたなし**…気がかりだ。

反対語

- **うしろやすし**…安心だ。

キーワード例文 読む

「おぼつかなし」受験生バージョン

1. 大学に合格できるかはっきりしない

2. 大学に落ちたらどうしようと気がかりだ

3. 受験から解放される日が待ち遠しくじれったい

プラス＋α

形容詞などの語幹に付いて**動詞を作る「がる」という接尾語**があります。現代語の「さびしがる」や「うれしがる」の「がる」です。

「いとほし」「心もとなし」「おぼつかなし」という形容詞も、「がる」が付くと動詞になります。「**いとほしがる**」は「気の毒に思う・かわいそうに思う」という意の動詞です。「**心もとながる**」と「**おぼつかながる**」はどちらも「気がかりに思う」または「待ち遠しく思う」という意の動詞です。

ほかにも「**くちをしがる**（残念がる）」「**ゆかしがる**（見たがる・知りたがる）」「**らうたがる**（かわいがる）」、また「**ねたがる**（憎らしく思う）」「**心憂《う》がる**（嫌だと思う）」など、よく使われる動詞がいくつもあります（「ねたがる」「心憂がる」についてはP.73も参照してください）。

マストアイテム 26

恥ずかしさ・気後れ

「ばつが悪い」「きまり悪い」「照れくさい」など、恥ずかしさを表す表現は現代語にもいろいろあります。周りの人のレベルに自分だけ達していないと感じたり、誰もが見ているところでミスを犯したりすると、人には「恥ずかしい」という感情が生まれるようです。これは時代を問いません。ですから、**恥ずかしさを表す言葉が古文にもいくつもあります。**

「恥づかし」は、「（こちらが気後れするほど）立派である」の意味ばかり覚えている人がいますが、**現代語と同じ意味で使われることのほうがずっと多い**語です。

「かたはらいたし」「はしたなし」は、ある振る舞いがその場に合わず何か気まずい感じであることを表す語で、訳もさまざまですが、まずは「きまり悪い」の意味を覚えておくことです。**「つつまし」**は現代語の「つつましい（控えめで遠慮深い）」とは違って、**「気が引ける」という内面の心情を表す語**です。そのほかにも大事な言葉がいくつかあります。

キーワード

キーワード例文 読む

- **恥《は》づかしくす**…恥ずかしいと思う。きまり悪そうにする。
- **かたはらいたし**…（その場にしっくり合っていない感じで）きまり悪い。
- **はしたなし**…（中途半端な状態にあって）いたたまれない。きまり悪い。
- **つつまし**（**慎《つつ》まし**）…気が引ける。気後れがする。遠慮される。
- **つつむ**（**慎《つつ》む**）…遠慮する。気がねする。

＊感情を内につつむということ。
- **まばゆし**…（まぶしくて相手の顔を見られないほど）恥ずかしい。
- **おもなし**（**面無《おもな》し**）…恥ずかしい。面目ない（人に合わせる顔がない）。
- **人《ひと》わろし**（**人悪《ひとわろ》し**）…体裁が悪い。

＊人に見られると恥ずかしいようなみっともないさま。

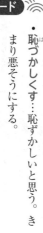

はしたなきもの（ばつの悪いこと）

おのづから、人のうへなどうち言ひそしりたるに、幼き子どもの聞き取りて、その人のあるに、言ひ出《い》でたる。（枕草子）

訳 たまたま、人の身の上などをしゃべって悪口を言っていたときに、幼い子供が聞いていて、当人がいる前で、言い出したの。

イヤな女よ～
わたしも～
あの人キラ～イ
あの人達
おばちゃんの
悪口言ってたよ～
ナニ!?
ひぇ～

プラス＋α

京の北山で美しい少女（後《のち》の紫《むらさき》の上《うえ》）を見そめた十八歳の光源氏《ひかるげんじ》が、少女と一緒に暮らす祖母（尼君《あまぎみ》）に対面し、少女を自邸に引き取りたいと申し出る場面があります。そこの一節を引用しましょう。

「（尼君が）おとなおとなしう、恥づかしげなるに**つつまれて**、（源氏は）とみにもえうち出《い》で給はず（尼君が落ち着いていて、立派な様子であるのに**おのずから気後れして**、源氏はすぐには言い出しなさることができない）」（若紫）

「つつまれて」の「つつま」は四段活用の動詞「つつむ」の未然形で、「れ」は自発の助動詞「る」の連用形です。右の現代語訳は「おのずから気後れして」ですが、現代語の自発の助動詞「れる」を用いて「遠慮されて」と訳すこともできます。

マストアイテム 27

間違えやすい心情表現

キーワード例文 読む

最後に、心情を見定めるときに、特に間違えやすい表現を取り上げておきましょう。

「**あはれに思《おぼ》す**」は「哀れにお思いになる」つまり「かわいそうだとお思いになる」という意味とは限りません。「心から深くすばらしいと感動なさる」の意かもしれません。

「**あかず**」は「満足しない」つまり「もの足りなく思う」の意の場合と、「飽きることがない」つまり「嫌になることがない（＝いつまでも心引かれる）」の意の場合とがあります。どちらで読むか、**文脈をよく見ることが必要**です。

「（誰々を）つらしと思ふ」といった言い方も注意すべきです。「**つらし**」は「薄情だ・冷淡だ」と対象を評価する言葉としても使われる語です。古語の「**やさし**」は「易し」ではありません。和歌や音楽（琴《こと》や琵琶《びわ》）に優れていることを、また多くの敵と一人で戦うけなげな男の姿を表したりします。

現代語の意味に引きずられないように！

キーワード

- **あはれなり**…心に深くしみじみと感じられる（つらく悲しいときも、深く感動・感心するときも使われる）。
- **あかず**（飽《あ》かず）…
  1 満足できない。もの足りない。
  2 飽きることがない。いつまでも心引かれ名残が尽きない。
  ＊1はマイナス、2はプラス評価。
- **つらし**…1 薄情だ。冷淡だ。
  2 つらい。恨めしい。
- **やさし**…1 優美だ。上品だ。風流だ。
  2 けなげだ。感心なことだ。
- **さうざうし**…もの足りない。もの寂しい。
  ＊「騒々しい」の意ではない。
- **心《こころ》やまし**…不愉快だ。腹立たしい。
  ＊「やましい（良心に恥じるところがある）」という意味ではない。

状況の中で意味を見定める

プラス＋α

いちずな感情で貫かれた作品というものがあります。平安時代後期に讃岐典侍《さぬきのすけ》（藤原長子《ふじわらのちょうし》）によって書かれた『讃岐典侍日記』（⬇P.214）は、「かたじけなし」という感情で全編が貫かれた作品と言っていいでしょう。

「**かたじけなし**」とは「**畏《おそ》れ多くもったいない**」という気持ちを表す言葉です。作者は名前の通り「典侍《ないしのすけ》」でありましたから、天皇の后妃ではなく、天皇のそばに仕える女性の一人でした。しかし、堀河《ほりかわ》天皇の寵愛《ちょうあい》を受けました。それ故に、天皇の発病から崩御に至るまでの彼女の看病は、それはそれはひたむきで献身的なものでした。堀河天皇崩御の後に即位した、幼い帝に仕えるために彼女は再び宮中に入りますが、胸に浮かぶのは細やかな心遣いをしてくださった亡き帝のことばかりでした。

心情を見定める

問一 次の文章の傍線部の現代語訳として最も適当なものを、それぞれ後から選べ。

(1) （絵を）描《か》きたまひし（匂宮《にほふのみや》の）手つき、顔のにほひなどの、向かひきこえたらむやうにおぼゆれば、昨晩《よべ》一言《ひとこと》をだに聞こえずなりにしは、なほいま一重《ひとへ》まさりていみじと（浮舟《うきふね》は）思ふ。（源氏物語・浮舟）

イ とても立派だ　**ロ** 非常に趣深い　**ハ** ひどく悲しい　**ニ** たいそう嬉しい

(2) ＊和泉式部《いづみしきぶ》、保昌《やすまさ》が妻《め》にて、丹後《たんご》に下《くだ》りけるほどに、京に歌合《うたあはせ》ありけるに、＊小式部内侍《こしきぶのないし》、＊歌詠みに取られて詠みけるを、定頼《さだより》中納言たはぶれて、小式部内侍、局《つぼね》にありけるに、「丹後へつかはしける人は参りたりや。いかに心もとなくおぼすらむ」といひて、局の前をよぎられける。（十訓抄）

＊和泉式部…当時、歌人として著名であった。　＊小式部内侍…和泉式部の娘。　＊歌詠みに取られて詠みける…歌合の歌人に選ばれて歌を詠むことになった。

イ どうして気がかりに思ったりするだろうか　**ロ** どんなにか待ち遠しくお思いになっているだろう

ハ どんなに残念なことだとお考えであろうか　**ニ** どのようなきまり悪い思いがあったのだろうか

(1)

(2)

問二 次の文の傍線部をそれぞれ現代語訳せよ。

(1) 滝の白糸は、くりかへし見給へども、なほあかず思《おぼ》しており立たせ給ふ。（うけらが花）

(2) 「わが身の大納言になるまじき報《ほう》にてこそありけれと、これのみぞあかずおぼゆること」（落窪物語）

(1)

(2)

問三 **傍線部の現代語訳として最も適当なものを、後から選べ。**

かくばかり逢《あ》ふ日の稀《まれ》になる人をいかがつらしと思はざるべき（古今和歌集）

イ どうして耐えがたいと思わないのだろうか
ロ どうしてもむなしいことだと思ってはならない
ハ どうして薄情だと思わないでいられようか
ニ どうしてもむごい仕打ちと思うことはできない

問四 **次の文章は『源氏物語《げんじものがたり》』「椎本《しいがもと》」の一節である。傍線部はどのような心情であるか、わかりやすく説明せよ。**

人々来て、「（八の宮は）この夜半《よなか》ばかりになむ亡《う》せたまひぬる」と泣く泣く申す。心にかけて、いかにとは絶えず*思ひきこえたまへれど、うちききたまふには、あさましくものもおぼえぬ心地して、いとど、かかる事には、涙もいづちか去《い》にけん、ただうつぶし臥《ふ》したまへり。

*思ひきこえたまへれど…主語は、八の宮の娘である大君《おおいぎみ》と中君《なかのきみ》。

問五 **次の文章は『発心集《ほっしんしゅう》』の一節で、娘を弟に託して出家し、修行の旅に出た西行《さいぎょう》を描いている。傍線部はどのような心情であるか。そのような心情を抱いた原因も含めて簡潔に説明せよ。**

ありし子は五つばかりにはなりぬらむ、いかやうにか生《お》ひなりたるらむと、おぼつかなく覚えて、かくとは言はねど、門《かど》のほとりにて見入れけるをりふし、この娘、いとあやしげなる帷《かたびら》姿にて、下衆《げす》の子供に交じりて、土にをりて、立蔀《たてじとみ》の際《きは》にて遊ぶ。髪はゆふゆふと肩のほどにおびて、かたちもすぐれ、たのもしき様《さま》なるを、それよと見るに、きと胸つぶれて、いとくちをしく見立てるほどに、（後略）

問一 解答 (1) ハ (2) ロ

(1) 訳 (匂宮《におうのみや》が描いた絵を見ると、絵を) お描きになった (匂宮の) 手つき、顔の美しい色つやなどが、目の前に向かい合い申し上げているように思われるので、昨晩一言さえ申し上げずに終わったのは、やはり今は一段とひどく悲しいと (浮舟《うきふね》は) 思う。

▼高貴で美しい男性 (匂宮) と一言も話せずじまいであった若い女性 (浮舟) の心情にふさわしいのは**ハ**。「いみじ」の意味は常に文脈で決まる。 **いみじ**⬇P.71

(2) 訳 和泉式部《いずみしきぶ》が、(藤原《ふじわら》) 保昌《やすまさ》の妻として、丹後《たんご》 (=京都府北部) に下《くだ》っていた時に、京で歌合《うたあわせ》があったが、小《こ》式部内侍《しきぶのないし》が、歌合の歌人に選ばれて歌を詠むことになったのを、定頼《さだより》中納言がふざけて、小式部内侍が、局《つぼね》にいたので、「丹後 (にいる母親のもと) へ遣わした人は戻って参りましたか。どんなにか待ち遠しくお思いになっているだろう」と言って、局の前を通り過ぎなさった。

▼「心もとなく」の意味から答えは**イ**か**ロ**に絞られる。「おぼす」は「思ふ」の尊敬語なので、尊敬語の訳になっていない**イ**は選べない。これで答えは**ロ**と決まるが、文脈も確かめておこう。中納言が、「(歌合でどんな歌を詠んだらいいかを尋ねるため) 丹後へ遣わした人は戻って来たか」と戯れに小式部に声をかけている場面なので、「心もとなく」を「待ち遠しく」と訳すと文脈に合う。 **心もとなし**⬇P.78

問二 解答 (1) **飽きることがないようにお思いになって** (2) **もの足りなく思われる**

(1) 訳 滝の白糸 (のような水) を、繰り返し何度もご覧になるけれども、やはり飽きることがないようにお思いになって (滝の近くまで) 下りて行きなさる。

(2) 訳 「自分は大納言になることができない (そんな前世の) 報いであったのだと、これだけがもの足りなく思われることだよ」

▼「あかず (飽かず)」は「もの足りない」に加え、「飽きることがない」の意もある。(1)は繰り返し見た上に、滝の近くまで下りて行ってとあるので「飽きることがない」、(2)は大納言になれないというマイナスの事柄を「あかず」思っていることから「もの足りない」の意。なお、(1)の「思《おぼ》す」は「思ふ」の尊敬語だが、(2)の「おぼゆ」は尊敬語ではない。 **あかず**⬇P.82・83

問三 解答 ハ

訳 これほどに逢《あ》う日がまれになる人をどうして薄情だと思わないでいられようか、いや、薄情だと思う。

▼めったに逢いに来てくれない人は女にとって薄情な人だ。よって「つらし」は「薄情だ」と訳すのがふさわしい。「いかが〜べき」は「どうして〜だろうか (いや、〜

ない)」と訳す。

つらし⬇P.82

問四 解答 **父八の宮の死の知らせを聞いて、驚き茫《ぼう》然《ぜん》とする気持ち。**

訳 人々が来て、「(八の宮は)この夜中頃にお亡くなりになった」と泣きながら申し上げる。(父八の宮のことを大君《おおいぎみ》と中君《なかのきみ》は)気にかけて、どのように(しておられるか)といつも思い申し上げなさっていたが、(この知らせを)ふと耳になさると、驚き茫然《ぼうぜん》とする気持ちがして、まして、このような(あまりに悲しい)ときには、涙もどこへ行ってしまったのだろうか、ただうつぶしていらっしゃった。

▼「あさまし」は意外なことに遭った驚きを表す形容詞。二人の娘は寺に籠もった父を気遣い心配していたが、父の死の知らせに驚きのあまり茫然とする思いであったのだ。「ものおぼえず(「ものもおぼえず」の「も」がない形)」は分別もなくなり茫然とする様子を表す慣用句。「父の死の知らせに衝撃を受け、何も考えられないような気持ち」といった答えでもよい。

あさまし・ものもおぼえず⬇P.74

問五 解答 **美しく育ち将来も楽しみな娘が卑しげな暮らしをしているのを見たため、胸がしめつけられるほどたいそう残念に感じた。**

訳 (弟に託した)あの子は五歳くらいになっただろう、どのように成長しているだろうかと、気がかりに思われて、こうとは言わないが(=名乗ることもしないが)、門の近くで(西行《さいぎょう》が)中を覗《のぞ》き見たその時、この娘は、たいそうみすぼらしい単衣《ひとえ》の着物姿で、下賤の者の子どもに交じって、地べたに座っていて、立蔀《たてじとみ》のそばで遊んでいる。髪は豊かに肩の辺りに掛かり、容貌も優れ、将来が楽しみな様子であるのに、あれが我が子だと見ると、はっと胸がしめつけられて、たいそう残念に思って立っていると、(後略)

▼「胸つぶる」とは、文字通り胸がつぶれるような思いをすることだが、ここでの胸がつぶれるような思いは、直後に「くちをしく」とあるので、失望感によって抱いたものである。「くちをし」とは期待を裏切られた失望感・不満感を表す形容詞である。「髪はゆふゆふと肩のほどにおびて、かたちもすぐれ、たのもしき様」であるのに、「この娘、いとあやしげなる帷《かたびら》姿にて、下衆《げす》の子供に交じりて、土にをりて」いるのが、父親である西行にとって残念でならないのである。「くちをし(口惜し)」という形容詞の意味の理解が重要である。

くちをし⬇P.77

5 思考・行動を見定める

マストアイテム 28

男性の教養

平安時代の男性貴族は朝廷に仕える官吏です。この時代、官吏は漢学ができなくては務まりません。したがって、仕事の上で漢文の教養は必須でした。古文に登場する中納言《ちゅうなごん》や頭《とう》の弁《べん》はたいがい中国の歴史や文学にも通じている教養人です。「**文**《ふみ》（**漢詩・漢文**）」を習い読み、その漢詩文の教養があることを「**才**《ざえ》**あり**」といいます。男性は漢詩を作るだけでなく、朗々と声に出して歌うこともしました。「**誦**《ず》**す**」は男性が主語と考えていい動詞です。

漢学を専門的に学ぶ**大学寮**《だいがくりょう》もありました。

しかし、男性貴族も私生活においては気の利いた歌の一つも女に贈れなくては、恋も結婚もままなりません。ですから、字を上手に書き、和歌を詠む教養も当然必要になります。また、貴族社会では管弦の遊びがあったり、長寿の祝いの宴で舞が求められることもありましたから、そういう管弦や舞もひととおり心得ていなくてはなりませんでした。

キーワード

キーワード 例文 読む

- **文**《ふみ》（書《ふみ》）…1 漢詩。漢文。 2（漢文の）書物。
  ＊「文」は古文では「手紙」の意で用いられることが最も多い。
- **文作る**《ふみつく》…漢詩を作る。
- **文**《ふみ》**の道**《みち》…学問（漢学・漢詩文）の道。
- **詩**《し》…漢詩のこと。漢詩は漢歌《からうた》（唐歌）ともいう。
- **才**《ざえ》…漢学・漢詩文の教養。学才。
- **才**《ざえ》**がる**…学識をひけらかす。
- **誦**《ず》**す**（誦《じゅ》す）…漢詩や経文を唱える。
- **大学寮**《だいがくれう》…官吏養成のための教育機関。儒学専攻の明経道《みょうぎょう》、中国の歴史や文学を専攻する紀伝道《きでん》（文章道《もんじょう》）、法律専攻の明法道《みょうぼう》などの諸学科があった。
- **博士**《はかせ》…大学寮の教官。学識者。
- **学生**《がくしやう》…大学寮で学ぶ人。

三船《さんせん》の才《さい》

三船とは**「作文《さくもん》（漢詩）の船」「和歌の船」「管弦の船」**の三つの船のこと。公卿《くぎょう》などの宴遊にこの三つの船を仕立て、それぞれの得意な者が乗った。この三つの才能を兼ね備えていることを「三船の才」という。

この言葉から、貴族の雅《みやび》な遊びにおいて男性の理想的な教養は「**詩歌管弦に秀でている**」ことであったことが分かる。

プラス+α

上流貴族の子弟は大学（大学寮）に行くことはありませんでした。**平安時代の大学は、中等の官職に就くために中流以下の貴族の子弟が行く官吏養成の学校だった**のです。よって、「大卒」が特に敬われたわけではなく、皇族や摂関家の人からは下に見られる存在でした。

では、上流貴族の子弟はどのようにして教養を身につけたのでしょう。それは、屋敷にいろいろの学芸の師匠を招いて修得したのです。学校に行かず、家庭教師から学んだのです。

『源氏物語《げんじものがたり》』（➡P.210）には光源氏《ひかるげんじ》が長男の夕霧《ゆうぎり》を大学に入学させて、猛勉強させる話があります。光源氏ほどの身分だと、子供を大学に行かせることは通常はないのですが、あえて源氏は本式の学問の力を我が子につけさせようと、大学で学ばせたのでした。

5 思考・行動を見定める

マストアイテム 29

女性の教養

女性は「手よく書き、歌よく詠み」、つまり習字と和歌、そして管弦（琴《こと》や琵琶《びわ》の演奏）が必修の教養でした。村上《むらかみ》天皇に入内《じゅだい》した宣耀殿《せんようでん》の女御《にょうご》も子どもの頃に父親からこの三つを習得するように言われた逸話が『枕草子《まくらのそうし》』に出ています。

しかし、これらは小さい頃から練習を積めば誰もが才気を発揮できるものでもありません。どうしても素質のあるなしが物を言います。貴族の姫君たちにも歌が苦手な人もいたでしょう。そんな姫君は仕える女房に代わりに歌を詠ませたりしました。**代詠**は、古文にはよく出て来ますから、**歌を贈られた本人が返事の歌を詠むとは限らない**ということは心得ておいたほうがいいでしょう（姫君が自分で歌を詠む気にならないために、ほかの人に詠ませるということもあります）。

「琴」とは琵琶なども含む弦楽器の総称です。「琴」といってもいろいろあるわけです。「琴」は男女ともに弾きましたが、笙《しょう》や篳篥《ひちりき》など、笛は女性が吹くことはありませんでした。

キーワード

- **手《て》**…1 文字。筆跡。
  2 （楽器の）演奏法。曲。
- **手書《てか》き**…字を上手に書く人。能書家。
- **手習《てなら》ひ**…思いの向くままに和歌などを書くこと。また、その書いた紙（もとは「文字を習うこと」の意）。
- **女手《をんなで》**…平仮名。漢字を「**男手《をとこで》**」という。
- **歌詠《うたよ》み**…1 歌を詠むこと。
  2 歌を詠む人。歌人。
- **詠《なが》む**（下二段）・**詠《えい》ず**（サ変）…
  1 声に出して詩歌をうたう。吟じる。
  2 漢詩を作る。歌を詠む。
- **歌《うた》つかうまつる**…（貴人のために）歌をお詠み申し上げる。歌をお詠みする。
- **琴《こと》**…弦楽器の総称。琵琶も琴の一つ。「**箏《さう》の琴《こと》**」は十三弦の琴（現代の琴はこれが普通）、「**琴《きん》の琴《こと》**」は七弦の琴。

キーワード例文 読む

和歌に関する言葉の基礎知識

- **題詠**《だいえい》…あらかじめ決められた題に従って歌を詠むこと。
- **贈答歌**《ぞうたふか》…誰かに贈る歌が贈歌。その返事の歌が答歌（返歌）。贈歌と答歌を合わせて「贈答歌」という。
- **後朝の歌**《きぬぎぬ》…男女が共寝《ともね》したその翌朝、名残を惜しむ恋心を詠んだ歌。「**後朝の文**《ふみ》」に添えて男から女に贈られ、それを受けてまた女から男に贈られた。
- **歌合はせ**…歌の作者を左右のグループに分け、左右一首ずつを判者が批評し、勝ち負けを決める和歌の遊び。
- **連歌**《れんが》…歌の上《かみ》の句（五・七・五）をある人が作り、別の人がその上の句に下《しも》の句（七・七）を付けるというやり方で詠まれる歌。下の句が先に詠まれ、後で上の句が付けられることもある。

後朝の文を読む女

プラス＋α

男性貴族は漢学が必修ですから漢詩を読み、作り、朗詠したりしましたが、女性たちは漢詩を読むことはいくらかはあったようですが、作ったり朗詠したりはしませんでした。

それで、女性が書く文字は漢字を草書体に崩して生まれた**仮名**《かな》中心でした（仮名は、正式の文字である漢字（**真名**《まな》）に対して「仮の文字」ということです）。女性が使う漢字はよく使われるものに限られていたようです。

紫式部《むらさきしきぶ》はその日記で清少納言《せいしょうなごん》のことを、たいした学識もないのに「**真名書**きちらして」とこき下ろしています。女性としてはまことに珍しく、『史記《しき》（歴史書）』も「長恨歌《ちょうごんか》（漢詩）」『日本書紀《にほんしょき》』も読みこなした学識抜群の紫式部にとって、清少納言の学才などどれほどのものかと思う気持ちがあったようです。

5 思考・行動を見定める

マストアイテム 30

風流

「歌を詠み、源氏《げんじ》、狭衣《さごろも》などをうかべ、花の下《もと》、月の前と好《す》き歩《あり》きけり（和歌を詠み、源氏物語、狭衣物語などをそらんじ、あの桜、この月と風流を求め歩き回った）」、こんな人こそ「**好き者《もの》**」です。「風流人」と言うと、このように**自然に親しみ詩歌に遊ぶ優雅な人**というイメージですが、何事も度を超してのめり込む人には変人・奇人も多く、時には物笑いの対象となるような人もいます。また、「好き者」はあちこちの女との噂《うわさ》が絶えないような「**色好みの人**」という意味でも使われます。どんな「好き者」かよく見定めることが必要です。

風流・風情の質もいろいろあります。心浮き立つような明るい風情もあれば、もの悲しくしんみりとさせられる風情もあります。前者は主に「**をかし**」や「**おもしろし**」が、後者は主に「**あはれなり**」が表します。そんなさまざまな情趣をよく感受できる人が「**情けある**」人です。言い換えれば、自然や芸術をこよなく「**めづる**」人、それが風流人なのです。

キーワード

- **好《す》く**…**1** 風流なことに熱中する。
  2 色恋に熱中する。
- **好《す》き者《もの》（数寄者《すきもの》）・好《す》き人《びと》（数寄人《すきびと》）**…
  1 風流人。もの好きな人。
  2 色好みの人。
- **遊《あそ》び**…管弦・和歌・漢詩などを楽しむこと（動詞は「遊ぶ」）。
- **をかし**…**1** 趣がある。風情がある。
  2 おもしろい。興趣がある。
- **おもしろし**…趣がある。風情がある。
- **あはれなり**…心に深くしみじみと感じられる（➡P.82）。
- **情《なさ》けあり・心《こころ》あり**…
  1 情趣（を解する心）がある。
  2 思いやりがある。
  3 ものの道理が分かる。
- **めづ（愛《め》づ）**…愛する。賞美する。

資料 見る
キーワード例文 読む

「風流」の典型的用例

1「月をめで花をながめ」(『徒然草《つれづれぐさ》』)

2「手もよう書き、歌もあはれに詠みて」
(『枕草子《まくらのそうし》』)

3「箏《さう》の琴《こと》いとなつかしう弾きすさむ」
(『源氏物語』)(すさむ…気の向くままにする)

4「雪のおもしろう降りたりし朝《あした》」
(『徒然草』)

プラス＋α

古文単語集などに「**遊び**」とは「管弦の遊び」と書いてあるので、いついかなる場合も「遊び」とは琴や琵琶《びわ》を演奏したり、聴いたりして楽しむことだと思い込んでいる人がいます。しかし、そういう例が古文では多いというだけであって、そうとは限りません。

「遊び」とは日常生活から解放された楽しみという意味で、現代語の「遊び」と少しも変わりはしないのです。だから、碁、双六《すごろく》、蹴鞠《けまり》、船遊び、狩り、また時には酒宴なども「遊び」として古文に出てきます。

二組に分かれ、両方から出し合った歌・絵・貝・根などの優劣を競う「**歌合はせ**」「**絵合はせ**」「**貝合はせ**」「**根合はせ**」などの「**物合はせ**」も遊びの一つで、平安時代の物語にもよく描かれています。

5 思考・行動を見定める

マストアイテム 31

身づくろい

貴族生活の基本はまず身なりを整えることです。美しい衣装で身を飾るのはもちろん、衣装にはいい香りが焚《た》き込められました。そのために「**火取《ひとり》**」や「**伏籠《ふせご》**」などが欠かせません。「源氏物語」（➡P.210）には「薫《かおる》」や「匂宮《におうのみや》」のように、その魅惑的な香り故にその名を持つ人も登場します。

「顔作り」すなわち女性のメイクには白粉《おしろい》（「白きもの」）を塗り、アクセントとして頬紅《ほおべに》も使われます。眉は、眉毛全部を抜き取り、眉墨《まゆずみ》で眉を描きました。この眉を「**引眉《ひきまゆ》**」といいます。次に、歯を黒く染める「**歯黒《はぐろ》め**」があります。鉄を酢の中に浸して酸化させた液体（「**鉄漿《かね》**」）を歯に塗るのです。これは成人女性のみがしたのではなく、平安時代末期、平家の公達《きんだち》も鉄漿を付けていました。源氏方は戦《いくさ》においてこれをもって平家の者だと判別しました。

洗髪や整髪には米のとぎ汁（「泔《ゆする》」）が使われ、これを入れる器を「**泔坏《ゆするつき》**」といいます。

キーワード

キーワード例文 読む

- **装束《さうぞ》く**…衣服を身に着ける。着飾る。
- **つくろふ**…着飾る。化粧をする。
- **化粧《けさう》す**（**化粧《けさう》ず**）…化粧をする。着飾る。
- **薫物《たきもの》**…練《ね》り香《こう》。これを焚いて衣服に香りを付ける。
- **火取《ひとり》**…衣服に香を焚き込めるのに用いる香炉。
- **伏籠《ふせご》**…香炉の上に伏せて置き、上に衣服を掛けて香を焚きしめる籠《かご》。
- **引眉《ひきまゆ》**…眉毛をそり、その後に眉墨《まゆずみ》で描いた眉。眉墨を掃墨《はいずみ》ともいう。
- **歯黒《はぐろ》め**…鉄を酸化させた液（**鉄漿《かね》**）で歯を黒く染めること。お歯黒《はぐろ》。
- **泔坏《ゆするつき》**…髪を洗ったり整えたりする水を入れる器。

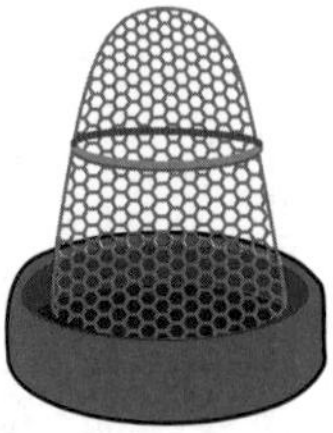
火取

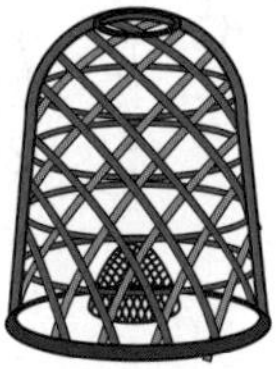
伏籠

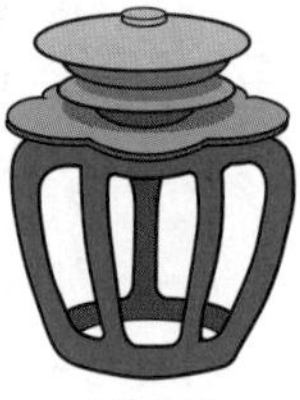
泔坏

一切の化粧を拒否する姫君

短編物語集「堤《つつみ》中納言物語」（⬇P.210）に登場する「虫愛《め》づる姫君」は次のような考え方の持ち主です。

「人は、すべて、つくろふ所あるはわろし」とて、眉、さらに抜きたまはず、歯黒め、さらに、「うるさし、きたなし」とて、つけたまはず。

自然を尊重し人工を排除する彼女は「つくろふ」のはよくないと考え、眉毛は抜かず、お歯黒も付けません。こんな姫君は平安時代においては普通ではないとされたのです。

プラス＋α

「枕草子」の「心ときめきするもの」には、次のような例が挙げられています。一つは、

よき薫物《たきもの》焚《た》きて、ひとり臥《ふ》したる。

枕辺に立ちのぼる薫物《たきもの》の香りは、甘美な夢を誘い、素晴らしい貴公子の訪れを待つ一時《ひととき》でもあるかのように思えて、胸がときめくというのでしょう。

もう一つは、

頭《かしら》洗ひ、化粧《けさう》して、香《かう》ばしうしみたる衣《きぬ》など着たる。ことに見る人なき所にても、心のうちはなほいとをかし。

平安時代の貴族女性の髪は身長よりも長く、ドライヤーもなかったのですから、髪を洗うのは大変なことでした。しかし、一日がかりの大仕事も終わって、さっぱりした髪、気ままな薄化粧、いい香りのしみた着物。鏡を手に一人微笑《ほほえ》む清少納言の姿が目に浮かびます。

5 思考・行動を見定める

マストアイテム 32

外出

貴族の外出というと、まずは季節ごとの風流を楽しむためのお出かけがありました。花や紅葉の名所に出かけるだけでなく、祭り見物や船遊びがあり、冬には雪深い里に雪見に出かける風流人もいました。皇族だと、**水無瀬**《みなせ》、**交野**《かたの》、**鳥飼**《とりかい》といった所（京都から大阪辺り）に離宮があり、鷹《たか》狩りや桜狩りに出かけた話が『伊勢物語《いせものがたり》』『大和《やまと》物語』などにあります。

今一つは「**物詣《ものまう》で**」です。これは神仏への信仰心から出た行為ですが、今の観光旅行的な面もあり、いい気晴らしになったようです。手近な所では京の東山《ひがしやま》の**清水寺**《きよみずでら》、京の南の**石清水**《いわしみず》**八幡宮**、もう少し遠い所だと琵琶湖《びわこ》近くの**石山寺**《いしやまでら》、もっと遠い所では、摂津《せっつ》の**住吉**《すみよし》**神社**、大和の**長谷寺**《はせでら》（初瀬《はつせ》詣で）があります。特に長谷寺は『蜻蛉日記《かげろうにっき》』や『源氏《げんじ》物語』など多くの文学作品に参詣の様子が描かれています。

帝が宮中から外にお出かけになることを「**行幸**《みゆき》」、院（上皇）のお出かけを「**御幸**《みゆき》（御幸《ごかう》）」といいます。

キーワード

- **歩《あり》き**…外を出歩くこと。
- **まかる**…**1** 退出する。（地方へ）赴く。
  ＊「出《い》づ・行く」の謙譲語（➡P.267）。
  2 出かけます。参ります。
  ＊「行く」の丁寧語。
- **ものにまかる**…どこかに出かけます。
- **まうづ**（詣《まう》づ）…
  1 参上する　＊「行く・来《く》」の謙譲語。
  2（寺社に）参詣する。お参りする。
- **物詣《ものまう》で**…寺社に詣でること。
- **心《こころ》（を）やる**…気を晴らす。心を慰める。
- **心《こころ》やり**…気晴らし。慰み。
- **下向《げかう》**…**1** 都から地方へ下ること。
  2 寺社に参詣して帰ること。
- **みゆき**（行幸《みゆき》・御幸《みゆき》）…天皇・上皇のお出かけ（天皇には「行幸」、上皇には「御幸」を主に用いる。「御行《みゆ》き」の意）。

キーワード例文 読む

物詣での主な神社・寺院

- 京の清水寺《きよみずでら》・賀茂《かも》神社
- 山城《やましろ》の石清水《いわしみず》八幡宮 ※山城は今の京都府南部
- 近江《おうみ》の石山寺《いしやまでら》（石山詣で） ※近江は今の滋賀県
- 大和《やまと》の長谷寺《はせでら》（初瀬詣で） ※大和は今の奈良県
- 摂津の住吉《すみよし》神社 ※摂津は今の大阪府北西部・兵庫県南東部

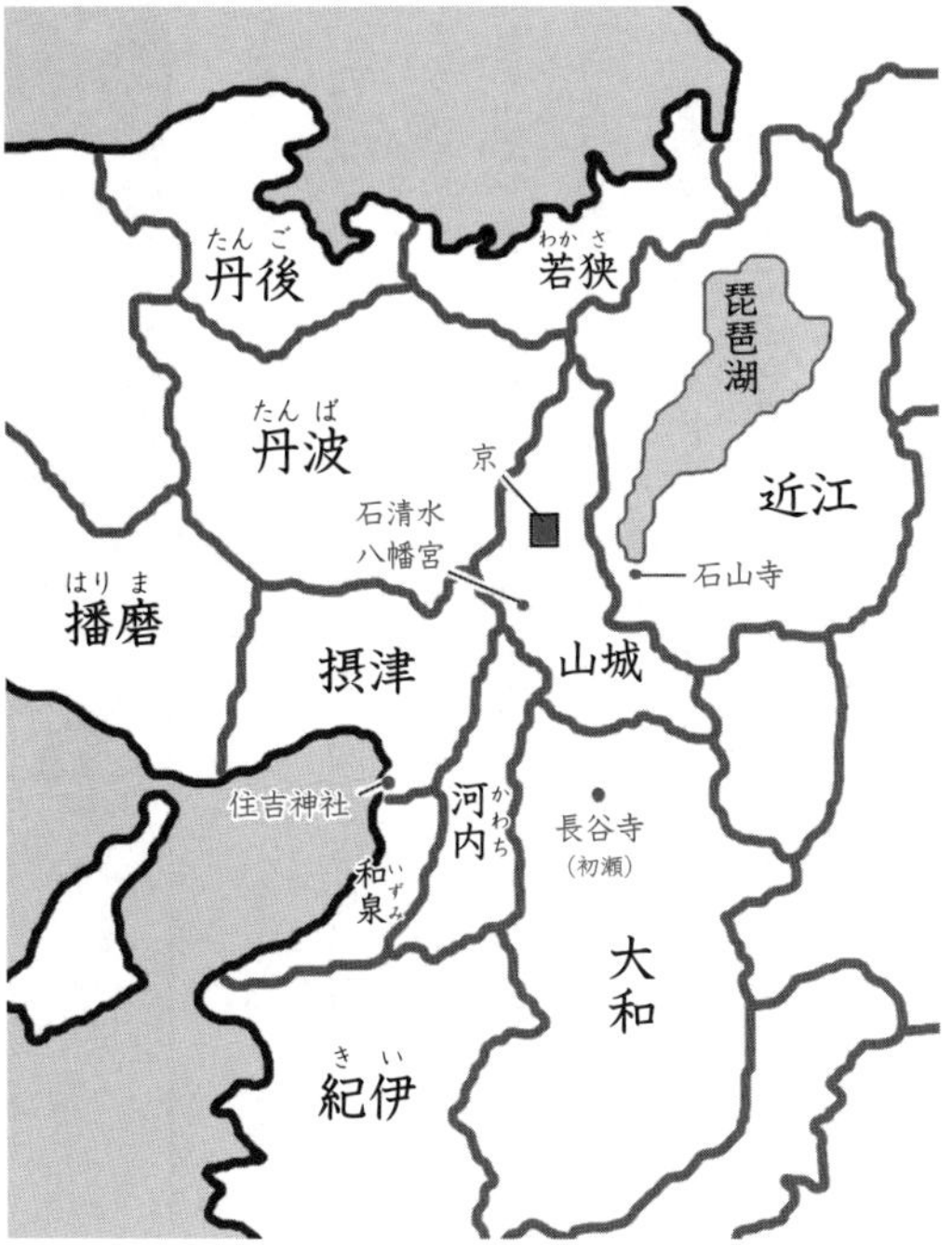

プラス+α

私たちは「**旅**」というと、少なくとも一、二泊はして遠方の土地へ出かけることだと考えますが、古語の「旅」はちょっと違います。「旅」とは「家を離れ、一時、他所に行くこと」であり、距離は関係なく、家を離れればもう「旅」なのです。ですから、よその家に泊まれば、それは「旅寝《たびね》」です。

「**狩り**」といえば、鷹を使って鳥や兎《うさぎ》を捕らえる「鷹狩り」を意味しますが、「狩り」という言葉は「桜狩り」とか「紅葉狩り」といった使い方もされます。これは、すばらしい桜や紅葉を野や山に懸命に探し求め、時にはすてきな一枝を持ち帰るさまを野の鳥や兎を必死に追い立てて捕らえるさまにたとえて言ったものでしょう。

言葉は時代により意味を広げたり狭めたり、少しずつ変わってゆくようです。

5 思考・行動を見定める

マストアイテム 33

物忌《ものい》み

病気や災難に対して現代人よりずっと大きな恐れを抱いていた昔の人は、**陰陽道《おんようどう》に基づく吉・凶を強く意識して生活し**ていました。朝廷の行事はもちろん、貴族の生活にもこの**吉・凶によるさまざまの制約**がありました。「忌むべき日」すなわち凶の日は、外出も控えなくてはなりません。

「**物忌《ものい》み**」とは外出を控え、家にいて身を慎むことですから、「**物忌みにこもる**」という言い方をします。「こもる」とは部屋に閉じこもるということです。

日によって**凶の方角**というのもあり、悪い方角に向かって出かけることはできません。その場合は「**方違《かたたが》へ**」といって、前の晩に目的の方角とは少し違う方角の家に行って泊めてもらい、そこから目的地に向かうようにしたのでした。

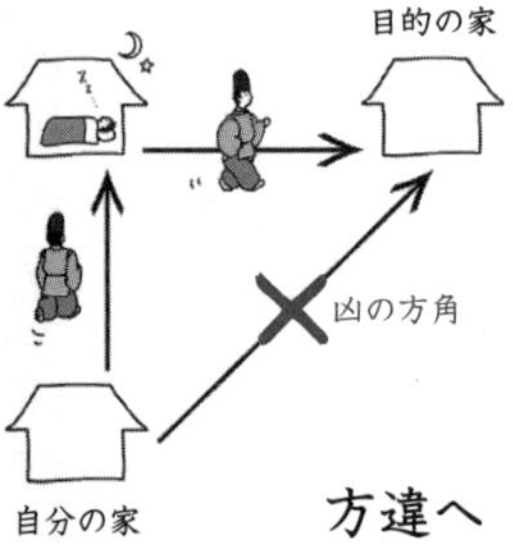

方違へ

キーワード

- **陰陽道《おんやうだう》**…古代中国で発達し、日本に伝来した陰陽五行《いんようごぎょう》説に基づいて、天文や暦数を見て吉凶を占う方術。「おんみょうどう」とも読む。
- **いむ**（忌《い》む）…けがれを避ける。身を清め慎む。
- **いまいまし**（忌《い》ま忌《い》まし）…不吉だ。縁起が悪い。
- **物忌《ものい》み**…陰陽道でいう災厄を避けるため一日あるいは数日間家にこもって慎むこと。
- **方塞《かたふた》がり**…行こうとする方角に行くと災いがあるとされ、行けないこと。
- **方違《かたたが》へ**…外出の際に、災いがあるとされる方角を避けて、前夜、別の方角の家に泊まって、翌日、そこから方角を変えて目的地に行くこと。

キーワード例文 読む

関連事項

1 **御物忌み**…「御《おん》」が付いた「物忌み」は大臣邸などでの物忌みまたは**宮中での物忌み**をいう。「御物忌み」中は主人はもちろんお仕えする人も外出禁止である。宮中の物忌みでは高位の貴族たちは宿直所《とのいどころ》に泊まり込んだ。

2 **陰陽師《おんやうじ》**…天文や暦数を見る特殊な占い法によって国家また個人の吉凶禍福を判じ、またそれに対応する呪術作法を行った方術士。最も有名な陰陽師に**安倍晴明《あべのせいめい》**がいる。『大鏡《おおかがみ》』（⬇P.222）によれば、彼は自邸にいて内裏《だいり》で帝が退位されたことが分かり、人には見えない式神《しきじん（しきがみ）》というものを自由にどこにでも瞬間移動させることができたという。

プラス+α

凶の日の一つに「**庚申《こうしん》**」があります。庚申とは干支《えと》でいう庚申《かのえさる》の日（六十日ごとに訪れます）で、この日は眠ると人間の腹中に住む虫が天に昇り、その人の悪事を天帝に告げるので短命になると言われました。**庚申の夜は徹夜で寝ずに過ごさなくてはならず**、宮中や貴族の屋敷では神仏に酒食を供え、歌合わせや管弦などの遊びが行われました（「**庚申待ち**」といいます）。この夜の出来事を描いた古文が入試問題にもよく登場しています。

昔の人は宗教的禁忌があるために生活にいろんな制約があったと言えますが、逆に禁忌を楽しんでいた面もあったのではないでしょうか。夜が明けるまで起きていなくてはならない夜は、和歌管弦に限らず、誰かがとっておきの怖い話を聞かせたりして、日頃とは違う特別な夜であったことでしょう。

マストアイテム 34

もてなし

『伊勢物語《いせものがたり》』（⬇P.210）百一段に、在原行平《ありわらのゆきひら》（業平《なりひら》の兄）の家に「よき酒あり」と聞いて殿上人《てんじょうびと》が集まるという話があります。行平は「情けある人（情趣を解する人）」で、大きな花瓶に藤《ふじ》の花などを挿して、客を歓待したということですが、**主人がさまざまなご馳走などを用意して「客人《まらうと》」をもてなすこと**を「**あるじまうけす**」または「**あるじす**」といいます。一家の主人が宴を取り仕切るところから生まれた言葉です。

宮中や大臣家で皇族・上流貴族が行った「大饗《だいきやう》（大宴会）」は、饗応のしかたなど細かな決まりがあったようです。

古文にも「**もてなす**」という動詞がありますが、**「ご馳走する・饗応する」の意はない**ので、注意が必要です。古語の「もてなす」は意図的に「ある態度をとる・示す」という意の動詞で、「つれなく**もてなす**」とあれば、「（わざと）何気ないように**振る舞う**」という意味です。うっかり「そっけなくおもてなしする」といった訳をしないようにしてください。

キーワード

- **あるじまうけ**…主人として客をもてなすこと。饗応。
- **あるじ**（主《あるじ》）…**1** 主人。
  2 主人として客をもてなすこと。饗応（「あるじまうけ」の略）。
- **まうけ**（設《まう》け）…**1** 準備。用意。 **2** ご馳走。もてなし。
- **まうく**（設《まう》く）…準備する。用意する。
- **まらうと**…客人（「まれひと〈稀《まれ》に訪れる人〉」→「まらうと」）。

キーワード例文読む

もてなす…
1 振る舞う。ふりをする。
2（人を）待遇する。取り扱う。
＊2の意味から江戸時代以降「歓待・饗応する」の意が生まれた。

あるじまうけ

プラス+α

『枕草子《まくらのそうし》』（⬇P.218）の「すさまじきもの（興ざめなもの）」の例として、「方違《かたたが》へにいきたるに、**あるじせ**ぬ所」とあります。一晩泊めてもらうことにした家で、何のもてなしもしてくれない家はがっかりだと言うのです。ということは、不意に訪れる客に対しても酒肴《さけさかな》の用意くらいしてもてなすのが当然だと考えられていたのでしょう。

『大和《やまと》物語』に、少将が五条の荒れた家に一人歌を詠む女を見つけ、一夜をともにする話があります。翌朝、女の親は彼をもてなそうと思うのですが、貧しく「**あるじす**べき方のなかりければ（ご馳走できなかったので）」「庭に生《お》ひたる菜《な》を摘みて蒸《む》し物《もの》といふものにして」梅の花の咲く枝を箸《はし》として出したのです。質素ながら、心に残るもてなしでした。少将は胸打たれ、以降も通い続けました。

5 思考・行動を見定める

マストアイテム 35

手紙

古文では手紙のことを「**文**《ふみ》」または「**消息**《せうそこ》」といいます。これを使ったさまざまの言い方があります。

一方「**とぶらふ**」「**おとづる**」「**おとなふ**」は実際に相手の家を「**訪れる**（見舞う）」という意味でも、また訪問はせずに「手紙で見舞う・安否を問う」つまり「**手紙をやる**」という意味でも使うので注意が必要です。「**こととふ**」はもとは「言葉をかける（話しかける）」という意味ですが、「訪問する」「見舞う」「手紙をやる」といった意味も持つ語です。

通信手段の発達した現代では手紙を書く人はめっきり少なくなったようですが、「誰々から便《たよ》りがあった」という言い方は今でもたまに耳にします。それで、古文で「**たより**」という語に出会うと、これを手紙の意だと思う人が多いのですが、入試で「たより」の意味が問われて答えが「手紙」ということはまずありません（「たより」は重要古語ですから、どういう意味かよく覚えておいてください）。

キーワード

- 文《ふみ》・消息《せうそこ》…便り。手紙。
- 文《ふみ》あり・消息《せうそこ》あり…手紙が来る。
- 消息《せうそこ》す…手紙をやる。
- 消息聞《せうそこき》こゆ…手紙を差し上げる。
- 音《おと》もせず…訪れも便りもない。
- 返《かへ》し・返《かへ》り・返《かへ》り事《ごと》…返事。

「訪問する」「手紙をやる」の意味を持つ動詞

- とぶらふ（訪《とぶら》ふ）
- おとづる（訪《おとづ》る）
- おとなふ
- こととふ（言《こと》問《と》ふ）

たより（頼《たよ》り・便《たよ》り）…
1 より所。あてにできるもの。
2 つて。縁故。手づる。
3 よい機会。都合のよい折。

キーワード例文読む

心の中で「訪問する」＝手紙をやる

その他の注意すべき動詞

・**たづぬ**（尋ぬ・訪ぬ）
1 探し求める。
2 訪問する。
3 質問する。

・**とふ**（問ふ・訪ふ）
1 質問する。尋ねる。
2 訪問する。見舞う。
3 弔問する。弔《とむら》う。

プラス＋α

「**～と言ひけり**」や「**～と聞こえけり**」という表現は、目の前にいる人に向かって「～と言った」「～と申し上げた」の意味になるとは限りません。「言ふ」相手が目の前にいない場合もあります。そのような時は「～と手紙で言った」「～と手紙で申し上げた」と考えるとその場にふさわしい意味になります。言葉というものは常に使われている状況をよく見て、具体的な意味を押さえるようにしなくてはなりません。

「**とぶらふ**」という語も「わが後《のち》の世とぶらへよ」とあったら、「後の世」とは死後の世界（来世）のことですから、これは「私の死後の供養をしてくれ」と言っているのです。つまり、この「とぶらふ」は、「弔問する」とか「故人の冥福を祈る（供養をする）」という意味の「弔《とぶら》ふ（弔《とむら》ふ）」なのです。

マストアイテム 36

恋・結婚

キーワード例文 読む

「**音に聞く**（噂《うわさ》に聞く）」女や、どこかの屋敷でちらっと「**垣**《かい》**間見**《まみ》」をした女に心引かれて恋が始まります。この**心引かれることを表す表現**は下記の通りさまざまありますが、すべて男が主語です。古文の世界では女性は受け身の存在なのです。「**文**《ふみ》（手紙）」のやりとりを経て、夜に人目を忍び、男は女の家を訪ねることになりますが、**男女が結ばれることを表す動詞に「見る」「会ふ」「見ゆ」**などがあります。これらの動詞はある限られた場面でのみ「男女の契りを結ぶ」という意味になりますので、状況をよく見定めなければなりません。

男女の逢瀬《おうせ》の後、男は自らの愛情を示すため、暁《あかつき》に帰宅するや**後朝**《きぬぎぬ》**の文**《ふみ》を女に送らなくてはなりません。そうして男が三日連続して女のもとに通っていけば、結婚が成立したと見なされます。三日目の夜には新郎・新婦に「**三日夜**《みかよ》**の餅**《もちひ》（祝いの餅《もち》）」が出され、男は女の両親と対面し、女の婿と認められます。この結婚のお披露目を「**所顕**《ところあらは》**し**」といいます。

キーワード

女に心引かれることを表す表現

- **心**《こころ》**とまる**（心留《こころと》まる）
- **心**《こころ》**につく**（心《こころ》に付《つ》く）
- **思**《おも》**ひつく**（思《おも》ひ付《つ》く）
- **思**《おも》**ひかく**（思《おも》ひ掛《か》く）
- **思**《おも》**ひよる**（思《おも》ひ寄《よ》る）

＊「思ひ寄る」の尊敬語が「思《おぼ》し寄る」「思し召し寄る」。

- **一筋**《ひとすぢ》**に思**《おも》**ふ**
- **〜に心移**《こころうつ》**る**（心移《こころうつ》ろふ）

男女の契り＝結婚を表す動詞

- （女に）**会**《あ》**ふ**（逢《あ》ふ）
- （女を）**見**《み》**る**
- （男に）**見**《み》**ゆ**

＊「男に見ゆ」＝「男に見られる」＝「男女の契りを結ぶ」。

男女の契り＝男が「見る」・女が「見られる」状態

結婚の関連語

・（～に）あはす（婚はす）…（親が娘を男と）結婚させる。
・（～に）見す…（親が娘を男と）結婚させる。
・よばふ（呼ばふ）…（男が女に）求婚する。
・通ふ…（男が女の所へ）通って行く。
・男す…（女が）夫を持つ。
・心ざし（志）…（男女の）愛情。
・二世《にせ》の契り…現世だけでなく来世までも夫婦として連れ添おうという約束。

プラス＋α

若い男性貴族の結婚形態は「**通い婚**」が基本です。女の家に男は婿として通って行き、**女の両親は男を娘婿として面倒を見る**ことになります。男が着る衣服なども女の家で世話しました。平安時代の貴族は、実の息子以上に娘婿を大事にしたと言われます。

しかし、そんな大事な婿殿も、ほかの女に心を移し、通って来なくなることもあります（これを「**夜離《よが》れ**」といいます）。そうなると、婚姻関係は自然消滅です。男が通わなくなること、それが即ち離婚でした。この時代は結婚といっても、婚姻届けを役所に出したわけでもありませんから、正式な離婚の手続きなど必要ないのです。

長く通い続ける女、たまに訪れる女、もう疎遠になった女と、男にはさまざまな女がいるのが普通だったようです。

5 思考・行動を見定める

マストアイテム 37

子育て

貴族社会の男性は二人、三人の妻を持つのが普通ですから、ある妻とは同じ屋敷で暮らすことがあっても、ほかは時々通って行くという形になります。子供が生まれると、子供はそれぞれの母親のもとで育てられます。

貴人の妻は、子供の身の回りの世話は子育てを担当する女性（**乳母**《めのと》）に委ねます。**乳母はその子の成長を長きにわたり（成人した後までも）見守っていく**ことになります。

「かしづく」という動詞は、親が我が子を「かしづく（大切に育てる）」という形で使うことが断然多いのですが、結婚した娘の婿を「かしづく（大切に世話をする）」という形で使われたりもします（男性貴族は結婚すると、妻の実家の世話を受けたことは前の項でも述べました）。

小さい子（**ちご**）を「かわいがる」意の動詞に「**かなしうす**」や「**うつくしむ**」があります。また、子供の成長を表す語が「**およすく**（およすぐ）」と「**ねぶ**」です。

キーワード

- **ただならずなる**…妊娠する。
- **乳母**《めのと》…側《そば》にお仕えし、実の母親に代わって養育を担当する女性。（⬇P.28）
- **かしづく**…1 大切に育てる。
  2 大切に世話をする。
- **かなしうす**（かなしくす）…かわいがる。いとしく思う。
- **うつくしむ**…かわいがる。
- **およすく**（およすぐ）…成長する。大人びる。
- **ねぶ**…成長する。大人びる。
- **ちご**（児《ちご》・稚児《ちご》）…乳児。幼児。
- **みどり子**《こ》…三歳くらいまでの子供。

子供を形容する語

- **らうたし**…かわいらしい。
- **らうたげなり**…かわいい様子である。
- **いはけなし・いとけなし**…幼い。

キーワード例文 読む

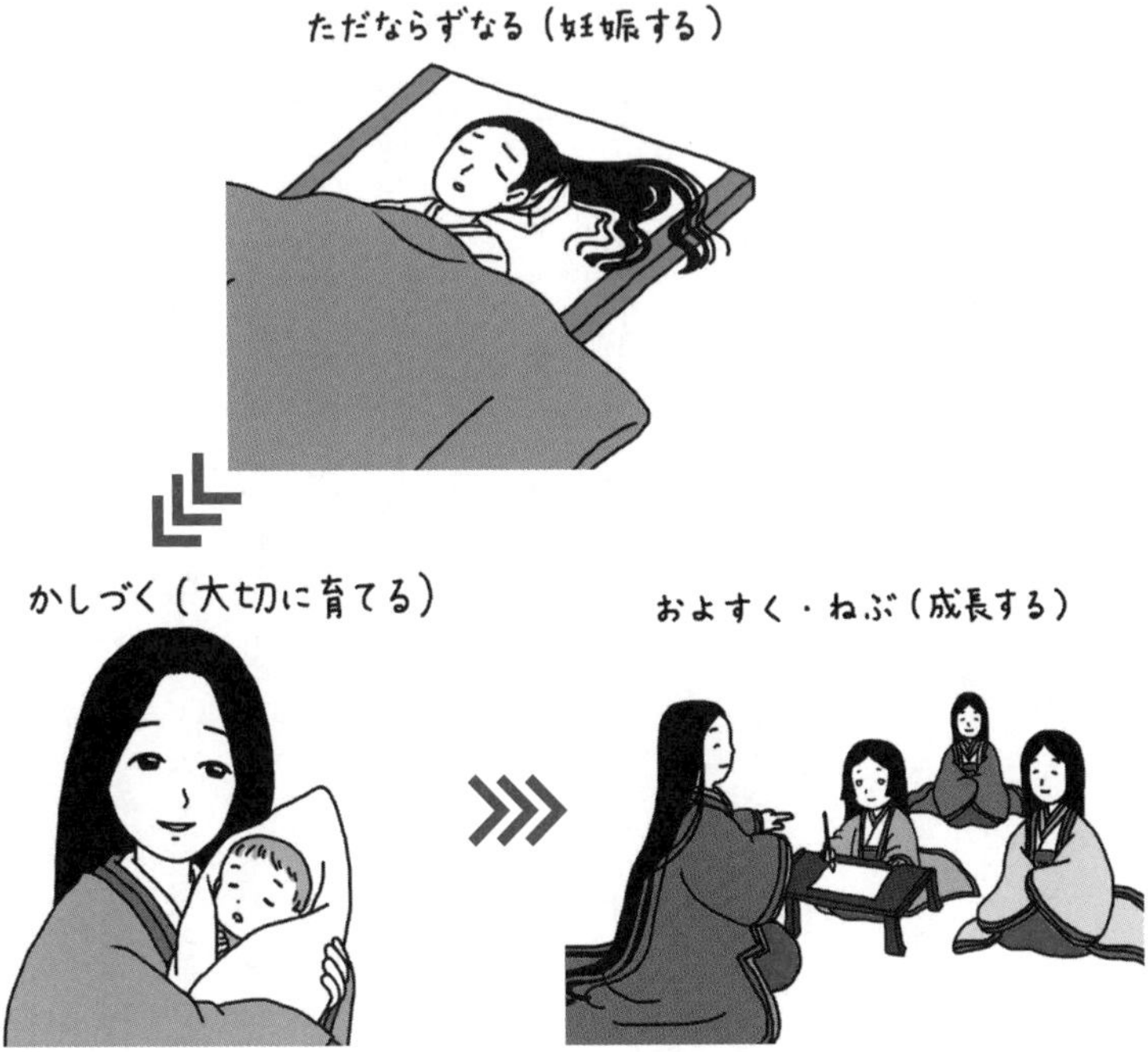

プラス＋α

女性は妊娠出産しなければ授乳できません。よって貴人の家に雇われ、そこの子に乳を与える乳母には必ず自分の生んだ子がいます。それが**乳母子**《めのとご》です（「乳母」「乳母子」⬇P.28）。

貴人の子と乳母子は身分は違っても、同年齢で、同じ人のもとで育つのですから、両者の関係は大変親密になります。乳母子が女性の場合は姫君に、乳母子が男性の場合は男君に**最も信頼される人物**として古文によく登場します。

『住吉物語《すみよしものがたり》』には主人公の姫君の乳母子として侍従《じじゅう》と呼ばれる女性が登場しますが、彼女は姫君の信頼を得て、献身的に姫君のために尽くします。また、『源《げん》氏《じ》物語』（⬇P.210）に登場する光《ひかる》源氏の乳母子の惟光《これみつ》は、源氏のお忍びの恋を手助けする存在としてなくてはならない従者として描かれています。

5 思考・行動を見定める

マストアイテム 38

成人式

現代の日本においては十八歳あるいは二十歳《はたち》で大人と見なされますが、平安時代の貴族は、**男子は十四、五歳頃**（早い人は十一、二歳に）「**元服《げんぷく》**」の儀を経て、**女子は十三歳頃**「**裳着《もぎ》**」の儀を経て大人となりました。

　男子は元服すると衣装も髪型も大人風に改め、頭には「**冠《かうぶり》**（かんむり）」をかぶり、朝廷に出仕しました。ですから、「**初冠《うひかうぶり》す**（**冠《かうぶり》す**）」とは、もう「童《わらは》」ではなく一人前の**大人として朝廷に仕える一員となる**ということです。

　裳着の「**裳《も》**」とは、女性が正装のときに腰から下（後方）にまとったものですが、これを腰に着けさせる儀式をすることで、大人の女性として扱う区切りとしたのです。よって、「**裳（を）着《き》す**」とは「**娘の成人式をする**」ことを意味します。裳着をすませると、女性は結婚適齢期に入るわけで、大臣や大納言《だいなごん》の娘であれば、后妃として入内《じゅだい》させることなども親は真剣に考えたりしたのでした。

キーワード

・**童《わらは》・童部《わらはべ》**…
1子供（元服前の子供）。
2子供の召し使い。

・**殿上童《てんじやうわらは》**…上流貴族の子で、元服前に、見習いのため殿上《てんじょう》の間《ま》（⬇P.44）に昇殿を許され出仕する者。「**童殿《わらはてん》上《じゃう》**」ともいう。

・**元服《げんぷく》**…男子の成人式で、初めて冠をかぶる儀式。

・**初冠《うひかうぶり》す・冠《かうぶり》す**…元服して初めて冠を着ける（位が授けられ官職に就《つ》くことになる）。

・**裳着《もぎ》**…女子の成人式で、初めて裳を着ける儀式。裳の紐《ひも》を結ぶ役を「**腰結《こしゆひ》**」といい、親族で人望のある者が行った。

・**おとなぶ**（**大人《おとな》ぶ**）…大人になる。一人前になる。

キーワード例文 読む

元服前と元服後の若者・裳着

成長に応じての女性の呼び名

乳児・幼児
女子《をんなご》・女《め》の子

若い未婚女性
少女《をとめ》

裳着

大人の女
女《をんな》

老婆
嫗《おうな》

プラス+α

我が子が一人前の大人になったとき、親は子供の誕生から今日までの日々を思い、感慨を覚えるものですが、昔の親は現代よりも遥《はる》かに大きな感慨を覚えたことでしょう。なぜなら、出産そのものが今よりずっと大きな危険を伴っていましたし、一歳にも満たず亡くなる子供も多かったからです。それだけに、無事に成長していく姿を祝う儀式が丁重に執り行われました。乳児・幼児の頃の祝いとしては次のようなものがありました。

- **産養《うぶやしな》ひ**…出産後、三日目、五日目、七日目、九日目の夜に親族を招いて行われた祝宴。
- **五十日《いか》の祝ひ**…誕生後五十日目に行われた祝いの儀式。
- **袴着《はかまぎ》**…幼児が初めて袴を着ける儀式。男女ともに三歳から七歳頃に行った。今日の七五三のもととなった儀式。

マストアイテム 39

任命・任官

一概に貴族といっても都にいて大内裏《だいだいり》に勤めに出る人もいれば、全国に国司として派遣される人もいました。そして、それぞれ年に一度、**諸官職を任命する朝廷の儀式**（それが「除目《ぢもく》」）がありました。主に**地方官を任命するのが県召《あがためし》の除目、在京の官吏を任命するのが司召《つかさめし》の除目**です。

『枕草子《まくらのそうし》』は「すさまじきもの（興ざめなもの）」の例として「除目に**司得《つかさえ》**ぬ人の家（除目で官職に就けない人の家）」を挙げています。「**時《とき》にあふ**」上流階層の貴族はよいとして、清《せい》少納言《しょうなごん》や紫式部《むらさきしきぶ》といった中下流（五位・六位）の受領《ずりょう》階級に属する人々にとっては、一家の主人がどこの国司にもなれないとなると、不名誉なだけでなく、身内の人々の生活にも影響します。有利な官職を得ようと、後宮の后妃や大臣・大納言といった有力者に、つてを介して頼み込んだりもしたようです。望みがかない、任官できると、あちこちお世話になった方の所へ「**よろこび**（お礼）」を申し上げに行きました。

キーワード

- **除目《ぢもく》**…大臣以外の官職を任命する朝廷の儀式。春に行われた**県召《あがためし》の除目**と秋に行われた**司召《つかさめし》の除目**がある。それに加えて**臨時の除目**もある。任命の決定権はもっぱら天皇、摂政・関白にあった。
- **ついで**…（官位官職の）序列。
- **司《つかさ》**（官《つかさ》）…**1** 官職。 **2** 役所。役人（官吏）。
- **司《つかさ》**（を）**得《う》**…役職に就く。任官する。
- **時《とき》にあふ**…時勢に乗って栄える。
- **時《とき》の人《ひと》**…時勢に乗って栄えている人。
- **よろこび**（悦《よろこ》び・喜《よろこ》び）…
  1 喜び。お祝い（ごと）。
  2 （昇進・任官などの）お礼。
- **よろこび申《まう》す**…昇進・任官のお礼を申し上げる。

キーワード例文読む

夜、宮中で人事異動の発表

〈現代の人事異動にたとえると〉
- **県召**（春の除目）…各支店勤務者の発表
- **司召**（秋の除目）…京都本社勤務者の発表

プラス+α

『枕草子』（⬇P.218）は「したり顔なるもの（得意満面なもの）」の例として「蔵《くら》人《うど》に子なしたる人（蔵人に子息をならせた人）」と並べて、「除目にその年の一の国得《え》たる人（除目でその年の一番よい国の国司になれた人）」を挙げています。**宮中に勤めるなら帝に仕える蔵人、地方勤務なら豊かな国の国守**が望ましいポストだったことが分かります。

国司（受領）になるのは五位・六位の貴族でした。彼らにとって一位から四位《しい》の上級官僚（大臣や大納言・中納言や参議）は雲の上の人で、都ではこれらお偉い面々に頭が上がりません。しかし、地方に赴けばその国の長官です。近江《おうみ》や播磨《はりま》といった豊かで国力のある大国《たいこく》の、また摂津《せっつ》や備前《びぜん》・備中《びっちゅう》といった大国に次ぐ上国《じょうこく》の国守となるのは鼻高々であったようです。

マストアイテム 40

褒美

褒美というのは、手紙を届けるとか何か用をしてくれたその労をねぎらう品ですから、**身分の上の人が下位の者に与えるもの**です。この褒美を古文では「禄《ろく》」といいます。

「装束《さうぞく》**かづけ**んとす」とか「衣《きぬ》ぬぎて**取らせ**けれど」といった言い方があるように、**褒美の品はほとんど着物でし**た。「**禄**など**す**」とか「もの**かづく**」といった場合の「禄」「もの」も実態は着物です。

「かづく」という動詞は四段活用であるか下二段活用であるかで、意味がまったく違います。「**かづき**たり」だと四段活用ですから「褒美をもらった」という意味です。「**かづけ**たり」だと下二段活用ですから「褒美を与えた」の意になります。

「**取らす**」はもとは「取る」＋使役の助動詞「す」、また「**得《え》さす**」は「得《う》」＋使役の助動詞「さす」ですが、「取らす」も「得さす」も、そのように分割することなく、一語の動詞として単に「与える」の意だと押さえてください。

キーワード

- **禄《ろく》**…褒美の品物（武士の給与である「俸禄」の意ではない）。
- **禄《ろく》す**（サ変）…褒美を与える。
- **禄給《ろくたま》ふ**…褒美をお与えになる。
- **禄賜《ろくたま》はる**（給《たま》はる）…褒美をいただく。
- **かづく**（被《かづ》く）（四段活用）…
  1（頭から・上から）かぶる。
  2（褒美を）いただく。
- **かづく**（被《かづ》く）（下二段活用）…
  1（頭から・上から）かぶせる。
  2（褒美を）与える。
- **かづけもの**（被《かづ》け物《もの》）…褒美として与える品物。
- **引《ひ》き出物《でもの》**…主人から客への贈り物。
- **引《ひ》き出物下《でものくだ》す**…贈り物を与える。
- **取《と》らす**…与える。
- **得《え》さす**…与える。

キーワード例文 読む

かづく

右の絵は、改まった場で褒美の着物をいただいた様子を描いたもので、着物を肩に載せて（＝かぶせて）いる。

「かづく（被く）」はもともとは「上からかぶる」または「かぶせる」の意で、「潜《かづ》く」も語源は同じ。「水を頭からかぶる」または「かぶせる」のが「潜く」すなわち「潜《もぐ》る」。

プラス+α

あらかじめ用意されていた**褒美としての衣服**は「**大袿**《おほうちき》」が多かったようです。「**袿**（⬇P.35）」とは男性が直衣《のうし》・狩衣《かりぎぬ》などの下に、また女性が唐衣《からぎぬ》・裳《も》などの下に着た服です。「大袿」は文字通り大きく作った袿で、そのまま着るのではなく、もらった人は自分の体に合わせて仕立て直して着たのです。

急に思いがけなく、褒美を与えねばならない場合もあります。そういうときは、高貴なお方は自らの服を脱いで褒美として与えました。

褒美をもらった人は当然喜んだと思われますが、古文には褒美をもらって怒った人の話もあります。それは、身分的に下の者だと見下されたと思ったからなのです。**褒美はあくまでも上位の人が、自分より下位の者に与えるもの**だったのです。

マストアイテム 41

命令

誰かが誰かに何かを命じ、命じた内容が文章の要点となることがあります。ここで**命令表現**を整理しておきましょう。

- **動詞を命令形にすれば命令表現**になります。

例 「今宵《こよひ》もし月おもしろくは、**来**《こ》かし（来いよ）」

（「来《こ》」はカ変動詞「来《く》」の命令形。「かし」は念を押す終助詞 ➡P.259）

- **助動詞も命令形を使うと命令表現**になります。

例 「玉の緒《を》よ絶えなば絶え**ね**（絶えてしまえ）」

（「ね」は完了の助動詞「ぬ」の命令形 ➡P.246）

- **会話部の命令**は相手に敬意を表す尊敬の補助動詞を用いて「**〜給へ**（〜てください）」という言い方が多くされます。
- **命令表現**の一つとして「**〜べきよし**」があります。

例 「火をつけて燃やす**べきよし**仰せ給ふ」

- **「〜するな」という禁止を表す表現**では、何といっても「**な＋動詞＋そ**」の形を知っていなくてはなりません。

キーワード

- **仰**《おほ》**す**…おっしゃる。命令しなさる。

＊「言ふ」「命ず」の尊敬語（➡P.136・137・266）。

- **仰**《おほ》**せ・仰**《おほ》**せ言**《ごと》…お言葉。ご命令。
- **勅**《ちょく》…天皇が下す命令。天皇の仰せ。
- **宣旨**《せんじ》…天皇の命令を伝える文書。宣旨を出すことを「**宣旨下**《くだ》**す**」、宣旨が出ることを「**宣旨下**《くだ》**る**」という。
- **院宣**《ゐんぜん》…上皇のお言葉。ご命令。
- **〜べきよし仰**《おほ》**す**…〜（す）べきだとおっしゃる。〜せよと命令しなさる。

＊「べき」は命令を表す助動詞（➡P.244）。

- **な〜そ**…〜（する）な。〜（し）ないでくれ。

＊「な」は副詞、「そ」は禁止の終助詞。「そ」の前は動詞の連用形（カ変・サ変動詞の場合は未然形 ➡P.259）。

例 「早くな散りそ（早く散るな）」

例 「な来《こ》そ（来るな）」「なせそ（するな）」

キーワード例文読む

仰せ給ふ人（命令しなさる人）

仰せ言を承《うけたまは》る人

上位者の命令やお言葉を「お聞きする・お受けする」という意味の語が「承る」という謙譲語（➡P.138・267）。

「決して～するな（～てはならない）」という禁止表現

1 かまへて～まじ（「まじ」は禁止を表す助動詞➡P.244）

例「かまへてあるまじき事にて候ふ（決してあってはならないことであります）」

2 ゆめ（ゆめゆめ）～な

例「ゆめこの雪落とすな（決してこの雪を落とすな）」

例「ゆめゆめ憎み給ふな（決してお嫌いなさるな）」

3 あなかしこ～な

例「あなかしこ人に語りたまふな（決して人に語りなさるな）」

プラス+α

命令を表した表現ではないのにそう読んでしまう人がいます。例えば「言はで心にものをこそ思へ」を「何も言わないで心の中で思っていろ」という意味に取ってしまう人がそうです。

しかし正しくは、「思へ」は命令形ではなく、係助詞「こそ」の結びの已然形ですから、この文は「言はで心にものを思ふ」を強調した表現です。したがって、「口に出しては何も言わないで心の中で私はものを思っている（＝恋しいあの人のことを思っている）」というのが正しい意味です。

念のためにもう一言。「この一矢《ひとや》に定むべしと思へ」は「この一本の矢で決めようと（あなたは）思え」という意味ですが、「この一矢に定むべしとこそ思へ」は「この一本の矢で決めようと（私は）思う」という意味です。

マストアイテム 42

配流《はいる》・謹慎

現在の政権を脅かす危険な人物と見なされた者は、都から遠くに「**流さ**」れました（古文で「流されけり」とあったら、「れ」は必ず受身です）。これが「**配流**《はいる》」です。右大臣菅原道真《すがわらのみちざね》が左大臣藤原時平《ふじわらのときひら》の讒言《ざんげん》により大宰権帥《だざいのごんのそち》に左遷されたのも、配流の一つと言っていいでしょう。

流罪《るざい》と決まった者は「**官**《くわん》**をとどめ**」られ、都の家族とも別れて、流刑地に送られました。罪が許されて、都に「**召**《め》**し返**《かへ》**さ**」れて、再び朝廷に出仕することができた人もいれば、流刑地でそのまま一生を終えた人もいます。平家討伐を謀議して（鹿ケ谷《ししがたに》の陰謀）、薩摩《さつま》の鬼界《きかい》が島に流された俊寛僧都《しゅんかんそうず》は島を出ることも都に帰ることもかないませんでした。

島流しにまではならなくても、帝のお怒りを買ったためにしばらく**宮中への出仕を遠慮して**「**謹慎する**」**こと**もあります。これを「**かしこまる**」といいます。謹慎中は「**籠居**《ろうきょ》」していなくてはなりませんでした。

キーワード

- **流す**…流罪にする。遠くに追放する。
- **配流**《はいる》…流罪にすること。
- **流人**《るにん》…流罪に処せられた人。
- **罪**《つみ》**す**…処罰する。刑罰を与える。
- **勘当**《かんだう》…罰を受けること。おとがめ。天皇のおとがめを「**勅勘**《ちょくかん》」という。
- **官**《くわん》**をとどむ**…朝廷への出仕を差し止める。官位を剝奪《はくだつ》する。
- **召**《め》**し返**《かへ》**す**…（流人の罪を許して都に）お呼び戻しになる。
- **かしこまる**（**畏**《かしこ》**まる**）…
  1 恐縮する。
  2 恐縮して正座する。
  3 恐縮して謹慎する（宮中への出仕を遠慮する）。
- **籠居**《ろうきょ》…（謹慎などのために）家の中に閉じこもること。

キーワード例文 読む

主な流罪・謫居《たっきょ》の地

- **大宰府《だざいふ》**（**菅原道真・藤原伊周《これちか》**）…筑前《ちくぜん》の国
- **鬼界《きかい》が島**（**俊寛**）…薩摩の国
- **隠岐《おき》の島**（**後鳥羽《ごとば》上皇・後醍醐《ごだいご》天皇**）…隠岐《おき》の国
- **須磨《すま》・明石《あかし》**（**『源氏物語《げんじものがたり》』**〔⬇P.210〕**の光源氏《ひかるげんじ》**）…須磨は摂津《せっつ》の国・明石は播磨《はりま》の国

謫居《たっきょ》とは、とがめを受けて遠い所に流されてその地に住むこと。

プラス+α

都から追放されるという出来事は当人並びに身近な人々にとって人生の一大事ですから、菅原道真や俊寛にとどまらず、**配流にまつわる悲話**が古文にはいくつも描かれています。

清少納言《せいしょうなごん》が仕えた中宮定子《ていし》の兄藤原伊周が藤原道長《みちなが》との政争に敗れ、大宰府に流されることになったことは『栄花物語《えいがものがたり》』（⬇P.222）に詳しく描かれています。

同じく歴史物語の『増鏡《ますかがみ》』（⬇P.222）には、承久《じょうきゅう》の乱で後鳥羽上皇が、また元弘《げんこう》の乱で後醍醐天皇が隠岐の島に流されたことが哀感を込めて語られています。

物語の上では『源氏物語』（⬇P.210）において光源氏が都を離れて須磨・明石で二年数か月にわたり流謫《るたく》の日々を過ごすのが有名な話です。右大臣方ににらまれ、政治的失脚状態にあった光源氏は都を出るしかなかったのでした。

マストアイテム 43

病気

『源氏物語《げんじものがたり》』の「若紫《わかむらさき》」の巻は次のように始まります。

「わらは病《や》みに**わづらひ**給ひて、よろづにまじなひ、**加持《かぢ》**など参らせ給へど、**しるし**なくて…」。十八歳の光《ひかる》源氏は「わらは病み」にかかって、「まじなひ」や「加持」、すなわち手で印を結び、真言密教の呪文を唱え、病気平癒を祈ることを僧におさせになるが、効果はなくて…というのです。

病気を表す語としては、「**病《や》む**」「**わづらふ**」以上に「**なやむ**」「**なやまし**」がよく使われます。「身も**ぬるみ**て**心地**いと悪《あ》しき」「**例ならぬ**」さまがまさに「なやまし」です。そこで頼るのは「**くすし**（薬師・医者）」ではなく、**僧都《そうず》や律師《りっし》と**いった僧でした。僧の中でも特に頼りにされたのが「**行ひ人**（**行者《ぎやうじや》**）」です。何年も苦行を積むことで病気を治す仏の法力を得た「**験者《げんざ》**」「**修験者《しゆげんじや》**」といわれるこの人たちこそが、**病人に取り憑《つ》いた物《もの》の怪《け》**（霊）**を退散させて**、病気を治してくれると考えられたのでした。

キーワード例文 読む

キーワード

- **なやむ**（悩《なや》む）…病気になる。病気で苦しむ。
- **なやまし**（悩《なや》まし）…（病気で）気分が悪い。苦しい。
- **心地《ここち》**…**1** 気持ち。気分。
  2 気分が悪いこと。病気。
- **例《れい》ならず**…**1** いつもと違う。
  2 病気である。
- **あつし**（篤《あつ》し）（形容詞・シク活用）…病気が重い。病気がちだ。
- **ぬるむ**（温《ぬる》む）…熱が出る。
- **あつかふ**…面倒を見る。世話をする。看病する。
- **おこたる**（怠《おこた》る）…病気が治る。
- **しるし**（験《しるし》）…
  1 効き目。効果。効験。
  2（神仏の）霊験。ご利益。

加持《かぢ》の僧（祈禱《いのり》の師）

その他の病気に関する大事な単語と表現

・**いたはる（労る）**…病気になる。病気で苦しむ。

例「日ごろ**いたはる**ところ侍りて（この頃病気で苦しむことがありまして）」（『宇津保物語』「国譲」下）

・**いたはり（労り）**…病気（「いたはる」の名詞形）。

・**やむ（止む）（下二段）**…病気を治す。

例「**いたはり やめ**奉り給へ（病気を治し申し上げてください）」（『源氏物語』「手習」）

・**所労**…病気。

・**とぶらひ（訪ひ）**…訪問。見舞い。

例「**所労**の**とぶらひ**（病気見舞い）」（『西行上人談抄』）

プラス＋α

「やまひ大事にて、限りなりける頃」（『今《いま》物語』）とはどういう「頃」なのか、分かりますか。

「**やまひ大事にて**」というのは、**病気が重く危険な状態にある**ということです。重病ではないが何となく体調が思わしくない程度の病気だと「いと大事にはあらねど、起き臥《ふ》し悩み給ふ」といった表現がされます。

重い病気で「**限り**」であるというと、「限り」は「限度・限界」という意味ですから、命の終わり際、つまり**臨終も間近い状態**にあるということです。

まさに**臨終の時**を「**今はの際《きは》**」といいます。「**今は限り**」も「もうこれまで」ということで、臨終を表す言葉です。ただ「今は限り」は、「逢《あ》ふことを今は限りと思へども」といったように別れに際しても使います。

マストアイテム 44

死

死は誰にとっても「つひにゆく道」ではあるのですが、人生において最も忌み避けたいことであるので、あからさまに「死ぬ」とは言わず、さまざまの**婉曲《えんきょく》表現**が用いられました。

「亡くなる」がそうであるように、「**失《う》す**」「**隠る**」「**消ゆ**」などいずれも**この世から「いなくなる」**ということです。「**身まかる**」もこの世から人が「まかる（退出する）」ということです。「**消え入る**」「**絶え入る**」は「死ぬ」の意のほかに、「**気を失う**」の意でも使いますから注意が必要です。

そのほか、「**はかなくなる**」など形容詞・形容動詞を使った表現もあります。「**いかにもなる**」は「どのようにでもなる」ということで、最悪の事態を想定した言い方です。

「**おくる**」は「思ふ人々に**おくれ**なば（愛する人々に先立たれたならば）」といったように、多くは「**（誰々に）おくる**」という言い方がされます。「**さらぬ別れ**」など、死に関する慣用句も知っておく必要があります。

キーワード例文 読む

キーワード

「死ぬ」ことを表す表現

- うす（失《う》す）・かくる（隠《かく》る）
- みまかる（身罷《みまか》る）
- 消《き》ゆ・消《き》え入《い》る
- 絶《た》ゆ・絶《た》え入《い》る
- 事切《ことき》る
- はかなくなる・むなしくなる
- あさましくなる・いふかひなくなる
- いたづらになる
- いかにもなる

その他のキーワード

- おくる（後《おく》る）…（誰かに）先立たれる。
- さらぬ別《わか》れ（避《さ》らぬ別《わか》れ）…死別（「避けられない別れ」の意）。
- 限《かぎ》りある道《みち》…死出《しで》の旅路《たびじ》（命には「限り」があって、いつかは必ず行く道の意）。

その他の死に関する大事な単語と表現

1 後《のち》のわざ・後《のち》の事《こと》…人が亡くなった後の葬儀・仏事。都の人の亡骸《なきがら》は東山《ひがしやま》の**鳥部野《とりべの》**などに運ばれ、夜に火葬に付された。その後、七日ごとに四十九日（七七日《なななぬか》）まで亡き人の供養が行われた。

2 煙《けぶり》…火葬の煙。「**同じ煙に**（空に）**のぼりなむ**」といった表現は、後を追って死にたいという痛切な思いを表したもの。

3 服《ぶく》（貴人の場合は「**御《おん》服《ぶく》**」）…喪服または喪に服すこと。人の死後、親族や関係者は「**鈍色《にびいろ》**（濃いねずみ色）」の服を着て喪に服した。服喪の期間は故人の地位、故人との縁故の深さによって異なり、天皇・父母・夫であれば、一年の喪に服した。喪が明け、喪服を脱ぐことを「御服脱ぐ」とか「**色あらたまる**」という。

プラス＋α

日本人は昔から清らかさを尊び、**穢《けが》れ**（不浄）を忌み避けるという感覚を強く持っていたようです。出産も穢れの一つですが、**死は穢れの最たるもの**でした。したがって、死穢《しえ》に触れることを昔の人はひどく恐れました。

ある人の葬送に関わった人は穢れに触れた人となります。その人の訪問を受けたときは、家の外で「**立ちながら**（立ったままで）」用件を話してもらい、家の中には入れませんでした。穢れを家に入れないためにそうしたのです。

喪に服している人を訪問するときは、訪問者は死の穢れに触れないために「**立ちながら**」お悔やみの挨拶などを言って帰りました。家に上がって座り込むと死の穢れに触れると考えたのです。それほどに死の穢れは昔の人にとって怖いものだったのです。

マストアイテム 45

涙

人の死、別れなど涙の場面は数多くあります。泣いて涙のしずくが落ちると、昔の人はもちろん着物を着ていますから、着物の**袖**（その垂れた部分が**袂**《たもと》）が涙にぬれます。それで、「**袖をぬらす**」「**袖をしぼる**」「**袂をうるほす**」といった表現がよくされます。ずっと涙にくれていることを表す言い方は、「**袖干**《ひ》**るときもなし**」です。「干る」はハ行上一段動詞で「乾く」の意です。

「**しほたる**（潮垂る）」は、もとは潮水にぬれてしずくが垂れるということで、歌によく使われる言葉です。

涙は雨や露によくたとえられます。「**袖の露**」「**袖のしづく**」「**袖の時雨**《しぐれ》」などはどれも涙のたとえです。形容詞の「**露けし**」を使って「袖ぞ露けき」といった表現もされたりします。

歌では「**涙川**」というオーバーな表現がよく出てきます。涙は「枕《まくら》浮くばかり」部屋にあふれ、涙の川に「身も流る」ほど流れ出たのでした。

キーワード

キーワード例文 読む

「涙を流す」ことを表す表現

- **袖**《そで》**をぬらす**（袖《そで》を濡《ぬ》らす）
- **袖**《そで》**をしぼる**（袖《そで》を絞《しぼ》る）
- **袂**《たもと》**をうるほす**
- **袖**《そで》**干**《ひ》**るときもなし**
- **しほたる**（潮垂《しほた》る）
- **しぐる**（時雨《しぐ》る）

＊「しぐる」は「時雨」の動詞形で「時雨が降る」の意もある。

その他のキーワード

- **さしぐむ**…涙ぐむ。
- **音**《ね》**を**（音《ね》に）**泣**《な》**く**…声に出して泣く。
- **露**《つゆ》**けし**（形容詞・ク活用）…
  1 露がちである。湿っぽい。
  2 涙がちである。
- **せきあへず**（堰《せ》き敢《あ》へず）…涙をこらえることができない。

雨＝涙

あの雨は
私の涙か…

袖をぬらす＝泣く

袖の露

プラス＋α

嬉《うれ》しくて泣くことも何かに感動して涙することもありますが、たいていはつらく悲しいときに流すのが涙ですから、元日のようなめでたい日とか、誰かの旅立ちのときに**泣くのは「忌むべきこと**（不吉なこととして慎まなければならないこと）」でした。

しかし、そういうことは分かっていても、家族の誰かが遠くに旅立つことになっていよいよ別れとなると、涙は抑えきれません。そういうとき、よく口にされるのが「**事《こと》忌《い》み**すべきことながら」という言葉です。「ここで泣いてはいけないことは分かっているが」と言って泣いてしまうのです。

「**事忌み**」は「**言忌み**」とも書きます。あえて分ければ、不吉なことをするのを慎むのが「事忌み」で、不吉なことを言うのを慎むのが「言忌み」です。

マストアイテム 46

物思い

古語「ながむ」の語源は「長見る」で、**「長くじっと見つめる」**がもとの意味であるようです。人は何かを長くぼんやりと見ているとき、たいがい考え事をしています。そこで、この語は**「物思いにふける」という意味も表す**ことになりました。

「眺め」は恋の歌によく使われ、次の歌のようにしばしば「（春の）**長雨**《ながめ》」との掛詞（➡P.189）になります。

つれづれのながめにまさる涙川
袖のみ濡《ぬ》れてあふよしもなし（『古今集』）

長雨で増水した川のように寂しい**物思い**がつのって流す涙の川（その涙の川に）袖がぬれるばかりで（あなたに）逢《あ》うすべもない。

古語には**「ひとりごつ」**という「独り言」の動詞形がありますが、「一人で歌をつぶやく」という意味にもなります。

一人物思いに沈むと、**過去のこと・将来のこと**が果てしもなく心の中をよぎります。「**来**《こ》**し方**《かた》**行**《ゆ》**く末**《すゑ》思ひつづけ給ふ」といった言い方もよく見かける表現です。

キーワード

- **ながむ**（**眺**《なが》**む**）…長くじっと見ている。物思いにふける。
- **ながめ**（**眺**《なが》**め**）…物思いにふけりながらぼんやり見ること。
- **つれづれなり**（**徒然**《つれづれ》**なり**）…
  1 することもなく退屈である。
  2 しんみりとものさびしい。
- **ひとりごつ**（**独**《ひと》**りごつ**）…独り言を言う。つぶやく。
- **来**《こ》**し方**《かた》（**「きしかた」とも読む**）…
  1 通り過ぎて来た方角・場所。
  2 過ぎ去った時。過去。
- **行**《ゆ》**く末**《すゑ》**・行**《ゆ》**く先**《さき》…
  1 進んで行く方向。行く手。
  2 これから先。将来。

＊「来し方」も「行く末」も2の意味で使われることが多い。

キーワード例文 読む

現代語の「心尽くし」と古語の「心尽くし」

現代語の「心尽くし」は、「母の心尽くしの手料理です」というように、**心を込めてすること**をいいますが、**古語の「心尽くし」は「物思いの限りを尽くす（尽くさせる）こと・気をもむ（もませる）こと」**です。用例を二つ挙げておきます。

1「人やりならず、**心づくし**におぼし乱るることどもありて（人からさせられたのではなく（＝自ら求めた恋のために）**物思いの限りを尽くし**て思い悩みなさることがあって）」（『源氏物語』夕顔）

2 木《こ》の間《ま》より漏りくる月の影見れば**心づくし**の秋は来《き》にけり（木の間から漏れてくる月の光を見ていると、**物思いの限りを尽くさせる**秋が来たのだなあ）（『古今集』）

プラス＋α

極めつきの**物思いの歌**といえば次の和泉式部《いずみしきぶ》の歌でしょう。

もの思へば沢の蛍もわが身より
あくがれ出《い》づる魂《たま》かとぞ見る

（思い悩んでいると、沢辺を飛ぶ蛍火も私の身体から抜け出た魂ではないかと見るよ。）

思いあまると人の魂は体から外にさまよい出るというのは当時の人にとっては普通に受け入れられた考え方でした。『源氏物語《げんじものがたり》』（⬇P.210）の六条御息所《ろくじょうのみやすどころ》の生霊《いきりょう》が特に有名です。

しかし、暗闇にふわりふわりと飛ぶ光の玉を見て、あれこそは恋に思い悩みながら生きる我が魂のさまよう姿そのものだという表現は、恋に命を燃やした和泉式部ならではの悩ましくも美しい表現といえるのではないでしょうか。

5 思考・行動を見定める

マストアイテム 47

宿命

現代でも「運命の赤い糸で結ばれていた二人」といった表現がされることがありますが、**この世の出来事を前世からの宿命**（運命）**と見なす**考え方は昔の人（特に平安時代の人）の死生観の根幹をなしていたと言えるでしょう。

今の自分の身の上が惨めなものであるなら、それは「**前**《さき》**の世**《よ》**の契**《ちぎ》**りつたなくて**（前世からの宿縁に恵まれなくて＝運が悪くて）」と考えましたし、一目見た女が忘れられないのも「**さるべきにて**（こうなる前世からの運命で）」こうも恋心がかき立てられるのかと考えました。

また死ねばすべてが無になるのではなく、**死後には「後**《ご》**世**《せ》**」があると**考えました。後世は人の世とは限りません。名《みょう》利《り》や愛欲にまみれたまま死ねば、地獄・餓鬼《がき》・畜生《ちくしょう》という恐ろしい後世が待ち受けていると深刻に思い悩んだのです。

昔の人は、人は現世にのみ生きているとは考えなかったのです。**世には前世と現**《げん》**世**《ぜ》**と後世の三つ**（三《さん》世《ぜ》）**があった**のです。

キーワード

- **前**《ぜん》**世**《ぜ》（「ぜんせ」とも）…この世に生まれる前の世。「**前**《さき》**の世**《よ》（先《さき》の世《よ》）」ともいう。
- **現**《げん》**世**《ぜ》（「げんせ」とも）…この世。「**現**《うつ》**し世**《よ》」ともいう。
- **後**《ご》**世**《せ》…死後に生まれ変わる世。来世。「**後**《のち》**の世**《よ》」「**来**《こ》**む世**《よ》」ともいう。
- **前**《さき》**の世**《よ》**の契**《ちぎ》**り**…前世からの約束。前世から定まっている宿命。宿縁。
- **契**《ちぎ》**り**…宿縁。特に夫婦・親子の縁。
- **さるべき**…そうなる前世からの運命である（「さるべき契り（縁）」の「契り（縁）」を省略したもの）。
- **さるべきにや**（ありけむ）…そうなる前世からの運命だったのだろうか。
  ＊挿入句としてよく用いられる。
- **宿**《すく》**世**《せ》…前世から定まっている宿命。
- **宿**《すく》**世**《せ》**つたなし**（拙《つたな》し）…運が悪い。

キーワード例文読む

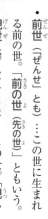

三世思想と六道輪廻《ろくどうりんね》

三世

前世 →（因果応報：前世が因、現世が果）→ 現世 →（因果応報：現世が因、後世が果）→ 後世

・**六道輪廻**…すべての衆生《しゅじょう》は生前の業《ごう》に従って次の六つの迷いの世界で生死を繰り返す。

＊地獄・餓鬼・畜生を三悪道という。

プラス+α

この世の人間にとって生まれる以前の前世は変えようがありません。ですから、その前世のあり方で決まっているとされるこの世の出来事は運命として甘受するしかないことになります。しかし、現世の行い次第では後世は変わるのです。

平安時代の貴族は男も女も自分の死が間近に迫っていると感じると、形ばかりでも**出家して死を迎え**ようとしました。地獄に堕《お》ちるのを恐れたのです。

来世を信じる人間にとって、死後に永遠の苦しみの世界が待っているというのはたまらないことだったでしょう。地獄や畜生の世界を回避させてくれる道は、仏を信じ、俗世で汚れた心を浄《きよ》めることでした。出家して仏道修行をすることは、来世での救いを求めての行為だったのです。

5 思考・行動を見定める

マストアイテム 48

出家

キーワード例文読む

長年仕えた帝が崩御され、今の地位にあることがむなしく思われたからとか、男と女の愛憎の葛藤《かっとう》にこれ以上苦しみたくないからとか、動機はさまざまですが、いずれにしろ**この世の無常がつくづく身にしみて、仏の道に来世の救いを求めるのが出家**です。それは人生の一大転機でありました。

出家すると外見が変わります。髪を切り、服装も**墨染《すみぞ》め衣《ごろも》**（**墨染《すみぞめ》めの衣《ころも》**）といった僧衣を着ることになります。この外見の変化にちなむ多くの表現があります。また「出家」とは「家を出る」、つまり俗世を離れることですから、「**世を背《そむ》く・世を遁《のが》る・世を厭《いと》ふ・世を捨《す》つ**」などの表現もあります。

かねてから出家の願い（「本意《ほい》」）がありながら、妻子という**出家を妨げるもの**（「ほだし」）があるためになかなか出家できなかったり、それでも振り切って出家したりする話が古文にはよくあります。出家は家族を捨てるということでもあったのです。

キーワード

「出家する」ことを表す表現

- **御髪《みぐし》（頭《かしら》・飾《かざ》り）おろす**
- **かたち（様《さま》・姿《すがた》）変《か》ふ**
- **やつす**（もとは「質素にする」の意）
- **世《よ》を背《そむ》く（遁《のが》る・離《はな》る・厭《いと》ふ・捨《す》つ・出《い》づ）**
- **もとどり切《き》る**（髪を後頭部に集めて束ねたのが「もとどり」）
- **真《まこと》の道《みち》に入《い》る**（「真の道」＝仏道）

その他のキーワード

- **本意《ほい》**…本来の志。かねてからの希望（「出家したいというかねてからの思い」の意になる場合が多い）。
- **ほだし**（絆《ほだし》）…出家の妨げとなるもの。
- **おこなふ**（行《おこな》ふ）…仏道修行をする。勤行《ごんぎょう》する。
- **往生《わうじやう》**…極楽浄土に生まれ変わること。

その他の出家に関する大事な言葉

1 極楽浄土…阿弥《あみ》陀《だ》如来《にょらい》に救われた人が向かう所。生死も憂苦もない平和で安楽な世界。西方の十万億土のかなたにあるとされ、**西方《さいほう》浄土**ともいう。極楽浄土に往生することを願う者は西に向かって手を合わせて祈った。

2 蓮《はちす》の上《うへ》…極楽浄土のこと（極楽往生した姿は蓮《はす》の葉の上（＝**蓮《はちす》の台《うてな》**）に座るという形でイメージされる）。

3 蓮の上の願ひ…死後、極楽浄土に生まれたいという願い。

蓮《はちす》の台《うてな》

プラス＋α

形ばかりの出家は、地獄に堕《お》ちたり畜生に生まれ変わったりすることを回避するためだったかもしれませんが、本気で出家していちずに仏道修行に励んだ人たちにとっての**最終目的は極楽往生すること**でした。深く仏道に帰依《きえ》した者のみが、六道とは別世界である、極楽浄土に生まれ変わることができると考えられたのでした。

深い愛情を抱く男女は来世も一緒にいたいと願います。そんな男女の願いは「**一つ蓮《はちす》**の縁と祈る」とか、「**同じ蓮**に住むべき後《のち》の世の頼みをかく（極楽の同じ蓮の上に住むことができる来世に望みをかける）」といったように表現されました。ともに極楽往生して、一つの蓮の上に愛する人と座を半分ずつ分けて座るというのは、清らかな永遠の愛のイメージであったのでしょう。

思考・行動を見定める

問一 **傍線部a・bの主語を、それぞれ文中の語で答えよ。**

この女はになく[a]かしづきて、皇子《みこ》たち上達部《かんだちめ》よばひたまへど、帝にたてまつらむとて[b]あはせざりけれど、*このことできにければ、親も見ずなりにけり。（大和物語）

*このこと…女とある僧との色恋沙汰。

a	
b	

問二 **傍線部はどういうことを言っているのか。それぞれ十五字以内で説明せよ。**

(1) 十六といふ年、二月にかうぶりせさせたまひて、名をば仲忠《なかただ》といふ。上達部の御子なれば、やがてかうぶりたまひて、殿上《てんじやう》せさせ、上《うへ》も春宮《とうぐう》も、召しまつはし、うつくしみたまふ。（宇津保物語）

(2) 君たち、おなじほどに、すぎすぎおとなび給ひぬれば、御裳《も》など着せたてまつり給ふ。（源氏物語・紅梅）

問三 **傍線部をわかりやすく現代語訳せよ。**

*院の御なやみ、神無月になりては、いと重くおはします。世の中に惜しみきこえぬ人なし。うちにも思《おぼ》しなげきて行幸《みゆき》あり。（源氏物語・賢木）

*院…桐壺《きりつぼ》院。その子が朱雀《すざく》帝。

問四 **次の文章の傍線部を、それぞれ現代語訳せよ。**

(1) その後《のち》、文《ふみ》を習ひよみたれば、ただ通りに通りて、才《ざえ》ある人になりぬ。（宇治拾遺物語）

(2) （宣耀殿《せんようでん》の女御《にょうご》を）まだ姫君と聞こえける時、父大臣《おとど》の教へ聞こえ給ひけることは、「一つには御手をならひ給へ。次には琴《きん》の御ことを人よりことに弾きまさらむと思せ。さては、『古今《こきん》』の歌二十巻《はたまき》をみなうかべさせ給ふを、御学問にはせさせ給へ」と。（枕草子）

(3) 八幡《はちまん》別当頼清《よりきよ》が＊遠流《をんる》にて、永秀《えいしう》法師といふものありけり。家貧しくて、心すけりける。夜昼笛を吹くより外《ほか》の事なし。（発心集）

＊遠流…遠い親戚。

(1)

(2)

(3)

問五 **傍線部はどういうことを述べたものか。簡潔に説明せよ。**

さて、観音堂に参りて、＊法施《ほふせ》など手向《たむ》け侍りて後、あたりを見めぐらすに、尼の念珠《ねんじゅ》する侍り。ことに心をすまして念珠をすり侍る。あはれさに、かく、

思ひ入りてする数珠《じゅず》音《おと》のこゑすみておぼえずたまる我が涙かな

とよみて侍るを聞きて、この尼こゑをあげて、「こはいかに」とて袖にとりつきたるを見れば、としごろ偕老同穴《かいらうどうけつ》のちぎり浅からざりし女の、はやさまかへにけるなり。あさましくおぼえて、「いかに」といふに、しばしは涙むねにせけるけしきにて、とかくものいふこともなし。（撰集抄）

＊法施…経を読み法文《ほうもん》を唱えること。

問一 解答 a 親 b 親

訳 この女は（親が）この上なく大切に育てて、皇子《みこ》たちや上達部《かんだちめ》が（この女に）求婚しなさるけれど、（親は女を）帝に差し上げよう（＝帝の后妃にしよう）と思って（皇子や上達部と）結婚させなかったけれど、この（僧との色恋の）ことが起こってしまったので、親も（女を）世話しなくなってしまった。

▼「かしづく」は「大切に育てる」の意で、主語はたいてい親だということを忘れないこと。「あはす（婚はす）」も娘を男と「結婚させる」という意の動詞で、主語は親である。

かしづく⬇P.106・134 あはす⬇P.105・134

問二 解答 (1) **男子の成人の儀式をさせること。**

(2) **娘たちの成人式をすること。**

(1) **訳** （年齢が）十六という年の、二月に冠をつけさせ（＝元服させ）なさって、名前を仲忠《なかただ》という。上達部の子であるので、すぐに（従五位の）位階を下さって、昇殿させ、帝も皇太子も、おそばにお呼びよせになり、かわいがりなさる。

(2) **訳** 姫君たちは、同じほどの年齢で、次々と成人しなさったので、裳《も》などを着せ（＝成人式をし）申し上げなさる。

▼(1)の傍線部は「かうぶりす」の未然形＋使役の助動詞「させ」。「かうぶりす」は「冠す」で、頭に冠を着ける、すなわち男子の成人の儀式をすること。

(2)の傍線部の「御裳など着せ」は「裳を着す」、すなわち女子の成人式をすること。

かうぶりす（冠す）・裳を着す⬇P.108

問三 解答 **（朱雀）帝（におかれて）も（桐壺）院の重い病気を思い嘆きなさってお見舞いにお出かけになる**

訳 桐壺《きりつぼ》院のご病気は、十月になってからは、たいそう重くていらっしゃる。世の中で（桐壺院を）惜しみ申し上げない人はいない。帝も思い嘆きなさって（お見舞いに）お出かけになる。

▼「うち（内）」は帝の意。「うちにも」の「に」は敬主格の「に」（⬇P.51【プラス＋α】）。「思《おぼ》しなげき」は「思ひ嘆き」の尊敬語。「行幸《みゆき》」は帝のお出かけ。以上のことから、「帝も思い嘆きなさってお出かけになる」と訳せるが、これではまだ「わかりやすい」訳とは言えない。何を「思い嘆く」のか、どこに（何をしに）「お出かけになる」のか、そこまできちんと示す必要がある。院の「御なやみ（＝ご病気）」が重いこと、そのお見舞いに出かけることまで書けてはじめて「わかりやすい」訳と言える。

なやみ（なやむ）⬇P.118 行幸⬇P.96

問四 解答 (1) **漢詩文を学び読んだところ** (2) **お習字の練習をしなさい** (3) **心は風流を好んでいた**

(1) **訳** その後、漢詩文を学び読んだところ、ただもう上達に上達して、漢学の教養ある人になった。

(2) 訳 （宣耀殿《せんようでん》の女御《にょうご》を）まだ姫君と申し上げていた時、父大臣《おとど》が（姫君に）教え申し上げなさったことは、「第一にお習字の練習をおやりなさい。次には琴《きん》のお琴《こと》を人より格別に上手に弾こうとお思いなさい。そのうえで、『古今集』の歌二十巻をすべて暗唱しなさるのを、ご学問にしなさいませ」と。

(3) 訳 八幡《はちまん》別当頼清《よりきよ》の遠い親戚で、永秀《えいしゅう》法師という者がいた。家は貧しいが、心は風流を好んでいた（＝風流心があった）。夜昼笛を吹くよりほかのことはしない。

▼(1)の「文《ふみ》」は「習ひよみ」とあり、さらに下に「才《ざえ》ある人（漢学の教養ある人）」とあるので、「手紙」ではなく「漢詩・漢文」の意。　文・才➡P.88

(2)の「手をならふ」とは文字を習う、つまり習字の練習をすること。　手➡P.90

(3)は「心好《す》けりける」で、「好け」は「好く」の已然形、「り」は完了・存続の助動詞、「ける」は過去の助動詞。「好く」は「風流（ここでは笛）」を好み、それに熱中すること。　好く➡P.92

問五　解答　**長年夫婦の間柄にあった女が出家をしていたことはひどく意外に思われたということ。**

訳 そこで、（私＝西行《さいぎょう》は）観音堂にお参りして、経を読み法文《ほうもん》を唱えるなどいたしました後、周囲を見回すと、数珠《じゅず》を擦《す》（って祈）る尼がいました。殊《こと》の外《ほか》心を澄まして数珠を擦っています。心にしみて、こう、

　心に深く思って擦る数珠音の声が澄んで、思いがけなくたまる我が涙であるよ。

と（私が）歌を詠みましたのを聞いて、この尼は声を上げて、「これはどうしたことか」と言って（私の）袖にすがりついたのを見ると、長年睦まじい夫婦の縁が浅くなかった女が、すでに出家していたのであった。ひどく意外に思われて、「どういうことか」と（私が）言うと、（女は）しばらくは涙で胸が詰まった様子で、まったく何も言うことはない。

▼「あさましくおぼえ」とは「ひどく意外に思われ」たということだが、何が意外であったのか。それは傍線部の直前に書かれている。「としごろ偕老同穴《かいろうどうけつ》のちぎり浅からざりし女」とは、「偕老同穴の契り」つまり「仲睦まじく最後まで添い遂げる夫婦の縁」で長年深く結ばれていた女ということ。その女が「さまかへ（＝出家し）」ていたことが、意外なことであったのである。

ちぎり（契り）➡P.126　さまかふ（様変ふ）➡P.128

マストアイテム 49

主語をほぼ確定できる動詞に着目

キーワード例文 読む

最終章では、古文を読んでいく上で最も大きな課題である**「主語を見定める」ための注意点**をまとめておきましょう。

P.106で**「かしづく」**という動詞は「**親が**我が子を『かしづく』という形で使うことが断然多い」と言いましたが、ほかにも主語がほぼ確定できる動詞があります。

古文で**「通ひ給ひけり」**とあれば、「通ふ」の**主語は男**、相手は女です。その逆は考えられません。また「**離《か》れ**ぬる人」とあれば、「女から離れ遠ざかった人（＝通って行かなくなった人）」ということで、**「人」は男**に決まっています。

「たのむ」という動詞は活用の種類が四段活用と下二段活用と二通りある動詞です。男女の話において、「**たのみ**（四段活用）て」とあれば、「**女が**男を頼りに思って」ということになり、「**たのめ**（下二段活用）て」だと、主に「**男が**女に（自分のことを）頼りに思わせて」の意味になります。**動詞をよく知ると、書いていない主語も見えてくる**のです。

キーワード

- **住《す》む**…（**男が**女の所に）通う。
- **かる**（**離《か》る**）…（**男が**女から）離れる。遠ざかる。
- **あはす**（**婚《あ》はす**）…（**親が**娘を男と）結婚させる。 ＊⬇P.105
- **よばふ**（**呼《よ》ばふ**）…（**男が**女に）求婚する。言い寄る。 ＊⬇P.105
- **たのむ**（**頼《たの》む**）…
  A（四段活用）（主に**女が**男を）頼りにする。あてにする。
  B（下二段活用）（主に**男が**女に）頼りにさせる。あてにさせる。 ＊⬇P.76も参照。
- **かづく**（**被《かづ》く**）…
  A（四段活用）（**貴人から**）褒美をもらう。
  B（下二段活用）（**貴人が**）褒美を与える。 ＊⬇P.112・113も参照。

主語をほぼ確定できる形容詞・形容動詞

形容詞の「いはけなし・いとけなし」は「幼い・あどけない」という意なので、当然その主語は子供ということになる。次に示すのは、**子供か若い女性を表すことがとても多い形容詞・形容動詞**（いずれも「かわいらしい」という意味）。

- らうたし（形）
- らうたげなり（形動）
- うつくしげなり（形動）
- をかしげなり（形動）

＊ただし、形容詞の「うつくし」「をかし」は子供か若い女性を表すとは限らない。

女は動かず、男が動く（下段参照）

プラス＋α

古文に行動的な女性はめったに登場しません。何事に対しても受け身であるのが古文の中の女性です。ですから常に「待ち」の姿勢であり、心の中で感情は渦巻いていても、体は「動く」ことがありません。女性は部屋でじっとしていることが多いのです。

ということは、男と女が会う場面を古文で読むとき、「行く」「来」「参る」「（部屋に）入《い》る」「出《い》づ」「帰る」など、**移動を表す動詞は男が主語である**可能性が断然高いということです。

男女の会話でも、まず男性が語りかけ、それに女性が応えるのが普通です。歌も男が詠みかけ、女がいやいやながら応じるという場合が多いのです。可能性のより高い読み方をまずしてみることです（ただ女性が先に歌を詠むこともありますので、ご注意を！）。

6 主語を見定める

マストアイテム 50

敬語の使い方に着目

敬語は尊敬語・謙譲語・丁寧語の三種がありますが、**まずは尊敬語を覚えることです**。作者や語り手から見て高貴な人物には尊敬語が使われ、そうでない人には使われませんから、それが主語判定の大きな手がかりになります。ここでは特に会話文の中の尊敬語について述べていきます（➡P.270）。**会話文で尊敬語が出てきたら、その主語は会話の相手（＝あなた）である可能性が最も高い**と言えます（一〇〇パーセントではありませんが）。そこで、「くちをしき事のたまひけるかな」といった文を見たら、単に「残念なことをおっしゃったことだなあ」と直訳して終わるのではなく、「あなたは残念なことをおっしゃったことだなあ」と、**主語「あなたは」を補って訳す**と内容がぐっとつかめてきます。また、「かく思《おぼ》したることなむいと心憂き」なら、「このようにあなたがお思いになっているのは（私には）たいそうつらい」と訳すと、「つらい」のが誰かまで分かった読み方になります。

キーワード

キーワード例文 読む

- **のたまふ・のたまはす・仰《おほ》す**…おっしゃる。＊「言ふ」の尊敬語。
- **おぼす**（思《おぼ》す）・**おぼしめす**（思《おぼ》し召《め》す）…お思いになる。＊「思ふ」の尊敬語。
- **おはす・おはします**…いらっしゃる。＊「あり」「行く」「来」の尊敬語。
- **御覧《ごらん》ず**…ご覧になる。＊「見る」の尊敬語。
- **きこしめす**（聞《き》こし召《め》す）…お聞きになる。＊「聞く」の尊敬語。
- **召《め》す**…お呼びになる。＊「呼ぶ」の尊敬語。
- **たまふ**（給《たま》ふ）・**たまはす**（給《たま》はす）…お与えになる。＊「与ふ」の尊敬語。

尊敬の補助動詞

- **～給《たま》ふ**（四段活用）
  訳～なさる。お～になる。
- **～おはす・～おはします**
  訳～（て）いらっしゃる。

尊敬語と謙譲語の区別

敬語では尊敬語と謙譲語の区別が最も重要。
特に次の三つはセットで覚えておく。

1a 「言ふ」の尊敬語
・のたまふ
・仰《おほ》す
…おっしゃる

1b 「言ふ」の謙譲語
・申す
・聞こゆ
…申し上げる

2a 「行く・来」の尊敬語
・おはす
・おはします
…いらっしゃる

2b 「行く・来」の謙譲語
・参る
・まうづ
…参上する

3a 「与ふ」の尊敬語
・給ふ
・給はす
…お与えになる

3b 「与ふ」の謙譲語
・奉る
・参らす
…差し上げる

尊敬語と謙譲語の本質的違い

①「AがBに**のたまふ**」という尊敬表現と、
②「AがBに**聞こゆ**」という謙譲表現とでは何が違うか。
①は主語のAに敬意を表した表現。
②は相手のBに敬意を表した表現。
敬意の方向がまったく違う（➡P.270）。

プラス+α

敬語動詞はなかなか覚えられないという嘆きの声をよく耳にします。確かに一つの敬語動詞にいくつもの意味があったりして、全部をしっかり覚えるのは大変なことでしょう。しかし、**所詮は三十数個**です。

敬語の一覧表（➡P.266・267）を見て「のたまふ＝おっしゃる」「おはす＝いらっしゃる」「おぼす＝お思いになる」…と声に出して覚えるというのもいいでしょう。

また、古文の中に「御覧ず」や「奉る」が出てくるたびに、これはこう訳すのだと確認するようにすれば、頻出する敬語がどれか、どの意味でよく使われるのかは、一か月もあれば十分に習得できます。

敬語動詞の習得で古文の読み方は大きく変わります。敬語という山を何としても早く乗り越えてください（➡P.264〜270）。

マストアイテム 51

地の文での謙譲語に着目

『枕草子《まくらのそうし》』といった**随筆**（⬇P.218）や『和泉式部日記《いずみしきぶにっき》』や『讃岐《さぬきの》典侍《すけ》日記』といった**日記**（⬇P.214）**には作者自身が登場**します（『和泉式部日記』は作者自身を「女」として登場させる形をとっていて、「女」＝作者です）。自分の行為を尊敬語を使って表現することはありませんので（天皇の会話などに例外はありますが）、作者自身が主語の場合、相手の人に敬意を表す謙譲語が多く使われることになります。ですから、**日記・随筆の地の文において「聞こゆ」「参る」といった謙譲語が単独で用いられているのを見たら、その主語は作者ではないかと考えてみる**といいのです。

ただ、日記・随筆において謙譲語の主語は作者だと決めつけることはできません。作者と同じレベルの女房だったりもします。また、会話では高貴な人も相手に気を遣って自分の動作を謙譲語で表すこともあります。その時その時で考えなくてはいけないことはいろいろあるのですが、まず普通はこうだということを身につけることです。

キーワード

- **申《まう》す・聞《き》こゆ・聞《き》こえさす**…申し上げる。　＊「言ふ」の謙譲語。
- **参《まゐ》る**…参上する。　＊「行く・来」の謙譲語。
- **つか（う）まつる**…（何かを）し申し上げる。　＊「何をするのか」考えて「お仕え申し上げる」「（歌を）お詠み申し上げる」など、その場にふさわしい訳にする。
- **奉《たてまつ》る・参《まゐ》らす**…差し上げる。　＊「与ふ」の謙譲語。
- **たまはる**（給《たま》はる）…いただく。　＊「受く」の謙譲語。
- **承《うけたまは》る**…お聞きする。　＊「聞く」の謙譲語。

謙譲の補助動詞

- **～申《まう》す・～聞《き》こゆ・～聞《き》こえさす**
- **～奉《たてまつ》る・～参《まゐ》らす**

訳 ～申し上げる

キーワード例文 読む

その他の主な謙譲語

・**奏《そう》す**…（帝に）申し上げる（「言ふ」の謙譲語）。
・**啓《けい》す**…（中宮・東宮に）申し上げる（「言ふ」の謙譲語）。
・**まかる**…退出する（「出《い》づ」「行く」の謙譲語）。
・**候《さぶら（さうら）》ふ・侍《はべ》り**…お仕え申し上げる（「仕ふ」の謙譲語）。

注意すべき敬語

・**奉る**…高貴な人が主語で「車に奉る」とあった場合には、「乗る」の尊敬語として使われている。
・**参る**…高貴な人が主語で「（物・酒）参る」とあった場合には、「食ふ・飲む」の尊敬語として使われている。
・**候ふ・侍り**…謙譲語としてよりも、動詞や形容詞などに付いて丁寧の補助動詞として使われることが多い。そのときには、「〜です・（〜てい）ます・（〜で）ございます」と訳す。「庭に桜の木侍り」のように、「あり」の丁寧語としてもよく使われる。そのときには、「あります・ございます」と訳す。

＊複数の種類を持つ敬語（⬇P.268・269）

プラス+α

「お〜になる」という訳は尊敬語の訳で、**「お〜する」は謙譲語の訳**だということが分かっていない人がたくさんいます。「お〜する」は「（お）〜申し上げる」という訳と同じです。

「歌をお教え**になる**」を古文にすると「歌教へ**給ふ**」で、これは尊敬表現です。「歌をお教え**する**」を古文にすると「歌教へ**奉る**」で、これは謙譲表現です。これは「歌を（お）教え申し上げる」とも訳せます。

「（AがBに）歌教へ**給ふ**」はAに敬意を表した表現ですが、「（AがBに）歌教へ**奉る**」はBに敬意を表した表現です。**尊敬語と謙譲語とでは誰に対して敬意を払うのか**（**敬意の対象**）**がまったく異なる**のですから、現代語に訳す場合も混乱・混同することのないように注意してください（⬇P.270）。

6 主語を見定める

マストアイテム 52

接続助詞に着目

次の文章を、枠で囲った接続助詞を境目に主語がどう変わるかを考えながら読んでみてください。

伏見中納言《ふしみのちゅうなごん》といひける人のもとへ、西行《さいぎやう》法師ゆきてたづねけるに、あるじはありき違ひたるほどに、侍《さぶらひ》のいでて、「何事いふ法師ぞ」といふに、縁にしりかけてゐたるを、けしかる法師のかくしれがましきよと思ひたる気色にて、侍どもにらみおこせたるに、御簾《みす》のうちに、箏《さう》の琴《こと》にて、秋風《しうふう》楽《らく》を弾きすましたるを聞きて、西行、この侍に「もの申さむ」といひければ、にくしとは思ひながら立ちよりて、「何事ぞ」といふに、「御簾のうちへ申させ給へ」とて

　ことに身にしむ秋の風かな

といひでたりければ、「にくき法師のいひ事かな」とて、かまちを張りてけり。

（『今物語』）

補足説明

説明 例文 読む

次に示すのは上段の古文を読むための補足説明です。これを手助けにしながら読んでください。

- **侍**…（⬇P.30）。
- **ありき違ひたる**…出かけていて行き違いになった。
- **けしかる法師のかくしれがましきよ**…怪しげな僧がこのように（縁に腰掛けて）分別のないことよ。
- **秋風楽**…雅楽の曲名。
- **もの申さむ**…もしもしちょっと（人に何かものを頼む時の言葉）。
- **ことに**…「殊に」と「琴に」の掛詞。
- **いひでたりければ**…言ひ出《い》でたりければ（口に出して言ったところ）。
- **かまち**…頬骨の辺り。

主語を押さえながら右の文が読めたでしょうか。枠囲みの**接続助詞「に」「を」「ば」**を境目に主語が西行法師から侍に、または侍から西行法師に変わっています。それに比べて、波線を付した**接続助詞「て」**を境目に主語は一つも変わっていません。

以上のことなどから、次のようなことが言えます。

1 接続助詞「に」「を」「ば」を境目に古文は主語が変わることが多い（必ず変わるわけではありません。確率はせいぜい八割といったところです。右の文のようにすべて変わるのはまれです）。

2 接続助詞「て」「で」を境目に主語が変わることはまずない（ごくまれに変わることがあります）。

注意すべきこと

＊接続助詞「に」「を」「ば」を境目に、必ず主語は変わるものだと、**法則のように思い込まない**こと。

＊接続助詞を境目に主語が変わるかどうかは、結局は文脈しだい。**必ず前後を現代語訳**した上で、主語を見定めること。

キーポイント

・**接続助詞「に」「を」**

活用語の連体形に接続する（格助詞の「に」「を」は活用語の連体形に接続することもあるが、体言に接続することが多い）。「～ので」「～（する）と」「～（した）ところ」「～のに」などと、いろいろに訳すことができる。どれで訳すかは、接続助詞「に」「を」の上の内容と下の内容との関係を考えて決める。

・**接続助詞「ば」**（➡P.257）

a 未然形に接続する「ば」は「～ならば」と訳す。

b 已然形に接続する「ば」は「～（する）と」「～（した）ところ」「～ので」の中のどれかで訳す。

・**接続助詞「て」**

連用形に接続する。

・**接続助詞「で」**（➡P.257）

未然形に接続する。「～ないで」または「～なくて」と訳す。

マストアイテム 53

同一人物の呼称の変化に着目

説明例文読む

現代の小説では主人公の呼び名が途中で変わることはまずあり得ません。しかし、**古文では同じ呼称を繰り返し使うのを作者は嫌います**。したがって、**同じ人物なのに違う呼び方に変わることが多い**のです。実例を見てもらいましょう。

一条院《いちでうゐん》のいまだ位《くらゐ》におはしましける時、皇后失《う》せ給ひける、その後御帳《みちやう》の紐《ひも》に結《ゆ》ひつけられたる文《ふみ》あり。人これを見つけたるに、**内**《うち》にも御覧ぜさせよがほにてありければ、御覧ぜさせけるに、和歌三首を書きつけられたり。

知る人もなき別れ路《ぢ》に今はとて心細くも急ぎ立つかな

（他の和歌省略）

と。**天皇**これをご覧じて、限りなく恋ひ悲しませ給ひけり。これを聞く世の人も、泣かぬはなかりけりとなむ、語り伝へたるとや。

（『今昔物語集』）

補足説明

次に示すのは上段の古文を読むための補足説明です。これを手助けにしながら読んでください。

- **位**…天皇の位。
- **皇后**…藤原定子《ふじわらのていし》（＝中宮定子）。
- **失せ給ひける**…お亡くなりになった。
- **御帳**…御帳台。四方を帳《とばり》（＝カーテン）で囲んだ寝所のこと。
- **文**…手紙。
- **内**…天皇。
- **御覧ぜさせよがほにてありければ**…お目にかけよといった様子であったので。
- **御覧ぜさせけるに**…（天皇に）お目にかけたところ。
- **別れ路**…この世と別れて行く道。死別。

現代では今は亡き天皇を、例えば「明治《めいじ》天皇」と言いますが、古文では「堀河《ほりかわ》天皇」ではなく「堀河院」という言い方が多くされます。よって、「一条院」とは一条天皇のことです（本文にも「位におはしましける」とあります）。その「一条院」が本文の３行目では「内」と呼ばれ、和歌の後では「天皇」という言い方に変わっています。**同じ人物が「院」「内」「天皇」と三通りの呼び方で示されている**のです。こういうことが古文では普通のことなのです。

『保元物語《ほうげんものがたり》』（➡P.224）のある箇所を例に引きますと、「左《さ》馬頭《まのかみ》源《みなもとの》義朝《よしとも》」は自ら語るときには自分を「義朝」と言いますし、義朝の家来は義朝のことを「頭殿《かうのとの》」と呼びます（「左馬頭」の「頭《かみ》」に敬称の「殿」を付けたのです）。本文の後の「注」などもよく見て、**呼び方は変わっても同じ人物であることを**見て取るようにしなければなりません。

呼称はⒶⒷⒸでも、実は ≫ 同じ人物

プラス＋α

古文では「母北の方」や「父右大臣殿」といった、**二つの呼称で一人の人物を指す言い方**がときどき出てきます。

「母北の方」というのは、子供にとっては「母」であり、夫から見れば「北の方（妻）」である人を言ったものです。「父右大臣殿」は子供にとっては「父」であり、かつ「右大臣」の要職にある人のことです。本文を読み進めると、「父」とか「大臣」とか単に「殿」とかいった呼び方に変わったりします。

もう一つ古文独特の言い方を付け加えておきましょう。古文では端的に「父」や「妹」と言わず、「父なる人（父である人）」とか「妹にて候ふ者（妹であります者）」という言い方をよくします。たまたまそのときそうであったみたいな感じがしますが、実の父、実の妹のことを古文ではそう言うのです。

主語を見定める

問一 **次の文章は『讃岐《さぬきの》典侍《すけ》日記《にっき》』の一節で、作者は典侍《ないしのすけ》として堀河《ほりかわ》天皇に仕え寵愛《ちょうあい》を受けたが、天皇の死後、再び召し出されて、まだ幼い鳥羽《とば》天皇に仕えていた。これを読んで、後の問いに答えよ。**

（亡き堀河天皇のことを思い出すと）悲しくて、袖を顔におしあつるを、あやしげに[a]御覧ずれば、[b]心得させまゐらせじとて、さりげなくもてなしつつ、「あくびをせられて、かく目に涙の浮きたる」と申せば、[A]「みな知りてさぶらふ」とおほせらるるに、あはれにもかたじけなくも[c]思ひきこゆれば、[B]「いかに知らせたまへるぞ」と[d]申せば、「*ほ文字のり文字のこと、思ひ出でたるなめり」と[e]おほせらるるは、堀河院の御ことよく[f]心得させたまへると思ふも、うつくしうて、（後略）

＊ほ文字のり文字のこと…堀河天皇のこと。

(1) 傍線部a〜fの主語を、それぞれ答えよ。

a

b

c

d

e

f

(2) 傍線部A・Bを、それぞれ現代語訳せよ。

A

B

問二 **次の文章は『枕草子《まくらのそうし》』の一節である。これを読んで、後の問いに答えよ。**

*大納言殿まゐりたまひて、文《ふみ》のことなど奏したまふに、例の夜いたくふけぬれば、[a]御前《おまへ》なる人々、ひとりふたりづつ失せて、御屛風《びやうぶ》・御几帳《きちやう》のうしろなどにみな隠れふしぬれば、[b]ただひとりねぶたきを念じてさぶらふに、（後略）

＊大納言殿…中宮定子《ていし》の兄藤原伊周《ふじわらのこれちか》。

(1) この場面には「大納言殿」のほかに高貴な人が二人いると考えられる。それは誰と誰か、答えよ。

(2) 傍線部aとはどのような人か、簡潔に説明せよ。

(3) 傍線部bとは誰を指しているのか、答えよ。

(1)

(2)

(3)

問三 **次の文章は『源氏物語《げんじものがたり》』「御法《みのり》」の一節で、病床にあって死期の近い「紫《むらさき》の上《うえ》」が、孫に当たる「三の宮（匂宮《におうのみや》）」と会話する場面である。これを読んで、後の問いに答えよ。**

御心地のひまには、前に（三の宮を）すゑ奉り給ひて、人の聞かぬ間《ま》に、（紫の上）「まろが侍らざらむに、a思し出《おぼい》でなむや」と聞こえ給へば、（三の宮）「いと恋しかりなむ。まろは＊内裏《うち》の上《うへ》よりも＊宮よりも＊ははをこそまさりて思ひ聞こゆれば、bおはせずは心地むつかしかりなむ」とて、目おしすりてまぎらはし給へるさま、をかしければ、ほほゑみながら涙は落ちぬ。（紫の上）「大人になり給ひなば、ここに住み給ひて、この対《たい》の前なる紅梅と桜とは、花の折々に心とどめてもて遊び給へ。さるべからむ折は、仏にも奉り給へ」と聞こえ給へば、うちうなづきて、c御顔をまもりて、涙の落つべかめれば、立ちておはしぬ。

＊内裏の上…帝。三の宮の父。　＊宮…明石《あかし》中宮。三の宮の母。　＊はは…祖母。紫の上のこと。

(1) 傍線部a・bを、それぞれ主語などを補ってわかりやすく現代語訳せよ。

a

b

(2) 傍線部cは、誰が、どうしたというのか、簡潔に説明せよ。

問一 解答 (1) a 鳥羽天皇 b 作者 c 作者 d 作者 e 鳥羽天皇 f 鳥羽天皇
(2) A すべて分かっています B どのように分かっていらっしゃるの（です）か

訳 （亡き堀河《ほりかわ》天皇のことを思い出すと）悲しくて（涙があふれ）、袖を顔に押し当てるのを、（鳥羽《とば》天皇は）不思議そうにご覧になるので、（私が泣いていると天皇に）気づかせ申し上げまいと思って、何でもないように振る舞いながら、「ついあくびをして、このように目に涙が浮いている（のです）」と申し上げると、（天皇は）「すべて分かっています」とおっしゃるので、（そんな天皇が）いじらしいとも畏れ多いとも（私は）思い申し上げるので、「どのように分かっていらっしゃるの（です）か」と申し上げると、「（おまえは）堀河天皇のことを、思い出しているのであるようだ」とおっしゃるのは、（私が泣いているのは）亡き堀河天皇（故《ゆえ》）のことだとよくご理解しなさっていると思うにつけても、（幼い天皇が）かわいらしくて、（後略）

▼(1) 傍線部a〜fの敬語の種類を確認すると、aの「御覧ずれ」は「見る」の尊敬語、bは「まゐらせ」が謙譲の補助動詞、cは「きこゆれ」が謙譲の補助動詞、dの「申せ」は「言ふ」の謙譲語、eは「言ふ」の尊敬語「おほせ」＋尊敬の助動詞「らるる」、fは尊敬の助動詞「させ」＋尊敬の補助動詞「たまへ」である。「日記の地の文において謙譲語が単独で用いられていれば、その主語は作者ではないかと考えてみる」（➡P.138）。すると、b・c・dは作者が主語だと思われる（作者以外の女房は本文には登場しない）。a・e・fの尊敬語の主語は、堀河天皇は故人なので、鳥羽天皇しか考えられない。

(2) Aの「さぶらふ」は丁寧の補助動詞。「知りてさぶらふ」は「知っています」の訳も可。Bの「知らせたまへる」の「せ」は尊敬の助動詞、「たまへ」は尊敬の補助動詞（「せたまへ」で二重尊敬）、「る」は完了・存続の助動詞「り」の連体形。直訳は「どのように知りなさっているのか」。こういう敬語表現の訳が楽にできるように、敬語動詞とともに、助動詞にも習熟すること。

問二 解答 (1) 帝と中宮定子 (2) 帝と中宮に仕える女房たち (3) 清少納言

訳 大納言殿が（上御局《うえのみつぼね》に）参上しなさって、漢詩文のことなどを帝に申し上げなさ（ってい）ると、いつものように夜もひどく更けたので、（帝や中宮の）おそばにいる女房たちは、一人二人ずつ姿を消して、屏風《びょうぶ》・几《き》帳《ちょう》の後ろなどにみな隠れて寝たので、（私が）ただ一人眠いのを我慢してお側《そば》にお仕え申し上げると、（後略）

▼(1) 「奏し」という謙譲語から、大納言殿の話し相手は帝だと分かる（➡P.139）。『枕草子《まくらのそうし》』の作者清少納言《せいしょうなごん》は中宮定子《ていし》に仕えた女房であり、大納言殿は妹である中

宮のもとをよく訪れる人だから、もう一人の貴人としては中宮が考えられる。

(2)「人々」とあるとたいてい「女房たち」(⬇P. 28)。ここは帝と中宮の両方の女房たちと考えられる。

(3) 下に「お側にお仕え申し上げる」意の謙譲語「さぶらふ」があり、他の女房は「みな隠れふし」たとあるので、「ただひとり」は作者清少納言を指す。

問三 解答 **(1) a　あなたは私のことを思い出しなさるだろうか　b　おばあさまが(この世に)いらっしゃらないならば　(2) 三の宮が紫の上の顔を見つめて、涙がこぼれそうなので、(涙を見せまいと)座を立って行った。**

訳 (紫《むらさき》の上《うえ》は)ご気分のよい折には、前に(三の宮を)座らせ申し上げなさって、女房たちが聞いていない時に、(紫の上)「私が(この世から)いなくなりましたら、(あなたは私のことを)思い出しなさるだろうか」と申し上げなさると、(三の宮)「たいそう恋しいことでしょう。私は父帝よりも母中宮よりもおばあさまをもっと大切に思い申し上げていますから、(おばあさまがこの世に)いらっしゃらないならばきっと気持ちがふさがることだろう」と言って、目をこすって(涙を)隠しなさっている様子が、かわいらしいので、(紫の上は)ほほ笑みながらも涙はこぼれる。(紫の上)「(あなたが)大人になりなさったならば、ここに住みなさって、この対《たいの》屋《や》の前にある紅梅と桜とは、花の咲く折に心を向けてお楽しみください。しかるべき折には、仏にもお供えください」と申し上げなさると、(三の宮は)軽くうなずいて、(紫の上の)お顔をじっと見つめて、涙がこぼれそうなので、(涙を見せまいと)立って行きなさった。

▼(1) 傍線部a「思《おぼ》し出《い》で」は「思ひ出づ」の尊敬語。「会話文中の尊敬語の主語は会話の相手(=あなた)の可能性が最も高い」(⬇P. 136)ので、「あなたは思い出しなさる」と訳してみる。傍線部直前の意味が取れると、目的語「私のことを」も補える。「な」は完了(強意)の助動詞、「む」は推量の助動詞、「や」は疑問を表す係助詞。傍線部b「おはせ」は「あり」の尊敬語。「あなたは」を補うと、「あなた(=おばあさま)がいらっしゃらないならば」となる(「ずは」は「〜ないならば」と訳す)。

(2) 紫の上の「仏にも奉り給へ」という依頼(「給へ」は命令形)に対して、うなずくのは紫の上以外の人物、すなわち三の宮である。接続助詞「て」で主語が変わることはまずないので、後の「まもりて」の主語も三の宮。「御顔を」は「紫の上の御顔を」。また、紫の上は死の床にあるので、「立ちておは」すはずがない(この「おはす」は「行く」の尊敬語)。「動くのは男性で、女性は動かない」の原則も忘れないように(⬇P. 135)。

和歌編

和歌編では、まず、和歌をきちんと解釈する方法、その後で和歌の修辞を扱っています。

和歌は登場人物の心情や、文章全体の主題に密接に関係します。和歌が解釈できると、文章の核が理解しやすくなります。そのため、和歌の修辞より先に、和歌の解釈を学習する構成となっています。まず和歌そのものを普通の文と同じように読めること、そして、文章中にある和歌を、文脈の中で解釈できるようになることを目的としています。

また、ＱＲコードからは、見開きに掲載された和歌の読み上げ音声を確認することができます。五音・七音韻律を持つ和歌を音声で聞き、音読にも役立てましょう。

和歌編

マストアイテム 54

和歌入門

和歌読み上げ 聞く

和歌を読むときに、これだけは分かっていなければならない基本的なことを、はじめに説明しましょう。

1 五句三十一音

和歌（短歌）は五・七・五・七・七の五つの句（三十一音）からできています。

初句｜二句｜三句｜四句｜結句

宿りして｜春の山辺《やまべ》に｜寝たる夜《よ》は｜夢のうちにも｜花ぞ散りける（古今集）

（山寺に）泊まって春の山中に寝た夜は、夢の中でまで花が散ることだ。

2 句切れ

和歌には句読点が付けられていません。よって、句点（。）を付けるところを自分で確認します。結句以外の句で和歌がとぎれるところを**句切れ**といい、初句で切れるのを初句切れ、以下二句切れ、三句切れ、四句切れといいます。句切れの箇所には左のように斜線を入れるとよいでしょう。句切れは主に次のような場合に起こります。

a 和歌の途中に終止形がある場合

山里は雪降りつみて道もなし／今日来《こ》む人をあはれとは見む（拾遺集）

終止形（三句切れ）

山里は雪が降り積もって道もない（ようなありさまだ）。（そんな中）今日訪れるような人をしみじみと心を打つ（人だ）と見るだろう。

b 和歌の途中に命令形がある場合

命令形（初句切れ）

思ひ出《い》でよ／道ははるかになりぬとも心のうちは山もへだてじ（後拾遺集）

（私のことを）思い出してください。たとえ道は遠く隔たってしまうとしても、（お互いの）心の中は山も隔てたりはしないでしょう。

c 和歌の途中に終助詞がある場合

終助詞（三句切れ）

み吉野《よしの》の山のあなたに宿もがな*／世の憂《う》きときの隠れ家《が》にせむ（古今集）

吉野の山のかなたに住む所があったらいいなあ。この世がつらい時の隠れ家にしよう。

*もがな…願望（～が〈で〉あればいいなあ）の終助詞。

d 和歌の途中に係り結びがある場合

「係り結び」（四句切れ）

春霞《はるがすみ》かすみて去《い》にしかりがねは今ぞ鳴くなる*／秋霧《あきぎり》の上に（古今集）

春霞がかすむようになって（北の方に）去って行った雁《かり》は今（帰って来て）鳴いているようだ。秋霧の上で。

*なる…伝聞推定の助動詞「なり」の連体形。

補強ポイント

Ⅰ 六・七・五・七・七や五・七・五・七・八など、定型の音数を超えた**字余り**の歌もあります。

Ⅱ 初句から三句までを「**上**《かみ》**の句**」、四句・結句を「**下**《しも》**の句**」といいます。また、上の句を「**本**《もと》」、下の句を「**末**《すゑ》」ともいいます。

Ⅲ 第三句を「**腰の句**」と言います。腰の句は特に重要な句なので、下手な歌を「**腰折れ**（歌）」といいます。

Ⅳ 和歌の前にあって、和歌が成立した事情、時、場所、作者名などを説明した短文を「**詞書**《ことばがき》」といいます。

吉野川のほとりに山吹《やまぶき》の咲けりけるをよめる　貫之《つらゆき》

吉野川岸の山吹吹く風に底の影さへうつろひにけり（古今集）

吉野川の岸の山吹の花は、吹く風のために（花だけでなく）水底に映る花影（＝花の姿）までも散ってしまったことだ。

Ⅴ 和歌には必ず句切れがあるわけではありません。句切れのない**句切れなし**の歌の方が数は多いのです。

Ⅵ 句切れが二か所以上ある歌もあります。

秋は来《き》ぬ*／紅葉《もみぢ》は宿にふりしきぬ*／道ふみわけて訪《と》ふ人はなし（古今集）

*ぬ…いずれも完了の助動詞「ぬ」の終止形。

問一　**次の和歌の句切れとして最も適当なものを、それぞれ後から選べ。ただし句切れがない歌は、ホの「句切れなし」を選ぶこと。**

(1) 花の色は霞《かすみ》にこめて見せずとも香《か》をだに盗め春の山風（古今集）

(2) 野辺《のべ》見れば若菜摘みけりむべ*しこそ垣根の草も春めきにけれ（拾遺集）

(3) 我が宿の八重《やへ》山吹《やまぶき》は一重《ひとへ》だに散り残らなむ春の形見に（拾遺集）

(4) 照りもせず曇りもはてぬ春の夜《よ》のおぼろ月夜にしくものぞなき（新古今集）

(5) 散ればこそいとど桜はめでたけれ憂《う》き世に何か久しかるべき（伊勢物語）

*しこそ…「し」は強意の副助詞。「こそ」は強意の係助詞。

イ 初句切れ　**ロ** 二句切れ

ハ 三句切れ　**ニ** 四句切れ

ホ 句切れなし

(1)	(2)	(3)	(4)	(5)

問二　**次の和歌から、傍線部が句切れになるものを、二つ選べ。**

(1) 年経《ふ》れば齢《よはひ》は老いぬしかはあれど花をし見れば物思ひもなし（古今集）

(2) 村雨《むらさめ》の露もまだ干《ひ》ぬ槙《まき》の葉に霧立ちのぼる秋の夕暮れ（新古今集）

(3) ふるさとへゆく人あらば言《こと》つてむ今日うぐひすの初音《はつね》聞きつと（後拾遺集）

(4) 心あらむ人に見せばや津《つ》の国の難波《なには》わたりの春のけしきを（後拾遺集）

問三 **次の和歌から句切れとなっている句をそれぞれ抜き出し、現代語訳せよ。**

(1) わたの原八十島《やそしま》かけて漕《こ》ぎ出《い》でぬと人には告げよ海人《あま》の釣舟《つりぶね》（古今集）

(2) 帰る雁雲居《かりくもゐ》はるかになりぬなりまた来《こ》ん秋も遠しと思ふに（後拾遺集）

(3) 秋霧は今朝《けさ》はな立ちそ佐保山《さほやま》のははそ＊の紅葉《もみぢ》よそにても見む（古今集）

	句切れの句	訳
(1)		
(2)		
(3)		

＊ははそ…楢《なら》やくぬぎの木。

問四 **次の和歌の句切れを確認し、句切れであることがよくわかるように、それぞれ現代語訳せよ。**

(1) 物思ふと月日のゆくも知らざりつ雁《かり》こそ鳴きて秋と告げつれ（後撰集）

(2) 故里《ふるさと》をいづれの春か行きて見むうらやましきは帰る雁《かりがね》（源氏物語・須磨）

問一 解答 (1) ニ (2) ロ (3) ニ (4) ホ (5) ハ

(1) **訳** 花の色は霞《かすみ》に閉じこめて見せなくても、せめて香りだけでも盗んできてくれ。春の山風よ。

▼「香《か》をだに盗め」の「盗め」はマ行四段動詞「盗む」の**命令形**。和歌の途中に命令形があると、そこで句切れになる。 ⬇P.150・**2**・**b**

(2) **訳** 野の辺りを見ると、若菜を摘んでいるよ。なるほど（だから）垣根の草も春めいてきたのだな。

▼「若菜摘みけり」の「けり」は詠嘆の助動詞「けり」の**終止形**。和歌の途中に終止形があると、そこで句切れになる。 ⬇P.150・**2**・**a**

(3) **訳** 私の家の八重山吹《やえやまぶき》はその一重《ひとえ》だけでも散り残ってほしい。春の形見に（なるように）。

▼「散り残らなむ」の「なむ」は他への願望を表す**終助詞**（終助詞の「なむ」は未然形に接続する。「残ら」は「残る」の未然形⬇P.241・259）。和歌の途中に終助詞があると、そこで句切れになる。 ⬇P.151・**2**・**c**

(4) **訳**（明るく）照りもせず曇りきってもしまわない春の夜のおぼろ月（の風情）に匹敵するものはない。

▼「照りもせず」の「ず（打消の助動詞）」は終止形とは限らない。連用形の「ず」もある。よって「照りもせず。」と切るのか、「照りもせず…」と下に続けて読むのか、考えなくてはならない。「曇りもはてぬ」の「ぬ」は完了の助動詞だと終止形で、ここで切れるが、打消の助動詞だと連体形（「ず」の連体形）で、下に続く（⬇P.236）。ここもどちらで読むのがよいか考えなくてはならない。「照りもせず」「曇りもはてぬ」月が「おぼろ月」であるから、「照りもせず」と「曇りもはてぬ」は並列されて「春の夜のおぼろ月夜」を修飾していると考えるのがよい。よって、「ず」は連用形、「ぬ」は連体形で、いずれも終止形ではなく、句切れとはならない。「はてぬ（果てぬ）」は「〜てしまわない」の意。

(5) **訳** 散るからこそなおいっそう桜はすばらしい。このつらい世にいったい何が久しくあるだろうか、いや、何も久しくありはしないのだから。

▼「散ればこそ」の「こそ（係助詞）」**の結び**が「めでたけれ（形容詞「めでたし」の已然形）」。和歌の途中に係り結びがあると、そこで句切れになる。 ⬇P.151・**2**・**d**

問二 解答 (1) (3)

(1) **訳** 年月が過ぎると、（私も）年老いてしまった。そうではあるけれど、（この美しい）桜の花を見ていると、物思い（をすること）もないことだ。

▼「ぬ」の下に体言はない（あるのは副詞の「しか」）ので、「ぬ」は完了の助動詞「ぬ」の**終止形**（⬇P.236）。よって、ここで句切れとなる。 ⬇P.150・**2**・**a**

(2) **訳** にわか雨の（残した）雫《しずく》もまだ乾かない槙《まき》の葉

（の辺り）に霧が立ち昇る秋の夕暮れよ。

▼「露もまだ干《ひ》ぬ」の下には体言の「槇の葉」があり、「干ぬ」の上に「まだ」とあるので、「ぬ」は打消の助動詞「ず」の連体形ととるのがよい（➡P.236）。よって、ここでは句切れとならない。

(3) 訳 ふるさと（＝都）へ行く人がいるならば言《こと》づけよう。今日、鶯《うぐいす》の初音《はつね》を聞いたと。

▼「言《こと》つてむ今日」とつなげるのではなく「言つてむ」で切り、「今日うぐひすの初音聞きつと」が後に続いていると考えると意味が通るので、「む」は連体形ではなく**終止形**である。よって、ここで句切れとなる。➡P.150・2・a

(4) 訳（情趣を解する）心があるような人に見せたいものだ。摂津《せっつ》の国の難波《なにわ》辺りの春の景色を。

▼「心あらむ。人に見せばや」ではなく、「心あらむ人」に「見せばや」と読んで意味を成す。「む」は連体形（婉曲を表す）で、句切れとはならず、自己の願望を表す**終助詞**の「ばや」で句切れとなる。➡P.151・2・c

問三 解答 (1) **人には告げよ・人に伝えてくれ** (2) **なりぬなり・なっ（てしまっ）たようだ** (3) **今朝はな立ちそ・今朝は立つな（今朝は立ってくれるな）**

(1) 訳 大海原を多くの島々目指して漕《こ》ぎ出して行ったと（都の）人に伝えてくれ。漁師の釣り舟よ。

▼「告げよ」がガ行下二段動詞「告ぐ」の**命令形**なので、ここで句切れとなる。➡P.150・2・b

(2) 訳（その鳴き声から）帰り行く雁《かり》は雲のかなたになっ（てしまっ）たようだ。再び戻って来る秋も遠いと思うのに。

▼「なりぬなり」はラ行四段動詞「なる（成る）」の連用形＋完了の助動詞「ぬ」の終止形＋伝聞・推定の助動詞「なり」の終止形（➡P.236・240）。**終止形**の「なり」で句切れとなる。➡P.150・2・a

(3) 訳 秋霧は今朝《けさ》は立つな。佐保山《さほやま》のははその木の紅葉を遠くからでも見たい（のだから）。

▼「今朝はな立ちそ」の「そ」は禁止の**終助詞**（➡P.259）なので、ここで句切れとなる。➡P.151・2・c

問四 解答 (1) **物思いにふけっていると月日が過ぎゆくのも知らなかった。雁が鳴いて秋だと告げてくれた。** (2) **故郷（＝なつかしい都）をいつの年の春に行って見る（ことができる）だろうか。うらやましいのは（春になると故郷（北方）へ）帰って行く雁だ。**

(1) ▼「知らざりつ」の「つ」が完了の助動詞「つ」の**終止形**なので、ここで句切れとなる。➡P.150・2・a

(2) ▼「いづれの春か」の「か（係助詞）」の**結び**が「行きて見む」の「む」なので、ここで句切れとなる。➡P.151・2・d

マストアイテム 55

文法力で読む

和歌では、移りゆく季節に寄せる哀感や切ない恋心など、細やかな心情が表現されますが、それを正確に受け止めるために第一に必要なものは、文法力です。

和歌
読み上げ
聞く

1 和歌に特有の文法

a 名詞＋を＋形容詞の語幹＋み → ～が…ので、〔原因・理由〕

夜《よ》**を**寒**み***置く初霜をはらひつつ草の枕にあまたたび寝《ね》ぬ（古今集）

夜が寒いので、置く初霜を払いのけ払いのけして、草の枕に何度も寝たことだ（＝幾夜も旅寝《たびね》を繰り返したことだ）。

＊み…接尾語。

b ～なくに → ～ないのに、〔打消逆接〕

花だにもまだ咲か**なくに**鶯《うぐひす》の鳴くひとこゑを春と思はむ（後撰集）

花さえもまだ咲かないのに、鶯が鳴いた一声をもって春と思おう。

c ～めや・～めやも → ～だろうか、いや、～ない。〔反語〕

都出《い》でし春の嘆きに劣ら**め***や**年経《ふ》る浦を別れぬる秋（源氏物語・明石）

都を出た時のあの春の嘆きに劣るだろうか、いや、劣らない。何年も過ごした（この明石の）浦と別れてしまう秋（の悲しみ）は。

＊め…推量の助動詞「む」の已然形。

2 和歌で特に重要な文法

a ～せば…まし → もし～たならば…（た）だろう（に）。〔反実仮想〕（⬇P.246）

恋しさの限りだにある世なり**せ***ば**年経《へ》てものは思は**ざ***らまし**（続古今集）

もし恋しさがせめて限りのある世であったならば、何年かたった後には物思いなどしなかっただろうに。

＊せ…過去の助動詞「き」の未然形。

＊ざら…打消の助動詞「ず」の未然形。

b ～（未然形＋）なむ → ～てほしい。〔他への願望〕（⬇P.259）

吹く風よ心し*あらばこの春の桜は避《よ》きて散らさざらなむ（源氏釈）

吹く風よ、もし（おまえに）心があるならば、この春の桜は避けて（吹いて）散らさないでほしい。

*し…強意の副助詞。

c　～こそ…已然形　↓　～けれども、〔強意の逆接〕（⬇P.260）

八重《やへ》葎《むぐら》茂れる宿のさびしきに人こそ見えね*秋は来にけり（拾遺集）

雑草の生い茂っている家はうらさびしくて、（訪れる）人の姿は見えないけれども、秋は訪れて来たことだよ。

*ね…打消の助動詞「ず」の已然形。

d　～かは・～やは　↓　～だろうか、いや、～ない。〔反語〕

虫の音《ね》の弱るのみかは過ぐる秋を惜しむわが身ぞまづ消えぬべき（今鏡）

虫の音が弱るだけだろうか、いや、そうではない。過ぎていく秋を惜しむ私自身が先に消えてしまいそうだ。

補強ポイント

Ⅰ　1・a「名詞＋を＋形容詞の語幹＋み」は、**「を」がない形**もあります。

例「風寒《さむ》み」↓風が寒いので（「寒」は形容詞「寒し」の語幹）

Ⅱ　2・a 反実仮想（もし～たならば…〈た〉だろう〈に〉）は、「**～ましかば…まし**」（「～ませば…まし」「**未然形＋ば…まし**」の形もあります⬇P.246）。

Ⅲ　和歌に頻出の**終助詞**には次のようなものがあります。

「**かな**」↓～ことよ・～ことだなあ〔詠嘆〕

「**ばや**」「**てしが**」「**てしがな**」「**にしが**」「**にしがな**」

↓～たい〔自己の願望〕（⬇P.259）

「（未然形＋）**なむ**」↓～てほしい〔他への願望〕（⬇P.259）

「**もがな**」↓～が（で）あればいいなあ〔願望〕（⬇P.259）

「**な～そ**」↓～（する）な〔禁止〕（⬇P.114・259）

Ⅳ　2・c「～こそ…已然形」は単なる**強意の用法**の場合と**強意の逆接用法**の場合とがあります。その後に続く内容とのつながりを考えて、どちらか判断しなければなりません。

A　かけてこそ思はざりしか*この世にてしばしも君に別るべしとは（更級日記）

*しか…過去の助動詞「き」の已然形。

まったく思わなかった。この世で少しの間もあなたと別れようとは。

B　**時鳥《ほととぎす》待つほどとこそ思ひつれ*聞きての後《のち》も寝られざりけり**（後拾遺集）

*つれ…完了の助動詞「つ」の已然形。

（寝られないのは）時鳥（が鳴くのを）待つ間のことと思っていたのに、（鳴き声を）聞いた後も寝られなかったことだよ。

Aは単なる強意の用法で、Bは強意の逆接用法です。

問一　傍線部を、それぞれ現代語訳せよ。

(1) 秋風のやや吹きしけば野を寒みわびしき声に松虫ぞ鳴く（後撰集）

(2) 道とほみ行きては見ねど桜花《さくらばな》心をやりて今日は暮らしつ（後拾遺集）

(3) 深山《みやま》には松の雪だに消えなくに都は野辺《のべ》の若菜つみけり（古今集）

(4) 高砂《たかさご》の尾上《をのへ》の桜咲きにけり外山《とやま》の霞《かすみ》立たずもあらなむ（後拾遺集）

＊尾上…山の峰。　＊外山…人里に近い山。

(5) 思ひつつ寝《ぬ》ればや人の見えつらむ夢と知りせば覚めざらましを（古今集）

(6) 春の夜《よ》の闇はあやなし梅の花色こそ見えね香《か》やは隠るる（古今集）

問二 傍線部の意味として最も適当なものを、それぞれ後から選べ。

(1) 秋なれば山とよむまで*鳴く鹿に我《われ》劣らめや独り寝《ぬ》る夜《よ》は（古今集）

イ 私の泣き声は劣っているだろうなあ　ロ 私の泣き声は劣っていなかっただろうか

ハ 私の泣き声が劣りはしない　ニ 私の泣き声が劣っていればよかったのに

＊山とよむまで…山がとどろくまで。

(2) 常葉《ときは》なる青葉の山も秋来れば色こそ変へねさびしかりけり（千載集）

イ 色は変わってしまった　ロ 色は変わらないけれども

ハ 色が変わってしまえ　ニ 色が変わることはない

(3) 大空におほふばかりの袖もがな春咲く花を風にまかせじ（後撰集）

イ そんな袖があればいいなあ　ロ まるで袖のようだなあ

ハ とても袖はありはしないよ　ニ できれば袖になりたい

問三 次の和歌を現代語訳せよ。

鶯《うぐひす》の声なかりせば雪消えぬ山里いかで春を知らまし（拾遺集）

問一 解答 ⑴ **野が寒いので** ⑵ **道のりが遠いので** ⑶ **消えないのに** ⑷ **立たないでいてほしい** ⑸ **夢だと分かっていたならば、目を覚まさなかっただろうに（なあ）。** ⑹ **色は（目に）見えないけれども、香りは隠れるだろうか、いや、隠れはしない。**

⑴ **訳** 秋風が少し吹きしきると、野が寒いので、つらそうな声で松虫が鳴いているよ。

▼「寒《さむ》」は形容詞「寒し」の語幹。「名詞＋を＋形容詞の語幹＋み」は「〜が…ので、」と訳す。⬇P.156・1・a

⑵ **訳** 道のりが遠いので、（近くに）行って見てはいないけれども、（あそこの山の）桜の花に心を馳《は》せて今日一日を過ごしたことだ。

▼「とほ」は形容詞「とほし（遠し）」の語幹。「名詞＋を＋形容詞の語幹＋み」は「を」がない形もある。なくても訳し方は同じ。⬇P.156・1・a・P.157・I

⑶ **訳** 奥山では松の（葉に降った）雪さえ消えないのに、都ではもう野辺《のべ》の若菜を摘んでいることよ。

▼「なくに」は打消逆接を表し、「〜ないのに」と訳すのが普通。「深山《みやま》には〜、都は〜」と、「深山」と「都」が対比される表現になっているので、「なくに」を「〜ないのに」と訳すと文脈にも合う。⬇P.156・1・b

⑷ **訳** 高砂《たかさご》の峰の桜が咲いたことだなあ。周りの人里近い山々の霞《かすみ》は立たないでいてほしい（ものだ）。

▼品詞分解は、「立た／ず／も／あら／なむ」。「あら」はラ変動詞「あり」の未然形。未然形に接続する「なむ」は「〜てほしい」と、他への願望を表す終助詞。「立たないであってほしい」が直訳。⬇P.156・2・b

⑸ **訳** （あの人のことを）思いながら寝るのであの人が（夢に）見えたのだろうか。夢だと分かっていたならば、目を覚まさなかっただろうに（なあ）。

▼「〜せば…まし」は反実仮想を表し、「もし〜たならば…（た）だろう（に）」と訳す（⬇P.246）。「ざら」は打消の助動詞「ず」の未然形なので、「夢と知ったならば、覚めなかっただろうに」が直訳。末尾の「を」は詠嘆を表す助詞で、無理に訳す必要はないが、訳すと「〜なあ」となる。⬇P.156・2・a

⑹ **訳** 春の夜の闇はわけの分からないものだ。梅の花は、色は（目に）見えないけれども、香りは隠れるだろうか、いや、隠れはしない。

▼「色こそ見えね」は、係助詞「こそ」の結びが「ね」なので、「ね」は打消の助動詞「ず」の已然形。「色が見えない。」と読むのか、「色は見えないけれども、…」と読むのか、二通りの可能性があるが、ここは「色が見えない」ことと「香が隠れない（＝香りが感じられる）」こと（⬇P.260）とが対比されている表現なので、強意の逆接で読むのがふさわしい。⬇P.157・Ⅳ

問二 解答　(1) **ハ**　(2) **ロ**　(3) **イ**

(1) **訳** （今はまさに）秋なので山がとどろくまで（牝鹿《めじか》を求めて）鳴く鹿に、（恋人恋しさに泣く）私（の声）が劣るだろうか、いや、劣りはしない。独り寝をする夜は。

▼「～めや」は「～だろうか、いや、～ない」と反語を表す。直訳すると、「私は劣るだろうか、いや、劣らない」。独り寝のわびしさで鳴く鹿と泣く自分とを比べて、「鳴く鹿に」「泣く私が劣るだろうか、いや、劣りはしない」と言っている。　⬇P.156・1・c

(2) **訳** 常緑の青葉の山も秋がやって来ると、色は変わらないけれども、（さすがに秋らしく）もの寂しいことだなあ。

▼「色こそ変へね」の「ね」は係助詞「こそ」の結びなので、打消の助動詞「ず」の已然形。「色が変わることはない。」と読むのか、「色は変わらないけれども、…」と読むのか、二通りの可能性がある。この歌は「常緑樹なので紅葉もしないけれど、秋になればやはり寂しくなる」という内容だと考えられるので、強意の逆接（⬇P.260）で読むのがよい。　⬇P.157・2・c・Ⅳ

(3) **訳** 大空に（桜の花を）覆うほどの（そんな大きな）袖があればいいなあ。（そうすれば）春に咲く桜の花を風に任せ（て散らせ）ることもないだろう。

▼「もがな」は「～が（で）あればいいなあ」という意の願望の終助詞（⬇P.259）。「～ことよ・～ことだなあ」という詠嘆を表す終助詞「かな」と混同してはいけない。「もがな」は種々の語に付き、例えば、次の歌のように形容詞に付くこともある。

　世の中にさらぬ別れの**なく**もがな千代《ちよ》もと祈る人の子のため　（伊勢物語）

「なく」は形容詞「なし」の連用形で、「さらぬ別れのなくもがな」は「避けられない別れ（＝死別）がなければいいなあ」と訳す。　⬇P.157・Ⅲ

問三 解答　**もし鶯の声がなかったならば（＝聞こえなかったならば）、雪が（まだ）消えない山里（で）はどうして春（が来たの）を知っただろうか（いや、知らなかっただろう）。**

▼「～せば…まし」という反実仮想を押さえる。「～せば…まし」は「もし～たならば…（た）だろう（に）」と訳す（⬇P.246）。「なかり」は形容詞「なし（無し）」の連用形。「雪消えぬ山里」は一まとまりの句なので、「ぬ」は打消の助動詞「ず」の連体形（⬇P.236）。「いかで」は、「どうして（～だろうか）」の意と、「どうにかして（～たい）」の意があるが、ここは「まし」が推量系の助動詞なので、前者。この歌が言っていることは、鶯《うぐいす》の声が聞こえたので、まだ雪の残る山里でも春の訪れを感じたということ。　⬇P.156・2・a

和歌編

マストアイテム 56

言葉を補って読む

和歌読み上げ 聞く

和歌はわずか三十一音の表現であることから、普通の古文以上に主語や目的語などが明示されないことが多くあります。したがって、内容理解のために必要な言葉を補って読むことが求められます。

1 主語や目的語を補う

a 今来《こ》むと言ひしばかりに長月《ながつき》の有明《ありあけ》の月を待ち出《い》でつるかな（古今集）

あなたが〔主語〕（→言ひ）　私は〔主語〕（→待ち）

「これから来よう」と（あなたが）言ったばかりに九月の有明の月が出るまで（私は）待っていたことです。

b あはれとし*君だに言はば恋《こ》ひわびて死なん命も惜しからなくに（拾遺集）

私（のこと）を〔目的語〕（→あはれ）　あなたを〔目的語〕（→恋ひ）　私は〔主語〕（→惜し）

（私〈のこと〉を）「かわいそうなこと」とせめてあなたが言ってくださるならば、（あなたを）恋いもだえて死のうとしている命も（私は）惜しくはないのに。

*し…強意の副助詞。

c 思ふには忍ぶることぞ負けにける色には出《い》でじと思ひしものを（古今集）

あの人を〔目的語〕（→思ふ）　私は〔主語〕（→思ひ）

（あの人を）思う心に、堪え忍ぶ心が負けてしまった。恋心を表には出すまいと（私は）思っていたのに。

2 状況・文脈から具体的内容を補う

a 男の来《こ》むとて来《こ》ざりければ

男が「（これから）やって来るつもりだ」と言って（おきながら、実際は女のもとに）来なかったので（詠んだ歌）。

山里の真木《まき》の板戸《いたど》も鎖《さ》さざりきたのめし人を待ちし宵《よひ》より　(後撰集)

やって来ると私に〔「たのめし」の具体的内容〕

山里住まいの真木の板戸も閉めはしなかった。(やって来ると私に)あてにさせたあの人を待ったあの宵から。

b

あひ知りて侍りける人のもとに、「返事《かへりごと》見む」とてつかはしける

親しく交際しておりました女性のところに、「どのような返事を(自分に)するか見てみよう」と(男が)思って贈った(歌)。

来《く》や来《く》やと待つ夕暮れと今はとて帰る朝《あした》といづれまされる　(後撰集)

つらさは〔比較されている具体的内容〕

来るか来るかと(男を)待つ夕暮れと、今はお別れと言って(男が)帰って行く朝と、(つらさは)どちらがまさっているか。

右の**a**・**b**の例は、詞書《ことばがき》(⬇P.151・Ⅳ)を参考にして必要な言葉を補っていますが、古文の文章中に和歌がある場合には、和歌が詠まれるまでの文脈や、贈答歌の場合はさらに相手の和歌などを参考にして必要な言葉を補わなくてはなりません。

補強ポイント

Ⅰ　**1**・**a**の和歌は**女性の立場で詠んだ歌**です。古文の世界では、**「来る」とか「行く」とか言うのは必ず男性**で、**女性は常に訪れを「待つ」身**なのです(⬇P.135)。

Ⅱ　**1**・**b**の「あはれ」とは、「いとしい・かわいそう」といった愛情や同情を込めた言葉です。

Ⅲ　**1**・**c**は「忍ぶることぞ負けにける(堪え忍ぶ心が負けてしまった)」というのですから、冒頭の「思ふ」は「あの人を思う(＝恋い慕う)」と読むとよいのです。

Ⅳ　**2**・**a**の**「たのめし」の「たのめ」は下二段活用の動詞**で、**「あてにさせる・期待を持たせる」**という意の重要古語です(⬇P.134)。

Ⅴ　**2**・**b**の「(男を)待つ夕暮れ」と「(男が)帰る朝」は、いずれも女にとっては切なくつらい時です。

言葉を補って読む

問一 **傍線部の前に補う語句として最も適当なものを、それぞれ後から選べ。**

(1) *ゆく水に数《かず》書くよりもはかなきは思はぬ人を思ふなりけり（古今集）

(2) 嘆きつつひとり寝《ぬ》る夜《よ》の明くる間《ま》は*いかに久しきものとかは知る（拾遺集）

イ 私は　**ロ** あなたは　**ハ** 私を　**ニ** あなたを

*ゆく水に数書く…流れ行く水に数を書く。

*いかに久しきものと…どんなに長いものかと。

(1)

(2)

問二 **傍線部の主語として最も適当なものを、後から選べ。**

*遅れゐて我《わ》が恋《こ》ひをれば白雲《しらくも》のたなびく山を今日や越ゆらん（拾遺集）

イ 私　**ロ** 白雲　**ハ** 今日という日　**ニ** 私の恋するあの人

*遅れゐて…ひとり取り残されて。

問三 **傍線部の現代語訳として最も適当なものを、それぞれ後から選べ。**

(1) うたた寝の夢に逢《あ》ひ見て後《のち》よりは人も頼めぬ暮れぞ待たるる（千載集）

イ 来ると恋人が私に期待を持たせた夕暮れ時が待たれる

ロ 来ると恋人があてにさせてもいない夕暮れ時が待たれる

ハ 来ると約束しなかった夕暮れ時を恋人は待っておられる

ニ 来るとあてにしている夕暮れ時を恋人は待っておられる

(2) 君来《こ》むと言ひし夜《よ》ごとに過ぎぬれば頼まぬものの恋ひつつぞ経《ふ》る（新古今集）

イ あなたをあてにはしていないけれどあなたを恋い慕いながら
ロ あなたは私をあてにはしていないけれど私を恋い慕いながら
ハ あなたは私にあてにさせはしないが私を恋い慕いながら
ニ あなたに私はあてにさせはしないがあなたを恋い慕いながら

(1)
(2)

問四 **傍線部を、詞書《ことばがき》から状況をよく押さえた上で、必要な言葉を補って現代語訳せよ。**

田舎に侍りけるほどに、京に侍りける親亡くなりにければ、急ぎ上《のぼ》りて、山崎《やまさき》*にてふる里*を思ひおこせてよみ侍りける

何しにか*今は急がむ都には待つべき人もなくなりにけり（後拾遺集）

*山崎…京の南に位置する。西方から上洛《じょうらく》の際の通り道。
*ふる里…ここでは京の都のこと。
*何しにか今は急がむ…どうして今となっては急ぐことがあろうか。

問五 **次の和歌中の「だに」に着目し、後の現代語訳の「ましてや」以下はどうなるか答えよ。**

亭子院《ていじのゐん》の歌合《うたあはせ》に、春の果ての歌

今日のみと春を思はぬ時だにも立つことやすき花の蔭《かげ》かは*（古今集）

*かは…反語を表す（⬇P.157 **2**・d）。

今日限りと春を思わない時でさえ立ち去ることのたやすい桜の木蔭《こかげ》であろうか、いや、そうではない。ましてや

問一 解答 (1) ハ (2) ロ

(1) **訳** 流れ行く水に数《かず》を書くよりもはかないのは、（私のことを）思わない（あの）人を思うことであるよ。

▼流れ行く水に数を書いても、それはすぐに消えてしまうむなしいことである。それよりも「はかなき（こと）は」と傍線部直前にあるので、「思はぬ人を思ふ」は「私（のこと）を思わない人を思う（こと）」と読むと、上に合う内容になる。 ➡P.162・1・b・c

(2) **訳** 嘆きながら独りで寝る夜が明けるまでの間がどんなに長いものかと、（あなたは）分かっているの（だろう）か、いや、分かってはいないのだろう。

▼「知る」の目的語に当たる内容は、上の「いかに久しきもの」であるので、「私を」や「あなたを」を補う必要はない。問題は「知る」の主語を「私」とするか、「あなた」とするかである。「いかに久しきものと**かは**知る」は、疑問・反語の係助詞「かは」があるので、「どんなに長いものか知っているのか」と相手に問いをぶつけている言葉であると読まなくてはならない。よって、「知る」の主語は「あなた」となる。 ➡P.162・1・a

問二 解答 ニ

訳 ひとり取り残されて、私が（あの人を）恋しく思っていると、白雲《しらくも》のたなびく山を今日あたり（私の恋するあの人は）越えているのだろうか。

▼まず、「越ゆらん」の「らん」に着目する。「らん」は目に見えないものを推量する現在推量の助動詞であるので、補う主語が「私」だとは考えられない（➡P.244）。

次に、「越ゆ」とは「今日」が越えるのではなく、誰（何）かが「山を」「越ゆ」ということである。「白雲」は「たなびく」の主語なので、「私の恋するあの人」を主語とするのが最も適切である。 ➡P.162・1・a

問三 解答 (1) ロ (2) イ

(1) **訳** 仮寝《かりね》の夢に恋人と逢《あ》う夢を見てからというものは、（今夜やって来ると）恋人が（私に）あてにさせてもいない夕暮れ時が自然と待たれることだ。

▼「頼めぬ暮れ」の「ぬ」は、下に体言の「暮れ」があるので、連体形。連体形の「ぬ」は打消の助動詞（「ず」の連体形）である。「ぬ」の上の「頼め」は下二段活用の動詞なので、「あてにさせる・期待を持たせる」の意（➡P.163・Ⅳ）。これで答えは決まるが、補われている言葉が正しいか確かめておこう。二句の「夢に逢ひ見て」とは、夢の中で恋人に逢ったということだから、「人」とは恋人のことであり、恋人が女に「あてにさせる」ことといえば、「（女のもとに）来る」ことである。よって、正解は**ロ**。「待たるる」の「るる」は自発の助動詞。「待つ」のは古文の世界ではいつも女であるから、これは女性の立場で詠んだ歌である（➡P.163・Ⅰ）。 ➡P.162・2・a

(2) **訳** あなたがやって来ようと言った夜がいつもいつも（むなしく）過ぎてしまったので、（もう、あなたを）あてにはしていないけれども（あなたを）恋い慕いながら過ごしている。

▼「頼ま」は四段活用の動詞なので、「あてにする」の意（⬇P.134）。上《かみ》の句の「君来《こ》むと言ひし」とは、「あなたが（私のところに）やって来ようと言った」ということ。「夜《よ》ごとに過ぎぬれば」とは、手紙か何かで「やって来るよ」と言ってくるだけで、実際は「訪れることもなく毎夜むなしく過ぎたので」ということ。そんな口先だけの「君」を「私」はもうあてにはしない。したがって、正解は**イ**。「ものの」は逆接の接続助詞。「恋ひつつ」の主語は「私」であるから、補うのは「あなたを」ということになる。　⬇P.162・**1**・b・c

なお、「来る」とか「行く」とか言うのは古文の世界ではいつも男であるから、「君来むと」の「君」は男性で、「恋ひつつ」の主語である「私」は女性。　⬇P.163・I

問四 解答　**都では私（の帰り）を待っているはずの人もいなくなってしまったことだ。**

詞書の訳（私が）地方におりました時に、都におりました親が亡くなってしまったので、（私は）急いで上京して、山崎《やまさき》で都を思い起こして詠みました（歌）。

▼「都には待つべき人」の「べき」は、当然（～はずの・～に違いない）または推量（～だろう）の助動詞で、「人」とは「私」の親と考えられる。その親が「待つ」ものといえば、「私」もしくは「私の帰り」である。「なくなりにけり」の「に」は完了の助動詞「ぬ」の連用形で、「けり」は詠嘆の助動詞である。　⬇P.162・**2**・a・b

問五 解答　**今日は春の最後の日なのだから、いっそう桜の木蔭を立ち去りがたいことだ。**

▼副助詞「だに」には類推の用法（⬇P.258）があり、例えば、「人の死だに悲し（＝他人の死でさえ悲しい）」という表現は、後に「ましてや身内の者の死はいっそう悲しい」という表現が続くか、そのような内容が続くことを予想させる。亭子院《ていじのいん》（＝宇多《うだ》上皇）の歌合で詠まれたこの歌では、「春は今日だけ（で終わり）と思わない時でさえ、立ち去り難い桜の木蔭《こかげ》だ」と言っているのだから、「ましてや」以下には、「春の果て（＝春も終わりの三月末日）」の「今日は、いっそう桜の木蔭を立ち去ることが難しい」という内容が続くことになる。　⬇P.162・**2**・a・b

マストアイテム 57

構造をつかんで読む

和歌
読み上げ
聞く

和歌は五・七・五・七・七という音数の制約から、また、表現効果を狙って、通常とは異なった語順で表現されることがあります。

1 句と句の関係を見る

初句 忍ぶれど｜二句 色に出《い》でにけり｜三句 我が恋は｜四句 物や思ふと｜結句 人の問ふまで（拾遺集）

これを通常の語順にすると、次のようになるでしょう。

我が恋は（三句）｜忍ぶれど、（初句）｜「物や思ふ」（四句）｜と人の問ふまで、（結句）｜色に出でにけり。（二句）

私の恋は隠していたけれど、「（恋の）物思いをしているのか」と人が尋ねるまでに、外に現れてしまった。

この有名な百人一首の歌の例で分かるように、和歌を正しく理解するには、句切れを確認するだけでなく、**どの語句とどの語句がどういう関係にあるかをよく見定めて読む**ことが求められます。つまり、どの語が主語で、その述語となる語はどれか、どの語がどの語を修飾しているのか、どこが主文で、どの部分が条件句（右の歌では「忍ぶれど」が逆接の確定条件を表す条件句）なのかといったことをよく考えて読まなければいけません。

表現順序が逆転する**倒置法**には特に注意が必要です。

2 倒置法の主なパターン

a 反実仮想の倒置表現

波の上《うへ》に有明《ありあけ》の月を見**まし**やは*　須磨《すま》の関屋《せきや》にやどらざり**せば**（千載集）

波の上に有明の月を見たであろうか、いや、見ることはなかっただろう。もし須磨の関屋に泊まらなかったならば。

*やは…反語を表す。

b　「～ので」や「～のに」などの条件句が後から示される倒置表現

①　つつめども枕は恋を知りぬらん　涙かからぬ夜半《よは》し*なけれ**ば**（千載集）

包み隠していても、枕は（私の）恋を知ってしまっているだろう。涙が（枕に）かからない夜はないのだから。

*し…強意の副助詞。

②　恋すてふ*わが名はまだき立ちにけり　人知れず**こそ**思ひそめ**しか**（拾遺集）

恋をしているという私の評判は早くも立ってしまったことだ。誰にも知られないように恋し始めたのに。

*てふ…「といふ」が約《つづ》まったもの。

c　動詞の目的語に当たる内容がその動詞よりも後にある倒置表現

知るや君知らずはいかにつらからむ　我がかくばかり思ふ心**を**（拾遺集）

分かっているだろうか、あなたは。分かっていないならばどんなにかつらいことだろう。私がこれほどに（あなたを）思っているこの気持ちを。

補強ポイント

Ⅰ　倒置法が用いられた和歌の現代語訳は、和歌の語順どおりに訳しても、通常の語順に直して訳しても、どちらでもかまいません。要は、五・七・五・七・七の各句がどのように組み立てられているかをしっかり把握して、分かりやすく訳すことです。

Ⅱ　2・b・②の「人知れずこそ思ひそめしか」は、**「～こそ…已然形」の強意の逆接用法**です（➡P.157・2・c・Ⅳ）。

構造をつかんで読む

問一　次の和歌を、例にならってそれぞれ通常の語順に並べ替えよ。

例　この世をばわが世とぞ思ふ望月《もちづき》のかけたることもなしと思へば（小右記）

←望月のかけたることもなしと思へばこの世をばわが世とぞ思ふ

(1)　月見れば千々《ちぢ》に物こそ悲しけれ我が身一つの秋にはあらねど（古今集）

(2)　思ひきや秋の夜風《よかぜ》の寒けきに妹《いも》なき床《とこ》に独り寝《ね》むとは（拾遺集）

(3)　我が背子《せこ》に見せむと思ひし梅の花それとも見えず雪の降れれば（万葉集・後撰集）

(4)　高円《たかまと》の野辺《のへ》の秋萩《あきはぎ》いたづらに咲きか散るらむ見る人なしに（万葉集）

(5) わが宿の藤《ふぢ》の色濃きたそかれに尋《たづ》ねやは来《こ》ぬ春の名残を（源氏物語・藤裏葉）

問二 **傍線部の説明として最も適当なものを、それぞれ後から選べ。**

(1) 君*来《こ》ずは誰《たれ》に*見せまし我が宿の垣根に咲ける朝顔の花（拾遺集）

*来ずは…来ないならば。　*見せまし…見せようかしら。

イ 本来は「君」の上に来る語である。　**ロ** 本来は「来ずは」の上に来る語である。

ハ 「見せまし」の主語である。　**ニ** 「見せまし」の目的語である。

(2) 思ひつつ昼はかくても慰めつ夜《よる》ぞわびしき独り寝《ぬ》る身は（新拾遺集）

イ 本来は「思ひつつ」の上に来る語である。　**ロ** 本来は「昼はかくても」の上に来る語である。

ハ 「慰めつ」の主語である。　**ニ** 「わびしき」の主語である。

問三 **次の和歌を通常の語順に直した上で、前の地の文の内容を踏まえて必要な言葉を補って現代語訳せよ。**

五月《さつき》ついたちころ、端近《つまちか》き花橘《はなたちばな》のいと白く散りたるをながめて、

*時ならず降る雪かとぞながめまし花橘の薫《かを》らざりせば（更級日記）

*時ならず…その時期ではなく。

問一 解答

(1) **我が身一つの秋にはあらねど月見れば千々に物こそ悲しけれ**
(2) **秋の夜風の寒けきに妹なき床に独り寝むとは思ひきや**
(3) **我が背子に見せむと思ひし梅の花雪の降れればそれとも見えず**
(4) **見る人なしに高円の野辺の秋萩いたづらに咲きか散るらむ**
(5) **わが宿の藤の色濃きたそかれに春の名残を尋ねやは来ぬ**

例の訳 この世の中を自分の（ための）世の中だと思う。（今夜の）満月が欠けているところがない（ように自分にも欠けたものがない）と思うので。

(1) 訳 月を見ているとあれこれともの悲しい思いがすることだ。私一人だけの秋ではないけれど。

▼係助詞「こそ」の結びが「悲しけれ」なので三句切れの歌。「我が身一つの秋にはあらねど」という条件句が和歌の下《しも》の句にある倒置表現の歌である。この条件句を和歌の冒頭に持って来ると通常の語順になる。 ➡P.169・2・b

(2) 訳 思っ（たことがあっ）ただろうか。秋の夜風が寒々としているのに、妻がいない寝床に独りで寝るだろうとは。

▼「思ひきや」の「や」は疑問・反語の終助詞（係助詞の文末用法とも考えられる）なので、初句切れの歌。「思ひきや」の目的語に相当する内容が和歌の二句以降にある倒置表現の歌である。「思ひきや」を和歌の末尾に持って来ると通常の語順になる。「妹《いも》」とは、男性が妻や恋人を親しんで呼ぶ語。

(3) 訳 私のいとしい人に見せようと思った梅の花は、どれが梅の花なのか見分けがつかない。雪が降っているので。 ➡P.169・2・c

▼「雪の降れれば」という条件句が和歌の結句にある倒置表現の歌である。この条件句を「それとも見えず」の上に持って来ると通常の語順になる。「雪の降れれば」を和歌の冒頭に持って来てもよい。 ➡P.169・2・b

(4) 訳 高円《たかまと》の野辺《のへ》の秋萩《あきはぎ》は（咲いた）かいもなく咲いては散っているだろうか。見る人もなくて。

▼係助詞「か」の結びが「らむ」なので、四句切れの歌。「見る人なしに」という条件句が和歌の結句にある倒置表現の歌である。この条件句を和歌の冒頭に持って来ると通常の語順になる。「見る人なしに」を「高円の野辺の秋萩」の後に持って来てもよい。 ➡P.169・2・b

(5) 訳 我が家の藤《ふじ》の花の色が濃い（今日の）夕暮れどきに、探し求めて来ないか（＝来ませんか）。春の名残を。

▼係助詞「やは」の結びが「ぬ」（打消の助動詞「ず」の連体形）なので四句切れの歌。「尋《たづ》ね来《く》（探し求めてやって来る）」の目的語である「春の名残」が和歌の結句にある倒置表現の歌である。この目的語を「尋ねやは来《こ》ぬ」の前に持って来ると通常の語順になる。藤の花は晩春に咲

く花なので、「春の名残」を示す風物である。⬇P.169・2・c

問二 解答 (1) 二 (2) 二

(1) 訳 あなたが来ないならば、誰に見せようかしら。私の家の垣根に咲いている朝顔の花を。

▼「君来《こ》ずは」と「我が宿の垣根に咲ける朝顔の花」とは結びつけようがない。そこで、「朝顔の花が見せまし」なのか、「朝顔の花を見せまし」なのかを考える。「見せ」の主語は「私」で、「見せまし」の目的語が「朝顔の花」である。よって、二が正解。通常の語順だと、「君来ずは、誰《たれ》に、我が宿の垣根に咲ける朝顔の花(を)、見せまし」となるところである。⬇P.169・2・c

(2) 訳 (あの人を)思いながら昼間はこんなふうでも(どうにか)心を慰めてきた。(しかし気を紛らわすものがない)夜はつらいことだ。独り寝る身は。

▼「慰めつ」の「つ」が完了の助動詞「つ」の終止形なので、この歌は三句切れであり、また、係助詞「ぞ」の結びが「わびしき」なので、四句切れでもある。句切れが二つある歌である。最後に残った「独り寝《ぬ》る身は」はどの語句に関係するかを考える。「寝る」のは夜だから、「夜ぞわびしき」に関係すると考えるのが自然である。通常の語順だと、「思ひつつ昼はかくても慰めつ。独り寝る身は夜ぞわびしき」となるところであるから、「わびしき」の主語は「独り寝る身」である。よって、二が正解。「夜」は「夜の間は」の意で、形容詞「わびしき」にかかる連用修飾語であって、「わびしき」の主語ではない。⬇P.168・1

問三 解答 **もし橘の花が香らなかったならば、白く散っている橘の花を、その時期ではなく降る雪かと(思って)眺めたことだろう。**

前の地の文の訳 陰暦五月初めの頃、軒端《のきば》近くの橘《たちばな》の花がたいそう白く散り敷いているのを眺めて、(詠んだ歌。)

▼歌の三句「ながめまし」の「まし」と結句「薫《かを》らざりせば」の「せば」に着目すると、反実仮想の倒置表現の歌であると分かる。通常の語順だと、「花橘《はなたちばな》の薫らざりせば、時ならず降る雪かとぞながめまし」となるところである。「〜せば…まし」は「もし〜たならば…(た)だろう(に)」と訳す(⬇P.246)。「花橘の」の「の」は主格の格助詞、「薫らざりせば」の「ざり」は打消の助動詞「ず」の連用形。「時ならず」とは「その時期ではなく」、つまり「季節外れに」の意。「時ならず降る雪かとぞながめ」たものとは、前の地の文にある「花橘のいと白く散りたる」である。この内容を補って訳すと正解のようになる。⬇P.168・2・a

和歌編

マストアイテム 58

枕《まくら》詞《ことば》

和歌
読み上げ
聞く

ここからは、「枕詞」「序詞《じょことば》」「掛詞《かけことば》」「縁語《えんご》」そして「比喩」という代表的な和歌の修辞法についての説明です。

1 枕詞

枕詞とは、それ自体に明確な意味はなく、ある特定の語句を言い起こすために用いられる修飾句です。『万葉集《まんようしゅう》』の時代（奈良時代）から慣用的に使われてきた語であり、新しく創作されることはありません。通常**五音の言葉**で、ある枕詞はある決まった語句（複数あるものがほとんど）を言い起こします。意味不明瞭の（ある種謎めいた）言葉なので、和歌の中に枕詞がある場合は、現代語訳する必要はありません。

あをによし奈良の都は咲く花の匂《にほ》ふがごとく今盛りなり（万葉集）

奈良の都は咲いている花が色美しく映えるように今真っ盛りである。

2 枕詞の発見のしかた

a 初句か三句に注目する

和歌は五・七・五・七・七から成り、枕詞は五音の言葉なので、枕詞がある場合は初句か三句にあります。

あしひきの山より出《い》づる月待つと人には言ひて君をこそ待て（拾遺集）

山から出る月を待つとほかの人には言って、（実は）あなたを待っているのです。

わたの原漕《こ》ぎ出《い》でて見ればひさかたの雲居《くもゐ》にまがふ沖つ白波（詞花集）

大海原に舟を漕ぎ出して眺めると、空の雲と（一つになって）見分けのつかない沖の白波であるよ。

b　飛ばして読んでもいい語かどうかを確かめる

初句または三句が前後の語句と意味的に特につながりがあるとは思えない場合、言い換えると、初句または三句を飛ばして読んでも意味が通る場合、その初句または三句は枕詞と考えられます。

いとせめて恋しきときはむばたまの夜の衣《ころも》を返してぞ着る（古今集）

とてもひどく恋しいときは、（恋しい人に夢で逢《あ》えるように）夜の衣を裏返しに着ることです。

c　左の「主な枕詞」と、それがどういう語句を言い起こすのかをおよそ覚えておく

主な枕詞

- あかねさす（茜さす）→日・昼・紫
- あきつしま（秋津島）→大和《やまと》
- あしひきの（足引きの）→山・峰《を》
- あづさゆみ（梓弓）→入る（射る）・張る（春）
- あらたまの（新玉の）→年・月・日・春
- あをによし（青丹よし）→奈良
- いそのかみ（石の上）→降る（古る・振る）
- いはばしる（石走る）→滝・垂水《たるみ》
- うつせみの（空蝉の）→世・命・人
- からころも（唐衣）→着る・裁つ（立つ）
- くさまくら（草枕）→旅・結ぶ・露
- くれたけの（呉竹の）→節《よ》（世・夜《よ》）・節《ふし》（臥《ふ》し）
- しきしまの（敷島の）→大和
- しきたへの（敷栲の）→床《とこ》・枕・衣《ころも》・袖
- たまかづら（玉葛）→長し・絶《た》ゆ・這《は》ふ
- たらちねの（垂乳根の）→母・親
- ちはやぶる・ちはやふる（千早振る）→宇治《うぢ》・神
- ぬばたまの（射干玉の）→黒・髪・夜・闇
  （むばたまの・うばたまの）
- ひさかたの（久方の）→天《あめ》・雨・空・月・日・光
- わかくさの（若草の）→夫《つま》（妻）・新《にひ》

練習問題　枕《まくら》詞《ことば》

問一 次の和歌から枕詞をそれぞれ抜き出せ。

(1) つれもなき人をやねたく白露《しらつゆ》のおくとは嘆き寝《ぬ》とはしのばむ（古今集）

(2) 初めて頭《かしら》おろし侍りける時、物に書きつけ侍りける
たらちめはかかれとてしもむばたまの我が黒髪を撫《な》でずやありけむ（後撰集）

(3) 梓弓《あづさゆみ》はるかに見ゆる山の端《は》をいかでか月のさして入るらん（拾遺集）

(4) 天皇《すめらみこと》、*蒲生野《かまふの》に遊猟《みかり》したまふ時に、額田王《ぬかたのおほきみ》が作る歌
あかねさす紫野《むらさきの》行き標野《しめの》行き野守《のもり》は見ずや君が袖振る（万葉集）

(5) いそのかみ降るとも雨にさはらめや逢《あ》はむと妹《いも》に言ひてしものを（拾遺集）

*蒲生野…近江《おうみ》の国（現在の滋賀県）にあった平野。

問二 空欄にあてはまる枕詞として最も適当なものを、それぞれ後から選べ。

(1) [　　　] 夜《よ》の更け行けば久木生《ひさぎお》ふる清き河原《かはら》に千鳥《ちどり》しば鳴く（万葉集）

＊久木…木の名。キササゲ、またはアカメガシワ。

(2) 何事を今はたのまむ [　　　] 神も助けぬ我が身なりけり（後撰集）

(3) [　　　] 光のどけき春の日に静心《しづこころ》なく花の散るらむ（古今集）

(4) [　　　] 年《とし》の三年《みとせ》を待ちわびてただ今宵《こよひ》こそ新枕《にひまくら》すれ（伊勢物語）

(5) [　　　] 山鳥の尾のしだり尾のながながし夜《よ》を独りかも寝《ね》む（拾遺集）

イ あしひきの　**ロ** うつせみの
ハ あらたまの　**ニ** ひさかたの
ホ ちはやぶる　**ヘ** ぬばたまの

(1)
(2)
(3)
(4)
(5)

問三 次の和歌を現代語訳せよ。

桜花《さくらばな》今日よく見＊てむ呉竹《くれたけ》の一夜《ひとよ》のほどに散りもこそすれ（後撰集）

＊見てむ…「て」は強意の助動詞。

問一 解答 (1) **白露の** (2) **むばたまの** (3) **梓弓** (4) **あかねさす** (5) **いそのかみ**

(1) 訳 冷淡なあの人を、いまいましいことに（私はどうして）起きては嘆き寝ては恋い慕うのだろうか。

▼枕詞は五音の言葉なので、初句の「つれもなき」と三句の「白露の」に着目する。「つれもなき」は形容詞「つれなし」の連体形（「も」は間に割り込んだ強意の係助詞）で、「人」を修飾しているため枕詞ではない。「白露の」を飛ばして読むと和歌の意味が通りやすくなるので、これが枕詞。白露が葉に置くことから、「置く」や同音の「起く」を言い起こす。ここの「おく」は、下の「寝《ぬ》」に対置された言葉なので「起く」。

⬇P.174・2・a・b

(2) 訳 初めて剃髪《ていはつ》しました時に、何かに書き付けました（歌）。

わが母はかくあれ（＝剃髪の身であれ）と願って私の黒髪を撫《な》でないでいただろうか、いや、そう願って撫でたに違いない。

▼初句の「たらちめは」と三句の「むばたまの」と枕詞が二つあると思ったかもしれないが、「たらちめ」は、「母」を言い起こす枕詞である「たらちねの」が転成して、母そのものを表すようになった言葉である。この歌でも「我が黒髪を撫で」る主語として用いられている。「むばたまの」は「黒」「髪」を言い起こす枕詞。

⬇P.174・2・a・b・c・P.175

(3) 訳 遥《はる》か遠くに見える山の端《は》をどうして月は目指して沈んでいくのだろうか。

▼「梓弓《あづさゆみ》」は「いる」や「はる」を言い起こす枕詞。弓は引くとぴんと「張る」ことから、「張る」を言い起こすが、同音の「春」「遥か」も言い起こす。

⬇P.175・2・c

(4) 訳 紫草の生える野を行き、御料地の野を行きして、野の番人は見ないだろうか、いや、見てしまうだろう。あなたが（私に向かって）袖を振るのを。

▼「茜色《あかねいろ》」は濃い赤であることから「あかねさす」は「紫」を言い起こす枕詞。赤く光り輝く意から「昼」や「日」を言い起こす枕詞ともなる。

⬇P.175・2・c

(5) 訳 たとえ（雨が）降っても雨に妨げられようか、いや、妨げられはしない。逢《あ》おうと恋しいあの人に言った（＝約束した）のだもの。

▼「いそのかみ」は「ふる」を言い起こす枕詞。ここは「降る」を言い起こしている。

⬇P.175・2・c

問二 解答 (1) **ヘ** (2) **ホ** (3) **ニ** (4) **ハ** (5) **イ**

(1) 訳 夜が更けてゆくと、久木《ひさぎ》の生い茂る清らかな河原で千鳥《ちどり》がしきりに鳴いている。

▼「夜」「闇」「髪」を言い起こす枕詞といえば「ぬばたまの」。「むばたまの」とも「うばたまの」ともいう。「しば」は「しきりに」の意の副詞。 ⬇P.175・2・c

(2) 訳 どんなことを今はあてにしましょうか、いや、何もあてにはしません。神も助け（てくださら）ない我が身であるよ。

▼「神」を言い起こす枕詞といえば「ちはやぶる」。百人一首の「ちはやぶる神代《かみよ》も聞かず竜田《たつた》川《がは》韓紅《からくれなゐ》に水くくるとは（神代の昔でも聞いたことがない。竜田川が（散り流れる紅葉で）紅《くれない》色に水をくくり染めにするとは）」という歌で覚えておこう。 ⬇P.175・2・c

(3) 訳 日の光がのどかに照らすこの春の日にどうして落ち着いた心もなく桜の花が散るのだろう。

▼「光」を言い起こす枕詞は「ひさかたの」。「天《あめ》」「雲」「月」なども言い起こす。 ⬇P.175・2・c

(4) 訳 この三年の間（あなたの帰りを）待ちわびて、まさに今晩（私は）新しい人と結婚するのです。

▼「年」を言い起こす枕詞は「あらたまの」。「月」「日」「春」なども言い起こす。 ⬇P.175・2・c

(5) 訳 山鳥の垂れ下がった尾のように、この長い長い（秋の）夜を（私は）独りで寝るのだろうか。

▼「山」（ここは「山鳥」）を言い起こす枕詞は「あしひきの」。最もよく使われる枕詞の一つ。 ⬇P.175・2・c

問三 解答 **桜の花を今日よく見てしまおう。一夜のうちに散ると困るから。**

▼「呉竹《くれたけ》の」は「節《ふし》」（同音の「臥《ふ》し」も）や「節《よ》」（同音の「世《よ》」や「夜《よ》」も）を言い起こす枕詞である。この和歌では「一夜《ひとよ》」を言い起こす枕詞になっている。

「呉竹の」以降がひとまとまりの句になっているので、初句・二句の「桜花今日よく見てむ」と「呉竹の一夜のほどに散りもこそすれ」との二つに分けて意味を考えるとよい（枕詞の「呉竹の」は訳す必要がない）。

まず下《しも》の句の「一夜のほどに散りもこそすれ」を訳してみる。「もこそ」が「〜すると困る（大変だ）」という懸念を表すので、「一夜のうちに散ると困る」の意になる。下の句の内容から、上《かみ》の句の「今日よく見てむ」の「む」は推量ではなく意志で訳すのがふさわしい。「て」は注に強意とあるので、「よく見てむ」は「きっとよく見よう」「よく見てしまおう」などと訳すのがよい。下の句が初句・二句の理由になっているので、最後に「〜から（ので）」を付けるとまとまりのある訳になる。

⬇P.174・1・2

マストアイテム 59

序《じょ》詞《ことば》

和歌 読み上げ 聞く

1 序詞

序詞とは、和歌の主意に直接関連することなく（つまり、間接的に関連するような形で）ある語句を導き出すために用いられる修飾句で、枕詞《まくらことば》とは異なり、そのつど作者によって創作されるものです。**序詞のほとんどは七音以上で、**多くは初句・二句の十二音か初句・二句・三句の十七音です。序詞は基本的に訳出します。

序詞　和歌の主意

夏の野の繁《しげ》みに咲ける姫百合《ひめゆり》の　知らえ*ぬ恋は苦しきものぞ（万葉集）

夏の野の繁みに咲いている姫百合のように、（思う人に）知られない恋は苦しいものだ。

＊え…受身を表す上代の助動詞「ゆ」の未然形。

2 序詞の発見のしかた

a 最初に自然（景物）を描き、途中から心情を訴える歌に注目する

序詞が用いられるのは、たいてい恋の歌です。伝えたい心中の思いを自然に託して表現するやり方が序詞です。前半は自然描写、後半が心情表現になっている和歌があったら、前半の自然描写の部分が序詞です。

自然描写　心情表現（和歌の主意）

春霞《はるがすみ》たなびく山の桜花　見れども飽かぬ君にもあるかな（古今集）

春霞のたなびいている山の桜の花のように、いつまで見ていても見飽きないあなたであるよ。

b 序詞と修飾される句との関係（次の3タイプ）を知っておく

① 比喩によるもの　（「奥山のように深い」という比喩）

飛ぶ鳥の声も聞こえぬ奥山の　ふかき心を人は知らなむ　（古今集）

飛ぶ鳥の声も聞こえない山奥のように、深い（私の）心をあの人は知ってほしい。

② 同音反復によるもの　（「いづみ」と「いつ見」が同音の反復）

みかの原わきて流るるいづみ川　いつ見きとてか恋しかるらむ　（新古今集）

みかの原を湧いて流れている泉川、その「いつみ」ではないが、いつ見たというので、（こんなに）恋しいのであろう。

③ 掛詞《かけことば》によるもの　{立つ／竜田山}（「たつた山」…波が「立つ」と地名の「竜田山」を掛けている）

風吹けば沖つ白波　たつた山夜半《よは》にや君がひとり越ゆらむ　（古今集）

風が吹くと沖の白波が立つ、（その「たつ」という名の）竜田山をこの夜更けにあなたは独り越えているのだろうか。

補強ポイント

Ⅰ　序詞を用いた歌とは、要するに、**自然描写があってその後に心情表現が続く歌**です。

Ⅱ　序詞は**比喩表現**であることが多く、その場合の序詞の末尾は「**〜のように**」と訳します。

Ⅲ　序詞で最も多いのは、末尾が「の」で終わる**2**・**b**・①のタイプです。この「の」は**比喩（〜のように）を表す格助詞**（⬇P.256）です。

Ⅳ　**2**・**b**・②は「いづみ」と「いつ見」が同音の、一種の言葉遊びです。**歌の三句と四句にほぼ同音の語があったら、三句までは序詞ではないか**と考えてみることです。

Ⅴ　**2**・**b**・③のタイプは序詞の直後の語が掛詞になっているものです。

Ⅵ　**2**・**b**の②・③のタイプは訳しづらいので、入試で現代語訳が求められることはまずありません。

問一 次の和歌から序詞をそれぞれ抜き出せ。

(1) 吉野《よしの》川《がは》岩波《いはなみ》高くゆく水のはやくぞ人を思ひそめてし（古今集）

(2) ほととぎす鳴くや五月《さつき》のあやめ草《ぐさ》あやめも知らぬ恋もするかな（古今集）

(3) 東路《あづまぢ》の小夜《さや》の中山《なかやま》なかなかに逢《あ》ひ見て後《のち》ぞわびしかりける（後撰集）

(4) 春日野《かすがの》の雪間《ゆきま》を分けて生《お》ひ出《い》でくる草のはつか*に見えし君はも*（古今集）

*はつかに…かすかに。

*はも…感動を表す終助詞。

(5) かくてのみ荒磯《ありそ》の浦の浜千鳥《はまちどり》*よそになきつつ恋《こ》ひやわたらむ（拾遺集）

*よそに…遠く隔たったところで。

(6) 敷島《しきしま》の大和《やまと》にはあらぬ唐衣《からころも》頃も経《へ》ずして逢ふよしもがな（古今集）

問二 **次の和歌の傍線部は序詞で、序詞の直後の語が掛詞《かけことば》になっている。その語を抜き出し、後の例にならって何と何の掛詞であるのか、答えよ。**

いかにせむ御垣《みかき》が原に摘む芹《せり》のねにのみ泣けど知る人もなき（千載集）

例 秋風の吹き裏がへす葛の葉のうらみてもなほ恨めしきかな（古今集）

↓

「うらみ」が「裏見」と「恨み」の掛詞である。

問三 **次の和歌の傍線部は序詞である。これを現代語訳せよ。**

風をいた*み岩うつ波のおのれのみ砕けて物を思ふころかな（詞花集）

*いた…形容詞「いたし」の語幹。「いたし」は「はなはだしい・激しい」の意。

問一 解答 (1) **吉野川岩波高くゆく水の** (2) **ほととぎす鳴くや五月のあやめ草** (3) **東路の小夜の中山** (4) **春日野の雪間を分けて生ひ出でくる草の** (5) **荒磯の浦の浜千鳥** (6) **敷島の大和にはあらぬ唐衣**

(1) **訳** 吉野《よしの》川《がわ》が岩を打つ波も高く流れゆく（その）水のように、早くもあの人を恋しく思い始めてしまったことだ。

▼「吉野川岩波《いはなみ》高くゆく水の」が自然描写で、「はやくぞ人を思ひそめてし」が心情表現。この自然描写の部分が序詞。序詞のタイプは比喩型（「はやく」は水流が「速く」と時間的に「早く」を掛けているので掛詞《かけことば》型でもある）。

(2) **訳** ほととぎすが鳴く、この五月のあやめ草よ、（そのあやめ草の「あやめ」という名のように）文目《あやめ》も分からない恋をすることだよ。 ➡P.180・2・a・b・①・③

▼「ほととぎす鳴くや五月《さつき》のあやめ草《ぐさ》」が自然描写で、「あやめも知らぬ恋もするかな」が心情表現になっている。よって、自然描写の部分が序詞。序詞のタイプは「あやめ草」「あやめ」の同音反復型。

「あやめも知らぬ恋」とは「物事の道理も分からない恋」ということ。 ➡P.180・2・a・b・②

(3) **訳** 東海道にある小夜《さや》の中山《なかやま》という山の名のように、なかなかに（＝なまじっか）逢《あ》って契りを結んでから後が、かえってつらいことであるよ。

▼「東路《あづまぢ》の小夜の中山」が自然描写で、「なかなかに逢ひ見て後《のち》ぞわびしかりける」が心情表現。この自然描写の部分が序詞。序詞のタイプは「中山」「なかなかに」の同音反復型。 ➡P.180・2・a・b・②

(4) **訳** 春日野《かすがの》の雪を押し分けて萌《も》え出る若草のように、かすかに垣間見《かいまみ》たあなたであるよ。

▼初句から四句目の途中の「春日野の雪間《ゆきま》を分けて生《お》ひ出《い》でくる草の」が自然描写で、「はつかに見えし君はも」が心情表現になっている。この自然描写の部分が序詞。このように二十音の序詞もある。序詞のタイプは比喩型。 ➡P.180・2・a・b・①

(5) **訳** このようにしてばかりいて、荒磯《ありそ》の浦の浜千鳥《はまちどり》のように、遠く隔たったところで泣きながら（私はあの人を）恋し続けるのだろうか。

▼二句・三句の「荒磯の浦の浜千鳥」が自然描写で、初句と四句以降の「かくてのみ…よそになきつつ恋《こ》ひやわたらむ」が心情表現。この自然描写の部分が序詞。「よそになきつつ」は「よそに泣きつつ」と読むと自然描写だが、「よそに鳴きつつ」と読めば心情表現である。つまり「なき」は掛詞になっている。したがって、序詞のタイプは比喩型であり、掛詞型でもある。

(6) ⬇P.180・2・a・b・①・③

訳 日本にはない唐衣《からころも》、（その「ころも」ではないが）頃《ころ》も隔てなくて（＝時間を隔てずいつも）逢える手立てがあればいいなあ。

▼「敷島《しきしま》の大和《やまと》にはあらぬ唐衣」は「衣（衣服）」を歌っているので自然描写とはいえないが、とにかく心情表現ではない。ところが「頃も経《へ》ずして逢ふよしもがな」は明らかな恋の心情表現である。であれば、心情表現でない部分は序詞と見なさなくてはならない。このように「自然描写」といっても「自然」は山や川や鳥に限られるわけではなく、「事物」の描写の場合もある。序詞のタイプは「衣《ころも》」「頃も」の同音反復型。このタイプの序詞は訳を求められることはまずないので、同音反復型の序詞だと分かればよい。

問二 解答 **「ね」が「根」と「音《ね》」の掛詞である。** ⬇P.180・2・a・b・②

訳 どうしようか。御垣《みかき》が原で摘む芹《せり》の根のように、音《ね》に（＝声に）出して泣くばかりだが（私の思いを）知る人はいないことだ。

例の訳 秋風が吹いて裏返す葛の葉の裏を見るように、いくら恨んでもそれでもなお恨めしいことであるよ。

▼例の歌は、「うらみ」を「葛の葉のうらみ」という文脈で読むと「うらみ」は「裏（を）見」であり、「うらみてもなほ恨めしきかな」の文脈で読むと「うらみ」は「恨み」である。そのように「うらみ」が二つの文脈で読めることから「うらみ」は掛詞になっている。

同様に、「摘む芹のね」という文脈で読むと「ね」は「根」であり、「ねにのみ泣けど」の文脈で読むと「ね」は「音《ね》」である（「声に出して泣く」ことを「音に泣く」または「音を泣く」という⬇P.122。この歌では間に副助詞「のみ」が割り込んでいる）。したがって、「ね」が「根」と「音」の掛詞になっている。

問三 解答 **風が激しいので、岩に打ちつける波のように** ⬇P.181・2・b・③

傍線部より下の訳 自分だけが心が砕けて（＝思い乱れて）物思いをするこのごろであるよ。

▼「名詞＋を＋形容詞の語幹＋み」は「〜が…ので、」と訳すので、「風をいたみ」は「風がはなはだしいので、」または「風が激しいので、」と訳す。⬇P.156・1・a

岩に打ちつける波は砕け散る。よって、「風をいたみ岩うつ波の」は下の「砕けて」を導き出す序詞になっている。心が砕けるのを波が砕ける様子にたとえた表現であるから、「岩うつ波の」の「の」は「〜のように」と訳す。⬇P.181・2・b・①・Ⅱ・Ⅲ

和歌編

マストアイテム60

掛《かけ》詞《ことば》 I

和歌 読み上げ 聞く

1 掛詞

掛詞は、同音異義を利用し、一語に二通りの意味を持たせる技法ですが、日本語には同音異義語がとても多いので、むやみに二通りの漢字で書ける言葉を探すと、あれもこれも掛詞ではないかと思えてしまいます。したがって、どれが本当に掛詞なのかを見定める、そのやり方を習得しなくてはいけません。

2 掛詞を発見する大原則→語句それぞれが前後とどんな意味的つながりがあるかを見て、二つの文脈を探す

次の和歌の二つの傍線部に注目してください。

植ゑて見し人はかれぬるあとになほ残る梢《こずゑ》を見るも露《つゆ》けし （建礼門院右京大夫集）

（木を）植えて（ともに）見たあの人は（私から）離れて行ってしまい、（花が）枯れてしまった後に今でも残っている梢を見ると涙があふれてくる。

「人はかれぬる」の「かれ」は、「人」が主語ですから「離《か》れ」です。一方、「かれぬるあとになほ残る梢」の「かれ」は、下に「梢」とあるので「枯れ」です。このように、**前後の語句との意味的つながりを見たときに、ある語句（ここでは「かれ」）が二通りに読めることが確認できて初めて、掛詞と断定する**ことができるのです。

3 掛詞を発見する際の注意点

a 掛詞の一方は、もう一方の語の一部であることもあります。

例「思ひ」→「思ひ」と「火」

例「竜《たつ》田《た》山《やま》」→「竜田山」と「立つ」

b 掛詞の一方は、中途半端で不完全な語の場合もあります。

例「憂《う》きことはおほはらの里」→「おほはら」が「多《おほ》（き）」と「大原《おほはら》（地名）」の掛詞

c **濁点は取って清音に、清音は濁音にして、掛詞とならないか考えてみる**

例「あらじ」→「あらし」＝嵐　例「泣かる」→「ながる」＝「流る」

d **よく使われる掛詞は覚えておく**（⬇P.188・189）

ただ、本当に掛詞になっているかどうか、前後の語句との意味的つながりを確認する必要があります。

補強ポイント

Ⅰ　掛詞は二通りに漢字表記されることが普通ですが、**漢字表記は同じでも意味が異なる掛詞**があります。

都をば霞《かすみ》とともに立ちしかど秋風ぞ吹く白河《しらかは》の関（後拾遺集）

都を春霞が立つとともに出立したが、秋風が吹いているよ、この白河の関では。

「立ち」は「霞（が）立ち」と「（旅）立ち」の掛詞です。

Ⅱ　歌の中の**地名は掛詞になることが多い**ので、地名が別の意味で読めないか考えてみましょう。

・「明石《あかし》」→「明《あ》かし」（「明るい」の意）
・「逢坂《あふさか》（の関）」→「逢《あ》ふ」
・「近江《あふみ》」→「逢《あ》ふ身《み》」
・「因幡《いなば》」→「去《い》なば（往《い》なば）」
・「宇治《うぢ》」→「憂し」（「うぢ」＝「うじ」→うし）
・「住吉《すみよし》」→「住み良し」

Ⅲ　掛詞に似たものとして、動植物の名や地名を和歌に詠み込む「**物《もの》の名《な》**」という技法があります（「物名《ぶつめい》」または「隠し題」ともいいます）。次のようなものです。

あしひきの山辺《やまべ》にをれば白雲《しらくも》のいかにせよとか晴《は》るる時なき（古今集）

山辺に住んでいると、白雲が、どうせよというのか、晴れるときがない。

傍線部には「淀川《よどがは》」という川の名が詠み込まれています。**物の名は和歌それ自体の内容とは関係なく詠まれる**ものであり、また語の途中に一見してそれと分からないように隠し詠まれるものです。よって、**和歌の内容から切り離しては考えることができない掛詞とは異なる**ものです。「隠し題」という名のとおり、ある「物の名」を「題」として決めておいて、その題をうまく隠して詠めるかを競った言葉遊びの歌です。

✪よく使われる掛詞《かけことば》と歌（黒と赤の傍線で示した二つの文脈を確認すること）

あかし 「明石《あかし》（地名）」と「明かし（形容詞）」	ほのぼのとあかしの浦の朝霧に島隠れゆく舟をしぞ思ふ（古今集） ほのぼのと明けてゆく明石の浦の朝霧の中、島陰に消えてゆく舟を（しみじみと）思うことだ。
あき 「秋」と「飽き」	わが袖にまだき時雨《しぐれ》の降りぬるは君が心に秋や来ぬらん（古今集） 私の袖にまだその季節でもないのに時雨（＝涙）が降ったのは、あなたの心に秋（飽き）が来たからなのだろうか。
あふさか 「逢坂《あふさか》（の関）」と「逢《あ》ふ」	恋《こ》ひ恋ひてまれに今宵《こよひ》ぞ逢坂の木綿《ゆふ》つけ鳥は鳴かずもあらなむ（古今集） 恋し続けてきてやっと珍しく今宵逢えたのです。逢坂の関の木綿つけ鳥は暁の時を告げないでほしい。
あらし 「嵐」と「あらじ（「あらじ」の「じ」は打消推量）」	もみぢ葉の散りゆく方《かた》をたづぬれば秋も嵐の声のみぞする（千載集） 紅葉の散りゆく先を追って探し求めてみると、秋はもうどこにもなさそうで、嵐の音だけがする。
うき 「浮き（動詞）」と「憂き（形容詞）」	水鳥を水の上とやよそに見む我もうきたる世をすぐしつつ（千載集） 水鳥を水の上（で無心に遊ぶ）とよそごとに見るだろうか。私も浮いて不安定なつらいこの世を生きていて。
おき 「起き」と「（露が葉に）置き」	恋しきに消えかへりつつ朝露の今朝はおきゐむ心地こそせね（後撰集） 恋しさのあまり心は消え入りそうで、朝露が（葉に）置く（＝降りる）ように今朝は起きて座る気にもなれません。
おもひ 「思ひ」と「火」	人知れぬ思ひを常に駿河《するが》なる富士の山こそ我が身なりけれ（古今集） 人に知られない思いをいつもする、その思いの火を常に燃やしている駿河の富士山こそ私自身であるよ。
かれ 「離《か》れ」と「枯れ」	山里は冬ぞ寂しさまさりける人目も草もかれぬと思へば（古今集） 山里は冬が寂しさがつのることだ。人の訪れも遠ざかり、草も枯れてしまうと思うと。
しか 「鹿」と「しか（副詞。「そのように」の意）」	われもしかなきてぞ人に恋ひられし今こそよそに声をのみ聞け（大和物語） 私も鹿が鳴く、そのようにあなたに泣いて恋い慕われた。今は遠くに（あなたの）声を聞くばかりだ。 ＊鹿が鳴くのは、牡鹿《おじか》が牝鹿《めじか》を求めて鳴く。「なき」は「鳴き」と「泣き」の掛詞になっている。
すむ 「住む」と「（月が空に）澄む」	訪《と》ふ人も暮るれば帰る山里にもろともにすむ秋の夜《よ》の月（後拾遺集） 訪れた人も日が暮れると帰ってゆく山里に、ともに住むのはただこの澄んだ月であるよ。
すみよし 「住吉《すみよし》（地名）」と「住み良し」	都には住みわびはてて津《つ》の国の住吉《すみよし》と聞く里にこそ行け（拾遺集） 都の暮らしには行き詰まってしまって、摂津の国の住み良いと聞く住吉の里に（私は）行くのです。

掛詞	例歌
ながめ 「長雨《ながめ》」と「眺め（物思いにふけること）」	**年ごとに春のながめはせしかども身さへふるとは思はざりしを**（拾遺集） 毎年春には長雨が降り春の物思いをしたが、（雨が）降るだけでなく我が身まで年をとるとは思わなかったよ。 ＊「ふる」は「（雨が）降る」と「古る（年をとる）」の掛詞になっている。
なかる 「流る」と「泣かる（「泣かる」の「る」は自発）」	**涙川枕《まくら》ながるるうき寝《ね》には夢もさだかに見えずぞありける**（古今集） 涙の川に枕が流れるほど泣き続けて寝る、不安な思いの眠りでは、（あの人の）夢も確かに見られないことであるよ。
ふる 「降る」と「経《ふ》る（「経《ふ》」の連体形）」	**時雨《しぐれ》にも雨にもあらで君恋《こ》ふる年のふるにも袖はぬれけり**（拾遺集） 時雨が降るのでも雨が降るのでもなく、あなたを恋しく思う年月が過ぎゆくと袖が涙でぬれることだ。
ふみ 「踏み」と「文《ふみ》（手紙）」	**大江山《おほえやま》いくの道の遠ければまだふみも見ず天《あま》の橋立《はしだて》**（金葉集） 大江山に行く生野《いくの》の道が遠いので、まだ天の橋立は踏んで（＝渡って）みたこともないし、手紙も見ていない。
まつ 「松」と「待つ」	**立ち別れ因幡《いなば》の山の峰に生《お》ふるまつとし聞かば今かへり来《こ》む**（古今集） お別れして因幡へ行ってしまうが、因幡山の峰に生える松のように待っていると聞いたらすぐに帰って来よう。
みるめ 「海松布《みるめ》（海藻）」と「見る目（男女が逢う機会）」	**しきたへの枕の下に海はあれど人をみるめは生《お》ひずぞありける**（古今集） 枕の下に（涙の）海はあるけれども、（その海に）海松布は生えず、あの人に逢う機会はないことだ。
みをつくし 「澪標《みをつくし》（海中に立てて水路を示す杭《くい》）」と「身を尽くし」	**わびぬれば今はた同じ難波《なには》なる身をつくしても逢はむとぞ思ふ**（後撰集） 苦しんできたので、今はもう同じこと。難波にある澪標の名のように身を滅ぼしても逢いたいと思う。

◇その他のよく使われる掛詞

掛詞	意味
あふひ	葵《あふひ》／逢ふ日
あやめ	菖蒲《あやめ》／文目《あやめ》（物事の筋道）
いる	入る／射る
なみ	波／無《な》み（ないので）
ね	根／音《ね》／寝
はる	春／張る
もる	漏る／守《も》る
よ	世／夜《よ》／節《よ》

＊ただし、これらの言葉は歌の中で必ず掛詞となるわけではありません。掛詞かどうかは前後の文脈次第です。

練習問題

掛《かけ》詞《ことば》 1

問一 **次の和歌の左右の傍線部に着目して掛詞を抜き出し、漢字を用いて二通りの意味をそれぞれ答えよ。**

(1) ものへまかりける人を待ちて、十二月《しはす》の晦日《つごもり》によめる

わが待たぬ年は来《き》ぬれど冬草のかれにし人はおとづれもせず（古今集）

［　　　］は［　　　］と［　　　］の掛詞。

(2) 忘らるる身を宇治橋《うぢばし》のなか絶えて人も通はぬ年ぞ経《へ》にける（古今集）

［　　　］は［　　　］と［　　　］の掛詞。

(3) 照る月を弓張りとしもいふことは山辺《やまべ》をさしていればなりけり（大和物語）

［　　　］は［　　　］と［　　　］の掛詞。

問二 **次の和歌の傍線部は掛詞になっている。漢字を用いて二通りの意味をそれぞれ答えよ。**

(1) つれづれとふるは涙の雨なるを春の物とや人の見ゆらん（千載集）

「ふる」は［　　　］と［　　　］の掛詞。

(2) 年の果《は》てによめる

あらたまの年の終《をは》りになるごとに雪もわが身もふりまさりつつ（古今集）

「ふり」は［　　　］と［　　　］の掛詞。

問三 **次の和歌の中から掛詞を抜き出し、漢字を用いて二通りの意味をそれぞれ答えよ。**

(1) 越前守景理《ゑちぜんのかみかげまさ》、夕さりに来《こ》むと言ひて音せざりければよめる

夕露《ゆふつゆ》は浅茅《あさぢ》がうへと見しものを袖におきても明かしつるかな　(後拾遺集)

［　　］は［　　］と［　　］の掛詞。

(2) 男かれがれになり侍りける頃よめる

風の音《おと》の身にしむばかり聞こゆるはわが身に秋や近くなるらん　(後拾遺集)

［　　］は［　　］と［　　］の掛詞。

(3) 三月《やよひ》の一日《ついたち》より、忍びに人にものら言ひて後《のち》に、雨のそぼ降りけるに、よみてつかはしける

起きもせず寝もせで夜《よる》を明かしては春のものとてながめくらしつ　(古今集)

［　　］は［　　］と［　　］の掛詞。

問四 **次の文章中の和歌について、用いられている掛詞がよくわかるように現代語訳せよ。**

忠盛《ただもり》、備前《びぜん》国より都へのぼりたりけるに、鳥羽《とば》院、「明石《あかし》の浦はいかに」と御尋ねありければ、

あり明けの月もあかしの浦風に波ばかりこそよると見えしか

と申したりければ、御感《ぎょかん》ありけり。この歌は金葉集《きんえふ》にぞ入れられける。

(平家物語・巻一・鱸)

［　　］

問一 解答 (1) **かれ・枯れ・離れ** (2) **宇治・憂し・宇治** (3) **いれ・入れ・射れ**

(1) 訳 どこかへ出て行った人を待って、陰暦十二月の末日に詠んだ（歌）。
　私が待ってもいない（新）年は来てしまうけれども、冬草が枯れてしまい（私から）離れていってしまった人は便りもしてこない。

▼「冬草のかれにし」の「かれ」は「枯れ」。「かれにし人」の「かれ」は「離《か》れ」。「枯る」も「離《か》る」もラ行下二段活用の動詞。 ⬇P.186・2・P.188

(2) 訳（あの人に）忘れられている我が身をつらく思うが、宇治《うじ》橋が途中で切れて誰も渡らないように、（あの人との）仲も絶えてあの人が通ってこない年月が経ってしまった。

▼「忘らるる身を宇治」の「宇治」は「憂《う》し」と読むことができる（「うぢ」＝「うじ」で、濁点を取ると「うし」）。 ⬇P.186・2・3・C・Ⅱ

(3) 訳 空に輝く（上弦・下弦の）月を弓張り月というのは、山辺の方を目指して射る（入る）からである。

▼月は山に「入る（＝沈む）」。弓は「射る」。 ⬇P.186・2

問二 解答 (1) **降る・経る** (2) **降り・古り（旧り）**

(1) 訳 ながながと（雨が）降るのは、しんみりと過ごす（私の）涙の雨であるのに、春の物（＝春の長雨）と人は見るのであろうか。

▼「つれづれと降る」と読むと「単調にながながと雨が降る」意で、下の「雨」とつながる。「つれづれと経《ふ》る」と読むと「所在なくしんみりと過ごす」意で、下の「涙」につながる。「経《ふ》る」はハ行下二段活用の動詞「経《ふ》」の連体形。「ふる」を「古《ふ》る（旧《ふ》る）」と考えては上にも下にも意味的につながらない。 ⬇P.186・2・P.189

(2) 訳 年の終わりに詠んだ（歌）。
　一年の終わりになるごとに、雪もますます降りつのり、私もますます古び（＝年老い）ていくことよ。

▼「ふり」を直前の「わが身も」とつないで読むと、「ふり」は「古《ふ》り（旧《ふ》り）」でなくてはならない。ラ行上二段活用の動詞「古る（旧る）」の連用形で、「古くなる・年をとる」の意。「ふり」を「わが身も」の上の「雪も」とつないで読むと「ふり」は「降り」でなくてはならない。「雪もわが身もふりまさり」は「雪も降りまさり」と「わが身も古りまさり」を合わせた表現。 ⬇P.186・2

問三 解答 (1) **おき・置き・起き** (2) **秋・秋・飽き** (3) **ながめ・長雨・眺め**

(1) 訳 越前守景理《えちぜんのかみかげまさ》が、夕方に来ようと言って何の音沙汰もなかったので（女が）詠んだ（歌）。

夕露は浅茅《あさじ》の上（に置くもの）と見ていたのに、その露（＝涙）を袖の上に置き、起きたまま（私は）夜を明かしてしまったことです。

▼「（夕露を）袖におきて」の「おき」は「置き」。露が草に降りることを「露置く」と表現する。袖に置く露とは涙のこと。「おきても明かし」の「おき」は、「明かし」が「夜を明かす」ということだから、「起き」。この歌は明石《あかし》の浦とは関係ないので、「明かし」は「明石」との掛詞にはなっていない。 ➡P.186・2

(2) 訳 男が通ってくることが途絶えがちになりました頃に（女が）詠んだ（歌）。

風の音が身にしみるほどに聞こえるのは、私の周辺に秋が近くなっているのだろうか、（あの人は）この私に飽きてきているのだろうか。

▼詞書《ことばがき》の「男かれがれになり」は「男離《か》れ離《が》れになり」で、男の訪れが間遠《まどお》になったことを言っている。それを踏まえて四句・結句を読むと、「わが身に秋や近くなるらん」は単にもの寂しい秋が近づいてきたという意ではなく、あの人は私に「飽き」てきたのだろうかと読みかえることができる。 ➡P.186・2・P.188

(3) 訳 陰暦三月の初めから、こっそりと女に逢《あ》って言い交わした後に、雨がしとしとと降っていたときに、詠んで（女に）贈った（歌）。

（あなたを思って）起きるでもなく寝るでもなく夜を明かして、（その上に昼は昼で）長雨は春に特有のものだと思って物思いにふけりながら眺めて過ごしたことです。

▼「ながめくらしつ」は「眺め暮らしつ」と読めるが、詞書に「三月《やよひ》の一日《ついたち》より、…雨のそぼ降り」とあり、歌の中に「春のものとて」とあるので、「ながめ」に「（春の）長雨《ながめ》」が掛けられている。 ➡P.186・2・P.189

問四 解答 **有明の月も明るい明石の浦は、浦に吹く風で波だけが寄る、そんな夜だと見えた（ことです）。**

訳（平《たいら》）忠盛《ただもり》が、備前《びぜん》国から都へ上った時に、鳥羽《とば》院が、「明石の浦はいかが（であった）か」とお尋ねになったので、…と（歌を詠み）申し上げたところ、感動しなさった。この歌は（勅撰《ちょくせん》集の）金葉《きんよう》集に入れられた。

▼「あり明けの月もあかし」の「あかし」は形容詞の「明かし」。「あかしの浦」の「あかし」は地名の「明石」。「波ばかり…よる」の「よる」は「寄る」。「よると見え」の「よる」は、明るい月の光で見たのだから「夜」。掛詞が二つある歌。 ➡P.186・2・P.187・Ⅱ

和歌編

マストアイテム 61

掛《かけ》詞《ことば》Ⅱ・縁語

和歌 読み上げ 聞く

1 掛詞と縁語

掛詞が持つ二つの意味は、一方は自然を、もう一方は心情を表す、つまり「**物**（自然・景物）」と「**心**（人間・人事）」の組み合わせになることが多いと言われます。そういう傾向のある掛詞が一首の和歌の中で二つも三つも用いられることがあり、それら複数の掛詞の間に意味的なつながりが認められると、「物」と「心」それぞれについてまとまりのある内容が表現されることにもなります。掛詞がいくつも用いられている次の歌を見てみましょう。

秋の田の**稲**てふ＊言《こと》も**かけ**なくに何を憂《う》しとか人の**かる**らむ（古今集）

掛詞
- 飽き……去《い》ね（言葉を）掛け……離《か》る ↑「心」系列
- 秋……稲（稲木に）掛け……刈る ↑「物」系列……縁語

秋の田の稲というものは（稲木に）掛けたり刈ったりするが、飽きたから「行ってしまえ」という言葉もかけていないのに、何をつらいと思ってあの人は離れていくのだろうか。

＊てふ…「といふ」が約《つづ》まったもの。

この和歌は、「秋の田」「稲」「かけ（掛け）」「かる（刈る）」といった言葉に目が留まると、秋の稲刈りの光景（**景物**）を詠んだ歌かと思われます。しかし、「何を憂しと」といった語句に注目してよく読むと、右に示したとおり、掛詞が三つ用いられており、この和歌は、「飽きたから『行ってしまえ』という言葉もかけていないのに、何をつらいと思ってあの人は（私から）離れて行くのだろうか」と、自分のもとを去っていく人への恨み（**心情**）を表現しています。そして、それがこの和歌の主意です。

縁語とは、このように**歌の主意とは別に**、**意識的に連ねられた関連深い語**（主に景物を描写する語）のことです。この場合、「秋」「稲」「かけ（掛け）」「かる（刈る）」が縁語です。

2 縁語の発見のしかた

a 歌の主意から離れて、関連の深い語をいくつか意識的に用いて詠む歌があることを認識しておく。
b 一首の歌に**掛詞が複数あった場合、それらに関連性がないか**考えてみる。
c 現代人には縁語として認識しにくいものもあるので、慣用される主なものは覚えておく。

補強ポイント

◆主な縁語

- 葦《あし》（竹）—節《ふし》（節《よ》）—根
- 浦—波—寄る—返《かへ》る—渚《なぎさ》—海人《あま》—海松《みる》
- 緒《を》—絶ゆ—ながらふ—弱る
- 露—置く—結ぶ—玉—葉—消ゆ
- 弓—張る—引く—射る—返る—反《そ》る
- 衣《ころも》—着る—馴《な》る—褄《つま》—張る
- けぶり（煙）—燃え—焦《こ》がる—かまど
- 難波《なには》—葦—江—澪標《みをつくし》—（舟）渡る

プラス＋α

縁語を厳密に定義すると、「和歌の主意とは無関係に、言葉の関連のある語を使う技法」ということになります。

単に**縁の深い言葉を使っていれば縁語というのではなく**、言葉の関連のある語を使いつつ、それらの語が表すものとは別の内容（心情）が表現されていなくては、縁語とはいいません。

次の和歌を見てください。

五月雨《さみだれ》の雲のたえまに月さえて山時鳥《やまほととぎす》空に鳴くなり（千載集）

五月雨の雲の絶え間に（ふと）月が澄んだ光を放ち、（折しも）山時鳥が空で鳴いているようだ。

「雲—月—空」は縁のある語ですが、この歌は雲の絶え間に月が輝き、その空のどこかから聞こえてくる時鳥の鳴き声を詠んだものであって、掛詞もなく、景物描写以外の心情表現がなされているわけではありません。よって、このような歌では、縁語という修辞が使われていると言うことはできないのです。

問一　次の和歌には掛詞が二つある。それぞれ抜き出し、二通りの意味を答えよ。

訪《と》ふ人も今はあらしの山風に人待つ虫の声ぞ悲しき（拾遺集）

［　　］は［　　］と［　　］の掛詞。

［　　］は［　　］と［　　］の掛詞。

問二　次の歌から掛詞を三つ抜き出し、(A)それぞれ二通りの意味を答えよ。また、(B)縁語となっている言葉をすべて抜き出せ。

旅宿に逢《あ》ふ恋といへる心をよめる

難波江《なにはえ》の葦《あし》のかりねの一《ひと》よゆゑみをつくしてや恋《こ》ひわたるべき（千載集）

(A)

［　　］は［　　］と［　　］の掛詞。

［　　］は［　　］と［　　］の掛詞。

［　　］は［　　］と［　　］の掛詞。

(B)

［　　］［　　］［　　］［　　］［　　］［　　］［　　］

問三　次の傍線部の縁語を、それぞれすべて抜き出せ。

(1)　世をのがれて伊勢《いせ》の方《かた》へまかりけるに、鈴鹿山《すずかやま》にて

鈴鹿山憂き世をよそに振り捨てていかになりゆくわが身なるらん（山家集）

(2)　玉の緒《を》よ絶えなば絶えねながらへば忍ぶることの弱りもぞする（新古今集）

(1)	(2)

問四　次の和歌について説明した後の文章の空欄にあてはまる最も適当な言葉を、それぞれ答えよ。

水の泡《あわ》の消えでうき身といひながらながれてなほも頼まるるかな（古今集）

右の歌は、ままならぬ恋の成り行きながら、恋しい人をあてにせずにはいられない苦しみを詠んだものであるが、一貫して自らを「水の泡」にたとえている。「水の泡」に連なる言葉（縁語）をこの歌から拾うと、［(1)］、［(2)］、［(3)］があり、［(2)］は［(4)］と［(5)］の掛詞、［(3)］は［(6)］と［(7)］の掛詞になっている。

そのような修辞が使われることで、思いもかなわぬ涙にくれながらつらい日々を過ごす作者は、消えもせず浮かんで河を流れゆくはかない泡のイメージでとらえられることになる。そうすることで、作者の頼りない気持ちはいっそう効果的に表現されていると言えよう。

(1)	(2)	(3)	(4)	(5)	(6)	(7)

問五　次の和歌について説明した後の文章の空欄にあてはまる最も適当な言葉を、それぞれ答えよ。

入道摂政《せつしやう》まかり通ひける時、女のもとに遣はしける文《ふみ》を見侍りて　春宮大夫道綱母《とうぐうのだいぶみちつなのはは》

うたがはしほかに渡せる文見れば我《われ》や跡絶《とだ》えにならむとすらむ（拾遺集）

右の勅撰《ちょくせん》和歌集の歌は、もとは『蜻蛉日記《かげろう》』にあるもので、入道摂政（夫の藤原兼家《ふじわらのかねいえ》）が愛人に渡そうとした手紙を作者（道綱母）が見つけて、夫が自分のもとに通ってくることはもう絶えるのではないかと危ぶんで詠んだものである。冒頭の「うたがはし」は「疑はし」と「橋」の掛詞になっており、「橋」の縁で［(1)］には［(2)］の意味も掛けられている。そこで、［(2)］と［(3)］と［(4)］が「橋」の縁語ということになる。

(1)	(2)	(3)	(4)

問一 解答 **あらし・あらじ・嵐　待つ・待つ・松**

訳 （秋も末になり）訪ねてくる人も今はないだろう。嵐山の山風に（交じって）人を待つ松虫の声が悲しく聞こえる。

▼「訪《と》ふ人も今はあらし」の「あらし」を濁音にし「あらじ（「じ」は打消推量の助動詞）」とすると、「訪ねてくる人も今はないだろう」と意味が通る。「あらしの山風」は「嵐の山風」（「嵐山の風」）。⬇P.186・2・3・c

「人待つ」の「待つ」は「待つ」だが、「待つ虫」は「松虫（鈴虫の古名）」と読むのがよいので、「待つ」が「待つ」と「松」との掛詞になっている。「松風」「松虫」に「待つ」を掛ける歌は多い。⬇P.186・2・P.189

「訪ふ人も今はあらじ…人待つ…悲しき」は「心（人間）」を表現し、「嵐の山風に…松虫の声」は「物（景物）」を表現している。

問二 解答 (A) **かりね・刈り根・仮寝　一よ・一節・一夜　みをつくし・澪標・身を尽くし**

(B) **難波江・葦・かりね・一よ・みをつくし・わたる**

訳 旅先で出逢《であ》った恋といった心を詠んだ（歌）。

難波《なにわ》の入り江の葦《あし》の刈り根の一節《ひとよ》のような、旅先でのはかない一夜《ひとよ》の（逢瀬《おうせ》の）ために（私は）澪標《みおつくし》のように身を尽くし（＝命をかけ）て恋し続けるのだろうか。

▼「旅宿に逢ふ恋」を詠んだ歌とあるので、「かりね」以降は「仮寝《かりね》の一夜《ひとよ》ゆゑ身を尽くしてや恋ひわたるべき」と読むのがふさわしい（「仮寝」とは旅先で寝ること）。「難波江《なにはえ》（大阪湾）の葦」とのつながりで、「かりね」は「（葦の）刈り根」、「一よ」は「（葦の）一節」、「みをつくし」は「（難波江の）澪標」と読むことができる。「わたる」は「〜し続ける」の意とともに、「（舟が）渡る」の意も持たせている。⬇P.189・P.194・1

問三 解答 (1) **振り・なり** (2) **絶え・ながらへ・弱り**

(1) 訳 出家した後、伊勢《いせ》へ向かいましたときに、（途上の）鈴鹿山《すずかやま》で（詠んだ歌）。

鈴鹿山よ、（その関を越え）憂《う》き世を自分にはかかわりのないものとして見捨てて（伊勢へと赴くが）、この先我が身はどうなるというのであろうか。

▼「鈴」は土で作ったもの（土鈴）でも金属製のものでも、振り鳴らすものである。よって、「振り」と「なり（鳴り）」が「鈴」の縁語。「振り」は「憂き世を…振り捨て」の「振り」と「（鈴を）振り」との掛詞、「なり」は「いかになり」の「成り」と「（鈴が）鳴り」との掛詞になっている。⬇P.195・2・a・b

(2) 訳 我が命よ、絶えてしまうならば絶えてしまえ。生き長らえていると、（秘めた恋を）堪え忍ぶ力が弱まると困る（から）。

▼「緒《を》」とは糸のこと（魂を身体につなぎ止めておく糸が「玉

の緒」、すなわち命）。糸はぷつんと切れるものなので、「絶え」が糸の縁語。また、糸は長く伸びるものなので、「ながらへ」も糸の縁語。また、糸は使っていると弱ってくる（そして切れる）。よって、「弱り」も糸の縁語。これら細くてもろい糸に関連する語を使って、内心の張り詰めた恋心を表現している。「緒」が「絶ゆ」とは死ぬこと、「緒」が「ながらふ」とは生き長らえること、「緒」が「弱る」とは気力がなえることを表す。

問四 解答 (1) **消え** (2) **うき** (3) **ながれ** (4) **浮き** (5) **憂き** (6) **流れ** (7) **泣かれ** ⬇P.195・2・a・c

訳 水の泡が消えないで浮いているように、死にもしないで（生きている）つらい我が身だとは言いながらも、泡が流れてゆくように涙にくれつつもやはり（あの人を）あてにせずにはいられないことであるよ。

▼「水の泡」はいずれ「消え」、また水に「浮き」、「流れ」ゆくものであるから、「消え」「うき（浮き）」「ながれ（流れ）」が「水の泡」の縁語である。

「水の泡の消えでうき」の「うき」は「浮き」、「うき身」の「うき」は「憂き（形容詞「憂し」の連体形）」なので、「うき」が「浮き」と「憂き」の掛詞。また、「水の泡の…ながれて」の「ながれ」は「流れ」、「ながれてなほも頼まるる」の「ながれ（濁点を取る）」は「泣かれ（「れ」は自発の助動詞「る」の連用形）なので、「ながれ」が「流れ」と「泣かれ」の掛詞になっている。

「水の泡の消えで浮き…流れて」は「物（景物）」を表現し、「憂き身といひながら泣かれてなほも頼まるるかな」には「心（人間）」が表現されている。

問五 解答 (1) **文** (2) **踏み** (3) **渡せ** (4) **跡絶え** ⬇P.188・189・P.194・1

訳 入道摂政《せっしょう》（藤原兼家《ふじわらのかねいえ》）が（道綱母《みちつなのはは》のもとへ）通っておりました時、（入道摂政が）ある女性のもとへ贈ろうとした手紙を見まして（道綱母が詠んだ歌）。

疑わしいことだ。ほかの女性に渡そうとしている手紙を見ると、私のもとへ（夫が通ってくるの）はもう途絶えることになるのだろうか。

▼「うたがはし」は「疑はし」と「橋」の掛詞とあるので、「橋」に関連する言葉を探す。古文では橋を歩みゆくことを「橋踏む」と表現するので、「文見《ふみ》れば」は「（橋を）踏《ふ》みみれば」と読める。「橋」は人を渡すので「渡せ」が、またそこで人の往来が途絶えもするので「跡絶《とだ》え」が「橋」の縁語。「橋」に関係する語を意識的に多用することで、夫兼家と自分との往来が絶えはしないかと危ぶむ気持ちを巧みに表現している。 ⬇P.194・195・1・2

比喩

和歌読み上げ 聞く

和歌の比喩表現については次の二つのことを押さえておく必要があります。❷の方がより重要です。

❶ 和歌には「〜のように」という比喩を表す格助詞の「と」がある

次の和歌の中の「と」は引用の「と」でも「といっしょに」の意の「と」でもありません。「花、雪と散る」または「涙、雨と降る」といった表現の「と」は比喩を表す「と」です。

駒並《こまな》めていざ見にゆかむ古里《ふるさと》は雪とのみこそ花は散るらめ（古今集）

馬を連ねてさあ見に行こう。あのなつかしい土地ではただ雪のように桜の花が散っているだろう（から）。

❷ 和歌の中のある言葉に別の意味（比喩的意味）を込めることがある

和歌ではあからさまに表現せず、**何かに託してそれとなく伝える**ということをよくします。表向きの意味の裏に別の意味を込めるのです。込められた**比喩的な意味は和歌が詠まれた状況の中で和歌の意味をとらえ直すときに初めて読み取れてきます**ので、誰がどんな状況で、誰に向かって詠んだ歌かを見定めることがきわめて大切になります。

『源氏《げんじ》物語《ものがたり》』「葵《あおい》」にある光《ひかる》源氏が詠んだ次の歌を見てください。

草枯れのまがきに残るなでしこを別れし秋のかたみとぞ見る

この歌を文字通り解釈すると、「下草の枯れた垣根に残る撫子《なでしこ》の花を、過ぎ去った秋の形見と（私は）見る」となります。秋の七草の一つである撫子の花に目を留めて、去りゆく秋を惜しんだ歌と読むことができます。しかし、それは**表向きの意味**なのです。

実はこの歌は、男の子を出産後間もなく死んでしまった妻（＝葵の上）を思い、「葵の上」の母に光源氏が贈った歌なのです。このような状況が押さえられると、歌の中の言葉をまた別の意味で読み取ることができます。

「草枯れ」とは、妻の「葵の上」が死んだことを意味し、「まがきに残るなでしこ」とは、「葵の上」が残した男の子のことを比喩的に表現した言葉だと考えられます（「なでしこ」は草花の名であると同時に「撫《な》でし子（撫でいつくしんだ子、すなわち愛《いと》しい子）」で、掛詞と見ることもできます）。すると、最後の「別れし秋のかたみ」という表現は、死別した妻の形見という意味でもあることが分かるでしょう。よって、この歌の裏の**本当の意味**は次のようになります。「妻が亡くなった後に残した愛しい子を、死別してしまった妻の形見だと私は見ています」。

補強ポイント

Ⅰ 「〜の」で終わる序詞《じょことば》は比喩表現（➡P.181）です。

春立てば消ゆる氷の（序詞）残りなく君が心はわれにとけなむ（古今集）

春になると溶ける**氷のように**すっかりあなたの心は私に打ち解けてほしい。

序詞は、右のように初句・二句、または初句から三句にあることが多いのですが、次のように二句目だけが序詞、すなわち比喩表現になっている歌もあります。

心には下《した》ゆく水の（序詞）わき返り言はで思ふぞ言ふにまされる（古今六帖）

心の中では**物の下を流れる水のように**（思いが）激しく湧き立っていて、（それを）言わないで思っているのは、（口に出して）言うのよりまさっている（＝もっとつらいものだ）。

わき返る（＝激しくわき立つ）心のありさまを「（わき返り）下ゆく水」にたとえています。

Ⅱ Ⅰの「の」の用法に準じて、歌によく使われる次のような表現も知っておくとよいでしょう。

- **夢の世**（夢のようにはかないこの世）
- **露の世**（露のようにはかないこの世）
- **露の身**（露のようにはかないこの身）
- **花の姿**（桜の花のように美しい姿）
- **花の衣《ころも》**（桜の花のように美しい衣服）
- **＊苔《こけ》の衣**（苔のように粗末な衣服）

＊僧や隠者の衣。「苔の袂《たもと》」ともいう。

練習問題　比喩

問一　次の和歌の傍線部を現代語訳せよ。

笛の音《ね》のただ秋風と聞こゆるになど荻《をぎ》の葉のそよと答へぬ（更級日記）

問二　次の(1)と(2)の和歌の傍線部は、どちらも同じものを比喩的に表している。何を表しているのか、答えよ。

(1)　むかし、男、臥《ふ》して思ひ、起きて思ひ、思ひあまりて、

わが袖は草のいほりにあらねども暮るれば露のやどりなりけり（伊勢物語）

(2)　小松のおとど失《う》せ給ひてのち、その北の方の御もとへ、十月《かんなづき》ばかり聞こゆ。

かきくらす夜《よる》の雨にも色変はる袖の時雨《しぐれ》を思ひこそやれ（建礼門院右京大夫集）

問三　次の和歌は光源氏《ひかるげんじ》との間に生まれた姫君を手放すことを決意した明石《あかし》の上《うえ》が、姫君との別れに際して詠んだものである。傍線部はどういうことを言っているのか、その説明として最も適当なものを、後から選べ。

末遠《すゑとほ》き二葉《ふたば》の松に引き別れいつか木高《こだか》きかげを見るべき（源氏物語・薄雲）

イ　空高く輝く月のように美しく成長した姫君と再会することをいちずに祈る気持ち。

ロ　姫君が都の身分の高い人々に囲まれて生きることになることへの期待と不安。

ハ　姫君は都から遠く離れた山里で暮らすことになるのだろうというわびしい思い。

ニ　立派に生い育った姫君をはたして見ることができるものだろうかという心細さ。

問四 傍線部の表現効果の説明として最も適当なものを、後から選べ。

*み熊野《くまの》の浦よりをちに漕《こ》ぐ舟の我をばよそに隔てつるかな（新古今集）

*み熊野の浦…紀伊《きい》国の歌枕。　*をち…遠方。かなた。

イ 自分をうとんじ遠ざけた人がどこの誰であるかを遠回しに気付かせようとしている。
ロ これからどこに自分が流されることになるのか、その場所をそれとなく示している。
ハ 自分だけがひどく除《の》け者にされるさまを一つの具体的なイメージで表している。
ニ 京を出て自分から遠く離れて行ってしまう人の姿を海に漕ぎ出す舟にたとえている。

問五 次の和歌は桐壺《きりつぼ》帝に寵愛《ちょうあい》された更衣《こうい》が幼い皇子《みこ》（のちの光源氏）を残して亡くなった後、更衣の母が詠んだものである。傍線部はどういうことを言っているのか、簡潔に説明せよ。

あらき風ふせぎしかげの枯れしより小萩《こはぎ》がうへぞ静心《しづこころ》なき（源氏物語・桐壺）

問六 次の和歌は洛北《らくほく》の大原《おおはら》寂光院《じゃっこういん》に入った*建礼門院《けんれいもんいん》を訪ねた作者（右京大夫《うきょうのだいぶ》）が詠んだものである。傍線部は何をたとえたものか。注も参考にして、簡潔に答えよ。

あふぎ見しむかしの雲のうへの月かかる深山《みやま》の影ぞかなしき（建礼門院右京大夫集）

*建礼門院…平清盛《たいらのきよもり》の娘徳子《とくし》。高倉《たかくら》天皇の后《きさき》で、安徳《あんとく》天皇の母。壇《だん》ノ浦で入水したが、助けられた。帰京後は寂光院に籠もり、平家一門の菩提《ぼだい》を弔う日々を送った。

問一 解答 **笛の音がまるで秋風のように聞こえるのに**

傍線部より下の訳 なぜ荻《おぎ》の葉は「そうですよ」と答えないのか。

▼「秋風と」の「と」は比喩を表す「と」で「〜のように」と訳す。その「と」が下にあるので、副詞「ただ」は「ちょうど」「まるで」などと訳すとよい。傍線部末尾の「に」は下《しも》の句（四句・結句）の意味を考えると、逆接の接続助詞で「〜のに」と訳すのがよい。 ➡P.200・1

問二 解答 **涙**

(1) **訳** 昔、男が、寝て（女を）思い、起きて（女を）思い、思い慕って、（詠んだ歌。）

私の袖は草葺《ぶ》きの庵《いおり》ではないけれども、日が暮れると、露の宿る（＝涙のたまる）所であることだ。

▼「袖の露」とあれば、袖をぬらす涙のこと。比喩の定番ともいうべきもの。 ➡P.200・2

(2) **訳** 小松のおとど（平重盛《たいらのしげもり》）がお亡くなりになって後、その奥方の御もとへ、陰暦十月頃（お悔やみを）申し上げる。

空を暗くする夜の雨につけても、色が変わる（奥方の）袖の時雨《しぐれ》（＝涙）を思いやっています。

▼「袖の時雨」は袖をぬらす涙のこと。これも比喩の定番。動詞の「時雨《しぐ》る」は「時雨が降る」の意のほか「涙がこぼれる」の意もある。三句の「色変はる」は、喪《も》に服して喪服を着ていることと涙にぬれて着物の色が変わることの二つを意味している。 ➡P.200・2

問三 解答 **ニ**

訳 生い先遠い二葉《ふたば》の松（＝幼い姫君）に今別れて、いったいいつ木立の高い姿（＝立派に育った姿）を見る（ことができる）だろうか。

▼「末遠《すゑとほ》き」とは「これから先が遠い」つまり「大きく成長するのはずっと先の」ということ。「二葉《ふたば》」とは、「草木が芽を出したばかりのときの二枚の葉」のことで、この歌では「二葉の松」が幼い姫君をたとえた言葉だと分かることが最も重要。「木高《こだか》きかげ」とは「木が高く伸びた姿（「かげ」は「影」で「姿」の意）」。すなわち姫君の成長した姿を比喩的に表現したものである。それを「いつか…見るべき（いつ…見ることがあろうか）」と言っているのだから、はたして見ることができるかという不安・心細さを表していると見なすのが適切。 ➡P.200・2

問四 解答 **ハ**

訳 熊野《くまの》の浦から遠く（沖へ）漕《こ》ぎゆく舟のように、私をはるかかなたに隔て置いたことだよ。

▼傍線部は自然（景物）描写で、傍線部より下は心情表

現であり、傍線部の末尾の「の」を「〜のように」と訳すと、傍線部と傍線部より下がうまくつながる。よって、傍線部は比喩による序詞《じょことば》である。「我をばよそに隔て（私を無関係なものとして遠ざけ）」すなわち「自分だけがひどく除《の》け者にされ」孤立してわびしいさまを、都からはるか遠い熊野の浦からさらに沖のかなたへと漕ぎゆく一隻の舟にたとえている。よって、**ハ**が正解。**ニ**は「海に漕ぎ出す舟にたとえている」という部分だけが正しい。「我をばよそに隔てつる」を**ニ**のように「自分から遠く離れて行ってしまう」と解釈することはできない。

➡P.180・2・a・b・①・P.201・I

問五 解答 **母を亡くした幼い皇子の今後の身の上が心配でならない。**

訳 荒い風を防いでくれていた木陰《こかげ》（の木）が枯れて（なくなって）からは（木陰に咲いた）小萩《こはぎ》の身の上を思うと落ち着いた気持ちがしない。

▼「あらき風ふせぎしかげ」の「かげ」は木陰の「陰」。それが「枯れ」たということは、生んだ皇子《みこ》を母として守っていた更衣《こうい》が亡くなったということである。それ以来、「小萩がうへぞ静心《しづこころ》なき」というのであるが、「小萩」はこれまで「あらき風」から木陰で守られていた「小さな萩」。これは幼い皇子を比喩的に表現したものと見なすのが妥当。「静心なし」とは「静かな落ち着いた心がない」、つまり不安・心配だということ。よって、「幼い皇子のこれからの身の上が心配でならない」という内容が答えられればよい。

➡P.200・2

問六 解答 **かつて宮中で天皇の后として輝かしい存在であった建礼門院。**

訳 仰ぎ見た昔の雲の上の月（であったが）、このような山奥の姿（を見るの）は悲しい。

▼初句の「あふぎ見る（仰ぎ見る）」は、「上の方を見る」意とともに「尊び敬う」の意も持つ。「むかし」は建礼門院《けんれいもんいん》が高倉《たかくら》天皇の后《きさき》であった「昔」。「雲のうへ」は文字通りの意味とともに「宮中」の意もあり（「雲居《くもゐ》」も同じ）、「月」は空に輝くものであるから、「むかしの雲のうへの月」とは「昔、宮中で后として輝いていた建礼門院」をたとえたものである。

四句の「かかる」は「（月が空に）懸かる」意を持たせつつも主意は「このような」。「影」は「姿」の意（「人影」の「影」）で、こんな「深山《みやま》」すなわちここ洛北《らくほく》の大《おお》原寂光院《はらじゃっこういん》で建礼門院の御姿を見るのは悲しいと詠んだ歌である。

➡P.200・2

文学史編

文学史の勉強で大事なことはまず大きな流れをつかむことです。よってジャンル別に書かれた簡潔な説明文（概観）をよく読むとともに、図式化された年表を頭に入れるようにしましょう。

年表はまずヨコに見て、同じジャンルにどのような作品があるかをつかむこと、次にタテに見て、個々の作品がいつの時代のものかを確認すること。その上で、各作品についてのより詳しい説明を学び取るといいのです。

また、ＱＲコードからは、各ジャンルの代表的な作品について、それぞれ有名な場面の古文本文・現代語訳を確認することができます。実際の古文に触れる機会を増やしましょう。

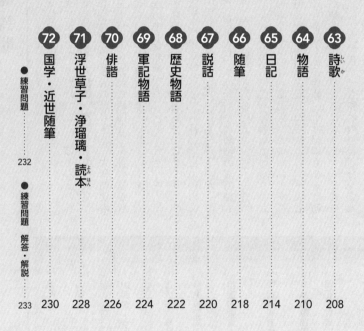

マストアイテム 63

詩《し》歌《いか》

上代・中古の詩歌

＊詩歌とは漢詩と和歌のこと

詩歌のジャンルでは、単に最古というだけでなく、ほとんどの日本文学研究者が最高の歌集と認める「**万葉集**」があります。天皇や貴族、官僚の歌を中心としつつも女流歌人の歌も多く、大和朝廷の時代から奈良時代まで百三十年以上にわたる約四五〇〇首の歌が収められています。成立は七六〇～七〇年頃と考えられています。

このように奈良時代の文学の中心に和歌があったことが分かりますが、この流れが平安時代の和歌の隆盛にそのまま繋《つな》がるわけではありません。

中国大陸の文明に学んで律令国家を作ろうとした朝廷では中国の文化人にならい、漢詩文を作りもてはやす思潮もありました。七五一年には最古の漢詩集「**懐風藻**《かいふうそう》」が編まれ、平安初期には**勅撰**《ちょくせん》**の漢詩集**も三つ作られています（「勅撰」とは天皇・上皇の命によって詩文を選び、書物を編集することです。天皇・上皇ではない貴族が個人で多くの人の作品を選び、詩歌集を編集したものは「私選集」といわれます）。

しかし、漢字を使って何とか日本語を表記した時代から、平仮名を発明し、日本語の表記にも習熟するに伴い、十世紀にもなると**勅撰の和歌集**、また私家《しか》集が数多く編まれることになります。最初の勅撰和歌集「**古今**《こきん》**和歌集**」は江戸時代までも和歌の規範となって大きな影響も持ち続けます。

奈良時代

- 751 **懐風藻**《かいふうそう》　最古の漢詩集（大和時代から奈良時代までの漢詩）
- 760ころ **万葉集**　最古の和歌集（大和時代から奈良時代までの和歌）

平安時代

前期

〈勅撰漢詩集〉

- 814～827 **凌雲集**《りょううんしゅう》・**文華秀麗集**《ぶんかしゅうれいしゅう》・**経国集**《けいこく》

勅撰和歌集（その第一から第八＝「八代集」）

- 905 **古今**《こきん》**和歌集**㈠　最初の勅撰和歌集。史上最も尊ばれた歌集

中期

- 951 **後撰**《ごせん》**和歌集**㈡　撰者は「梨壺《なしつぼ》の五人（源順《したごう》・清原元輔《もとすけ》ら）」
- 1007 **拾遺**《しゅうい》**和歌集**㈢　後撰集・拾遺集は古今集の後を追う歌集であり、まとめて**三代集**と呼ばれる
- 1086 **後拾遺**《ごしゅうい》**和歌集**㈣　当代歌人の和歌を重視。和泉式部ら王朝女流歌人の歌が多いのが特色

後期

- 1127 **金葉**《きんよう》**和歌集**㈤
- 1151 **詞花**《しか》**和歌集**㈥
- 1187 **千載**《せんざい》**和歌集**㈦　平安最後の勅撰和歌集。撰者は藤原俊成《しゅんぜい》

鎌倉時代

- 1205 **新古今**《しんこきん》**和歌集**㈧　古今集から三百年後に成立した八番目の勅撰和歌集。宮廷和歌の頂点に位置する

古典作品 読む

万葉集　貴族から庶民までの歌を収める。東国地方の東歌《あずまうた》、九州の辺境防備者が詠んだ防人歌《さきもりうた》なども含む。数次の編纂《へんさん》を経て、最終的に編集したのは大伴家持《おおとものやかもち》と考えられる。四期に分けられ、各期の代表的歌人は次の通り。

第一期（壬申の乱まで）　**額田王**《ぬかたのおおきみ》
第二期（平城京遷都まで）　**柿本人麻呂**《かきのもとのひとまろ》
第三期（奈良時代前期）　大伴旅人《おおとものたびと》・**山上憶良**《やまのうえのおくら》・山部赤人《やまべのあかひと》
第四期（奈良時代中期）　**大伴家持**

古今和歌集　撰進下命者《せんしんかめいしゃ》は醍醐《だいご》天皇。三期に分けられる。

第一期　よみ人知らずの時代
第二期　六歌仙《ろっかせん》の時代（「六歌仙」とは僧正遍昭《そうじょうへんじょう》・在原業平《ありわらのなりひら》・文屋康秀《ふんやのやすひで》・喜撰《きせん》法師・小野小町《おののこまち》・大伴黒主《おおとものくろぬし》の六人）
第三期　撰者の時代（撰者は紀友則《きのとものり》・**紀貫之**《きのつらゆき》・凡河内躬恒《おおしこうちのみつね》・壬生忠岑《みぶのただみね》の四人）

春・夏・秋・冬・恋・哀傷・離別・羈旅《きりょ》などの部立《ぶだて》から成る。万葉集の部立である「相聞《そうもん》（恋愛を主とする歌）」は「恋」、「挽歌《ばんか》（死者を哀悼する歌）」は「哀傷」となった。

新古今和歌集　撰進下命者は後鳥羽《ごとば》上皇。撰者は**藤原定家**《ていか》ら。古典文学史上で**三大和歌集**というと、万葉集・古今集・新古今和歌集を指す。古今集の歌を下敷きにするなど、古歌を念頭に置いて歌を詠む**本歌取り**《ほんか》の歌が多いのが大きな特色。

古今和歌集仮名序《かなじょ》　「やまと歌は人の心を種として、よろづの言の葉となれりける」という有名な書き出しで始まる、「古今和歌集」巻頭に置かれた紀貫之の歌論。日本語で書かれた最古の歌論で、和歌の歴史や意義を述べている。歌論として他に著名なものには、鎌倉初期の藤原俊成の「古来風体抄《こらいふうていしょう》」、藤原定家の「近代秀歌」、鴨長明《かものちょうめい》の「無名抄《むみょうしょう》」がある。

和漢朗詠集　朗詠に適した和歌と漢詩を集めたもの。藤原公任《きんとう》撰。平安中期成立。平安貴族に広く愛唱された。

梁塵秘抄《りょうじんひしょう》　当世風の謡《うた》いもの（今様歌《いまようた》）を集めた歌謡集。後白河《ごしらかわ》院撰。平安末期成立。七五調四句形式が多い。

山家集《さんか》　「新古今和歌集」の代表歌人**西行**《さいぎょう》の私家集。

金槐和歌集《きんかい》　鎌倉幕府三代将軍**源実朝**《さねとも》の私家集。

小倉百人一首《おぐら》　**藤原定家**撰。中世以降、和歌を学ぶための経典として仰がれる。

文学史小話
「後撰集」の撰者とされる「梨壺の五人」の主要任務は「万葉集」の歌を読み解くことでした。大変な工夫をして漢字ばかりで表記された「万葉集」は、平仮名が普及した十世紀半ばには万葉研究の専門家が取り組まなければならないほど、容易には読めない本になっていたのです。

プラス+α
勅撰集・私撰集・私家集とはどのようなものか。それぞれの違いを調べてみよう。

物語

九世紀の後半から二種類の物語が作られるようになりました。一つは**作り物語**、もう一つは**歌物語**です。

作り物語とは、現実には起こりそうもない不思議な話（つまり伝奇）ということです。「**竹取物語**」では、かぐや姫は竹の中から生まれ、美しく成長し、遂には月へ帰って行きます。このように作り物語は空想的な話ですが、その一方で、かぐや姫への求婚譚《たん》などが示すように、細部には写実的でリアルな描写もあります。「**落窪《おちくぼ》物語**」ともなると、その写実性はより強くなるということができます。

歌物語は、歌が一つの話の核となって、それに付随する文は、歌が詠まれるにいたった状況を説明するという形の物語です。歌物語というと何といっても、在原業平《ありわらのなりひら》の一代記の形をとる「**伊勢物語**」が歌物語の代表作で、平安時代の文学としては「古今和歌集」と並んで、後世にまで人の心をとらえ続けた作品です。

十世紀後半に作り物語と歌物語の二つの流れは合流し、物語文学の最高傑作とされる「**源氏物語**」の誕生へと向かいます。女性の内面を深く描いた「蜻蛉《かげろう》日記」などの日記文学も作者紫式部に大きな影響を与えたといわれます。

平安時代後期には「源氏物語」の影響を受けた作り物語が「**狭衣《さごろも》物語**」「**夜《よる》の寝覚《ねざめ》**」など数多く作られました。

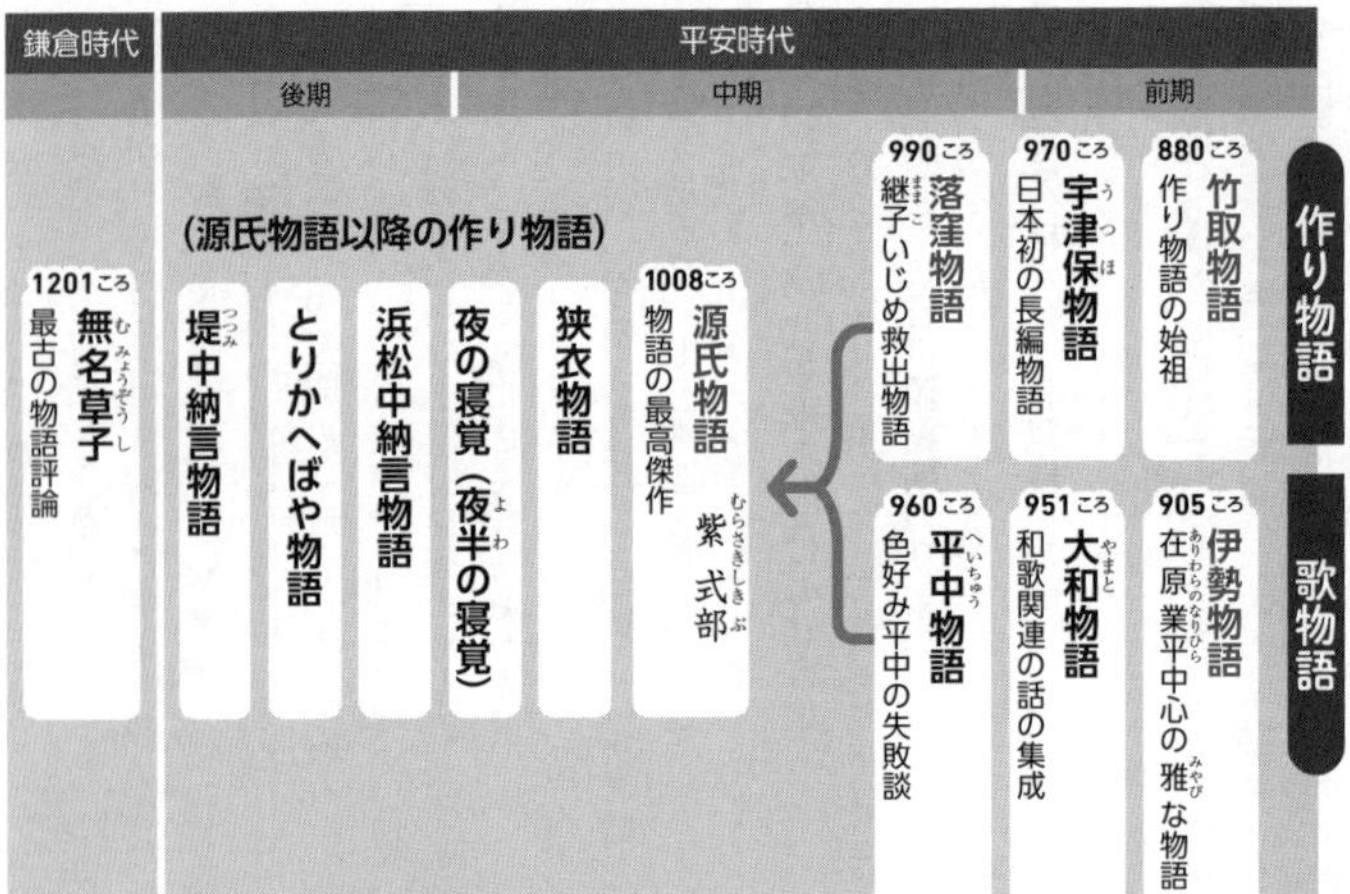

古典作品 読む

作り物語

竹取物語　九〇〇年以前に成立。竹取の翁《おきな》によって竹の中から発見されたかぐや姫が美しく成長し、五人の貴公子の熱心な求婚も難題を出して退け、時の帝のお召しにも応ぜず、最後は月へと帰ってゆくという見事なストーリー展開。「源氏物語」の中で「物語の出《い》で来《き》はじめの祖《おや》」と呼ばれている。

宇津保《うつほ》物語　九七〇～八〇年頃成立。清原俊蔭《としかげ》の異国流浪譚《たん》に始まる、一族の秘琴伝授の物語を軸に、美しい貴宮《あてみや》をめぐる求婚譚が交錯して進んでいく。日本で最初の長編物語であり、長編の持つ可能性を紫式部に教えたともいわれる。物語の題名は俊蔭の孫仲忠《なかただ》が母と一時期、大木の空洞《うつほ》に住んでいたことにちなむ。

落窪《おちくぼ》物語　九九〇年頃成立。母を亡くし、父中納言に引き取られた姫君は、継母《ままはは》からひどい仕打ちを受け、「落窪（他より一段落ちくぼんでいる部屋）」に住まわせられるが、やがて、若い貴公子（少将道頼《みちより》）が現れて、姫君を苦境から救い出す。道頼は太政大臣にまで昇進し、二人は幸せな結婚生活を送るというシンデレラストーリー。話の運びがきっちりしており、統一性に欠ける「宇津保物語」よりずっと作品の完成度が高い。当時の貴族社会の実相をコミカルに描くなど諧《かい》謔味《ぎゃくみ》もある作品。

歌物語

伊勢物語　九〇五年に原形は成立し、その後、増補が加えられて完成したと考えられている。多くは「昔、男」で始まり、短い挿話の連続という形で、百二十五の章段からなる。「男」は高貴な生まれ、すばらしい美男子、才能ある歌人、どんな女性でもなびかせる色好みの男、すなわち在原業平と考えられて後世まで読み継がれてきた。業平が在原氏の五男であることから「在五《ざいご》が物語」「在五中将の物語」とも呼ばれる。男がわが身を「要《えう》なきもの（無用の者）」と思いなして、関東を旅する東下《あずまくだ》りの段（第九段）は「伊勢物語」の中心的挿話で、いっそう叙情性の豊かな作品にしている。

大和物語　成立は九五〇年頃。百七十三の章段からなるが、多くは歌にまつわる話の雑多な集成で、特定の主人公はなく、天皇から貴族・僧・下層の民衆までさまざまな人物が登場する。後半に古い民話などをもとにした「生田川《いくたがわ》」「蘆刈《あしかり》」「姨捨《おばすて》」など印象深いものがある。

平中物語　九六〇年頃成立。三十九段からなる。色好みの男（平中＝平貞文《さだふみ》）を主人公とする歌物語。平中は多くの恋をするものの、「伊勢物語」の業平とは異なり、恋人に逃げられるなど、恋が成就しない話が多い。恋の駆け引きや和歌の応酬など、男女の心の機微が巧みに描かれている作品。

源氏物語　近現代文学も含めて日本文学の最高峰といわれるだけでなく、世界文学の記念碑的作品として高く評価されている。日本では谷崎潤一郎以来、新たな現代語訳が次次と試みられているし、英語・フランス語・ドイツ語・中国語などいくつもの外国語にも翻訳され、今や世界の人々の心をつかむ作品である。その理由は、昔と今と時代状況は大きく変わっても、少しも古びることのない人間の感情を作者紫式部が深く細やかに描いているからであろう。「源氏物語」をこよなく愛した江戸時代の学者本居宣長《もとおりのりなが》は「物のあはれを知るには、この物語を見るにまさることなし」（紫文要領《しぶんようりょう》）といった。この言葉は、「源氏物語」が世界中で読まれることになった理由をよく示しているともいえよう。ちなみに、「物のあはれ」は英語では the pity of things と翻訳される。

＜作者と成立年＞

紫式部は一〇〇一年に夫と死別した後、「源氏物語」を書き始めたと考えられている。「源氏物語」作者としての能力が評価され、時の権力者藤原道長の娘である中宮彰子《しょうし》に仕えることになるが、物語は書き継がれ、一〇〇八年にはおよそ完成したと見られる。私家集に「紫式部集」があり、「紫式部日記」の作者でもある。

「源氏物語」のあらすじは次の通り。五十四帖《じょう》からなる長編の「源氏物語」は内容的に次の三部に分けられる。

＜第一部①桐壺《きりつぼ》～㉝藤裏葉《ふじのうらば》＞

光源氏の誕生から栄華の絶頂に達する半生を描く。桐壺帝に寵愛《ちょうあい》された更衣《こうい》は美しい皇子（光源氏）を産んで亡くなる。源氏は亡き母に似るという藤壺《ふじつぼ》（父桐壺帝の后）を思慕するようになる。満たされない思いのまま、若い源氏は夕顔・六条御息所《みやすんどころ》・朧月夜《おぼろづきよ》など多くの女性と関わりを持つ。長く愛することになる紫上《むらさきのうえ》との出会いもある。藤壺とは夢のような契りを交わし、藤壺は源氏の子を宿す。その後しばらく、源氏は須磨・明石に謫居《たっきょ》するという不遇の時代を経る（そこで明石上《あかしのうえ》と結ばれる）が、彼の秘密の子が冷泉帝として即位すると、源氏は生涯で最もよき時を迎える。六条院を造営して愛する女性たちを住まわせ、准太上《じゅんだいじょう》天皇の位を得て、栄華を極めた生活を送る。

＜第二部㉞若菜《わかな》上～㊶幻《まぼろし》＞

苦悩の色が濃くなる光源氏の晩年を描く。源氏は紫上を深く愛しながら、四十歳を前にして年若い女三宮《おんなさんのみや》（朱雀院《すざくいん》の娘）を正妻に迎える（娘を源氏に託した朱雀院の願いを断ることはできなかった）。その女三宮を垣間見て心を奪われた柏木《かしわぎ》（頭中将《とうのちゅうじょう》の息子）は女三宮と密通し、女三宮は懐妊する。これを知った源氏は、かつて藤壺との間に犯した罪を回想し宿命の恐ろしさにおののく。柏木は光源氏に悟られた畏怖と不安の中で病床に伏し、死を迎える。女三宮は男の子（薫《かおる》）を産んで出家し、源氏はこの子を自分の子として育てる。紫上は、源氏が女三宮を迎えて以来、苦悩の日々が続き、ついに息を引き取る。紫上に先立たれた光源氏は、孤独の中で出家の準備を進める（源氏の死は描かれない）。

＜第三部㊷匂兵部卿《におうひょうぶきょう》～54夢浮橋《ゆめのうきはし》＞

光源氏亡き後の、子や孫の恋模様を描く。表向きは光源氏の子でありながら出生の秘密を抱えた薫は、世をはかなみ宇治で暮らす八宮《はちのみや》（源氏の異母弟）のもとに通っていた。そのうち、薫は八宮の娘の大君《おおいぎみ》を見初めて言い寄るが、大君は応じようとしない。妹の中君《なかのきみ》は匂宮《におうのみや》（光源氏の孫）のものとなり、大君は様々な心労が重なり、この世を去る。その頃、大君・中君の異母妹に浮舟《うきふね》という女性のいることを薫は知り、亡き大君に生き写しの浮舟に強く惹《ひ》かれるが、匂宮も浮舟を情熱的に愛する。浮舟は愛の板挟みとなり、入水して命を絶とうとするが、横川《よかわ》の僧都《そうず》一行に救われ、ひそかに出家する。これを知った薫は浮舟に会おうとするが、浮舟は聞き入れようとはしない。宇治を舞台とする㊺橋姫～(54)夢浮橋の十帖《じゅうじょう》を「**宇治十帖**」という。

「源氏物語歌絵１」（九州大学附属図書館所蔵）

狭衣物語　狭衣大将《だいしょう》は兄妹のようにして育てられた従妹《いとこ》の源氏宮《げんじのみや》に恋するが、かなえられずに終わる悲恋の物語。

夜の寝覚　眠れない夜を想像させる書名通り、女主人公の悲恋・苦悩の生涯を描く物語。心理描写の深さは「源氏物語」を上回るという評価もある。「夜半の寝覚」ともいう。

浜松中納言物語　主人公の中納言は亡き父が唐に生まれ変わったという夢を見て渡唐を決心するというように、夢と転生をテーマとする物語。

とりかへばや物語　女性的な兄は姫君として、男性的な妹は若君として育てられるという奇抜な発想の物語。書名は男女二人の子の父が「取り替えたい」と発した言葉による。

堤中納言物語　平安貴族のさまざまな姿を巧妙に描く短編物語集。「虫愛《め》づる姫君」が特に興味深い作品。

無名草子　一二〇一年頃成立。老尼と女房たちが語り合う形式で、「源氏物語」「狭衣物語」「夜の寝覚」などの物語論を展開する。女性歌人・作家の批評もある。

文学史小話　三島由紀夫は「浜松中納言物語」の転生の物語に触発されて「豊饒《ほうじょう》の海」四部作を書きました。古典は新たな現代文学を生み出す力にもなるのです。

プラス＋α　「伊勢物語」はいかに始まりいかに終わるか。第一段と最終段（百二十五段）を確かめてみよう。

マストアイテム 65

日記

日記は本来、男性官人が漢文で書く日々の出来事の記録でしたが、「古今和歌集」ができて三十年後の九三五年、**紀貫之**《きのつらゆき》は女性に仮託してつまり女性が書いたという形にして「**土佐日記**」を書きました。土佐から京への船旅の経験を仮名を用いて綴《つづ》ったこの日記は、機知に富み、深い心情をも表し得ていて、ここに文学としての日記が初めて誕生しました。これ以降、日記文学は日本文学の重要な一分野となります。

「土佐日記」の約四十年後にできた「**蜻蛉**《かげろう》**日記**」は女性による初めての日記であり、かつ日記の傑作です。宮廷貴族の妻としての自分の内面を迫真性をもって描き得た意義は大きく、以後、日記は女性たちが担うものとなりました。

平安中期の「**和泉式部**《いずみしきぶ》**日記**」と「**紫式部日記**」は王朝女流日記を代表する二作品です。その約五十年後に現れる「**更級**《さらしな》**日記**」は自伝的な作品で、「源氏物語」に憧れた少女時代から夫の死を経て仏教への信仰を深めてゆく晩年に至る半生を描いています。平安後期の「**讃岐典侍**《さぬきのすけ》**日記**」は天皇の死を看取った女房が天皇への思慕を綴った特異な日記です。

鎌倉時代の日記に「**建礼門院右京大夫集**《けんれいもんいんうきょうのだいぶしゅう》」「**十六夜**《いざよい》**日記**」「**とはずがたり**」があります。旅日記という新しい時代の特色なども出て来ますが、武家の時代となっても宮廷中心の平安王朝文学の伝統は基本的には受け継がれています。

時代	区分	年	作品	作者	内容
平安時代	前期	935ころ	土佐日記	紀貫之	「日記文学」の誕生
平安時代	前期	974以降	蜻蛉日記	藤原道綱母《ふじわらのみちつなのはは》	女流日記の登場
平安時代	中期	1008ころ	和泉式部日記	和泉式部	宮（親王）との恋物語
平安時代	中期	1010ころ	紫式部日記	紫式部	平安王朝の栄華と人物批評
平安時代	後期	1060ころ	更級日記	菅原孝標女《すがわらのたかすえのむすめ》	文学への熱中そして後悔の思い
平安時代	後期	1109ころ	讃岐典侍日記	讃岐典侍	天皇への一途な献身と追想
鎌倉時代		1232ころ	建礼門院右京大夫集	建礼門院右京大夫	平家の輝きと敗北の悲哀を記す
鎌倉時代		1280ころ	十六夜日記	阿仏尼《あぶつに》	京から鎌倉への旅日記
鎌倉時代		1306ころ	とはずがたり	後深草院二条《ごふかくさいんにじょう》	愛の遍歴を赤裸々に語る日記

古典作品読む

土佐日記　作者は**紀貫之**。紀貫之は九〇五年成立の「古今和歌集」の中心的撰者であり、その序文（「古今和歌集仮名序《かなじょ》」）も書いた歌人。彼は九三〇年に土佐守《とさのかみ》（土佐の国守）となり、五年の任期を終えて、土佐から京都に帰る五十五日間の旅を旅日記として仮名で記した。よって、「土佐日記」は九三五年頃に成立したと考えられる。

冒頭に次の有名な言葉がある。「男もすなる日記といふものを、女もしてみむとてするなり（男も書くという日記というものを、女（の私）も書いてみようと思って書くのである）」この一文を最初に入れたのは、「土佐日記」は男性の書く漢文日記ではなく、仮名を使った和文日記であるために、これは男性ではなく女性が書いたものですよと読者にまず説明する必要があったと考えられている。ただ、女性の書いた日記だというのは建前だけで、実際に「土佐日記」を読んでみると、女性らしい筆致は特になく、男性の紀貫之が自分の分身と思われる人物（男女数人）を登場させて旅の経過を描いている。国司の館を出発するときの送別の宴に始まり、船中の人々の様子や会話、船旅の不安、海賊への恐怖、帰京の感慨などが述べられるが、とりわけ任地で亡くした娘への追想が繰り返し書かれ、また歌にも詠まれていて、この亡き娘への思いが貫之に「土佐日記」を書かせたと思われる。

蜻蛉日記　作者は**藤原道綱母**。上・中・下の三巻からなる。権門勢家の男であった藤原兼家《かねいえ》と結婚した九五四年から二十一年間にわたる半生を内省的に記した日記。中巻に「身の上をのみする日記《にき》」、つまりわが身の上のこと以外は記さないとあり、兼家の求婚に始まり、子の道綱の誕生、「町の小路《こうじ》の女」の出現、母の死など個人的な体験が綴られる。成立は日記が終わる九七四年以降の数年以内か。

夫との関係において苦悩するさまが多々記されるが、その原因は作者が夫の愛を独占せずにはいられなかった人であったためであった。作者は兼家の正妻ではなかったし、権勢ある貴族が複数の女性と関わりを持つのは当然であった時代、夫兼家が作者のもとにのみ通うことなどあり得なかったが、作者はそれを求めずにはいられなかった。作者は苛立ち憤り絶望し、ついには諦めの心境を抱くなどさまざまに感情が激しく揺れ動くが、それを感じるままに率直に表現している。自己の内面を鋭く見つめた文章は、これまで誰も書いたことのない真実性・迫真性があり、日記や物語など後の女性による文学作品に大きな影響を与えた。題名の由来は、上巻の終わりの「なほものはかなき（わが身）を思へば、（この日記は）あるかなきかの心地するかげろふの日記といふべし」による。「かげろふ」は陽炎で、はかなさを象徴する言葉である。

和泉式部日記　作者和泉式部と「帥宮《そちのみや》（敦道《あつみち》親王）」との十か月にわたる恋を和歌の贈答を中心に綴ったもの。作者は主人公である自分を「女」と三人称で記し、また、帥宮邸での宮と乳母との会話や様子（そこに作者はいない）を、想像ではなく事実として書くなど、物語的な書き方をしていて、恋物語というのがふさわしい作品である。よって、「和泉式部物語」という呼び方もされてきた。ただ、「女」という言葉も、「宮」という男性の恋人に対して「女である私」という意味で使われているとも考えられ、そう見れば、和泉式部が自己の恋愛体験を女の身で書いたまさに恋日記ということもできる。成立は一〇〇八年頃か。

紫式部日記　紫式部が一条天皇の中宮彰子《しょうし》に仕えていた折の事を回想して記したもの。前半は彰子の皇子出産前後の事が中心で、彰子の父藤原道長が待望の男の子の誕生に喜ぶさまが描かれる。後半は、手紙形式で誰かに語りかける文体に変わり（「消息文《しょうそこぶみ》」と呼ばれる）、和泉式部や赤染衛門《あかぞめえもん》など、中宮に仕える女房たちの寸描《すんびょう》と評価が記される。加えて述べられる清少納言への辛辣な批判が特に有名である。

　紫式部が鋭い知性の持ち主であった故に、宮廷女房たちの中で、考えを分かち合える人がいない孤独な人であったこともこの日記から知られる。成立は一〇一〇年頃か。

更級日記　少女時代から晩年まで自分の人生を回顧し綴った日記。作者**菅原孝標女**は受領《ずりょう》階級の娘であり、十歳から十三歳まで父の任国であった上総《かずさ》（今の千葉県）で過ごすが、作者の願いは都に早く上り、「源氏物語」を始め、ありったけの物語を読むことであった。願い通り、都に帰って物語の世界に浸り込む中、自分の現実の人生も王朝物語に描かれたような優美なものになることを作者は信じた。

　しかし、家に籠もりがちであった作者も、三十歳も過ぎて宮仕えに出て、当時としてはきわめて遅い結婚もして下級貴族の平凡な現実を知ったとき、光源氏のような人は現実のこの世にはいないことに気付く。「役にも立たない文学などに心奪われずに、勤行《ごんぎょう》に励み、寺社に参るという堅実な生活を早くからしていたら、もっとましな境涯に恵まれただろうに」と後悔の思いにとらわれ、かつて神仏へ心を向けるように促す夢を何度も見たのに、気にもかけなかったことを悔やむ。そこで、作者は寺社詣でに励み、阿弥陀浄土を信仰する心を強く持とうともするが、夫にも先立たれた晩年は孤独で、心細さや不安をかこつ言葉で日記は終わっている。このように、日記の前半と後半とでは心境に大きな変化が見られるが、全編、作者の心のピュアなひたむきさが読む者の心を打つ作品である。成立は一〇六〇年頃か。

「更級日記」『日本古典籍データセット』（国文学研究資料館）

讃岐典侍日記　作者讃岐典侍は堀河天皇に典侍《ないしのすけ》として仕えた女房。上下二巻からなる。上巻は天皇の発病から崩御に至る一か月ほどの様子を克明に記す。日ごとに衰弱していく二十八歳のまだ若い天皇に「添ひ臥し」て片時も離れず作者は献身的な看病をする。下巻は、白河院の命により心ならずも堀河天皇の子である鳥羽天皇に仕えることになった経緯と仕えた日々のことを記す。まだ五歳の幼帝を抱いて、久し振りに宮中の部屋に入ると、作者は亡き天皇の思い出が次次と心に浮かび、涙にくれるしかなかった。上巻・下巻とも天皇への作者の一途な思いがこの日記を特異な魅力あるものにしている。成立は一一〇九年か。

建礼門院右京大夫集　平家の全盛期であった一一七四年の元旦、高倉天皇と中宮徳子を取り巻く宮廷の輝かしさを描くことから始まり、ほぼ五十年後の一二三二年、藤原定家との歌の贈答で終わる。作者は中宮徳子（後の建礼門院）に仕えた右京大夫《うきょうのだいぶ》。書名は私家集だが、歌の詞書《ことばがき》が長く、日記とも見なされる。前半は平家の貴公子との交流、平資盛《すけもり》との恋など、いかにも宮廷貴族らしい生活が描かれるが、後半は雰囲気が一変し、平家一門の都落ちによる資盛との別れ、資盛の死を知った悲嘆、剃髪《ていはつ》して大原寂光院に住む建礼門院を訪ねるなど、平家敗北の悲哀に色取られている。成立は日記の終わる一二三二年頃か。

十六夜日記　作者は阿仏尼。阿仏尼は藤原定家の子の為家《ためいえ》と結婚するが、為家が没すると、先妻の子である嫡男為氏《ためうじ》と、阿仏尼の産んだ第二子為相《ためすけ》との間に、父の荘園の相続争いが起こる。阿仏尼は鎌倉幕府に訴え出るため京から鎌倉へ下る。その際の旅日記と鎌倉滞在日記からなる。書名は都を「十六夜」の日に出発したことによる。成立は一二八〇年頃。

とはずがたり　作者は後深草院二条（後深草院に仕えて二条と称した）。書名は「人に問われずとも語らずにはいられなかったこと」を意味する。全五巻で、巻一から巻三では、後深草院の寵愛を受けつつ、初恋の人「雪の曙《あけぼの》」、高僧の「有明《ありあけ》の月」など、愛欲の遍歴が赤裸々に語られる。巻四・五では、出家後、西行にならった東国また西国の旅を記し、後深草院崩御の悲嘆、そして三回忌を記すことで終わっている。本書は一九四〇年に写本が発見されるまで世に知られていなかった作品で、公開されるやその衝撃的内容から大変な社会的関心をかき立てた。成立は一三〇六年頃。

文学史小話　古典文学の日記は、日記といっても、今日一日の出来事を毎日記したものではありません。多くは昔を思い起こして書いたものです。よって、日付もないのが普通で、日付が明確に記されるのは『土佐日記』くらいのものです。

プラス+α　日記を二つ取り上げて、共通点はあるか、相違点は何かを考えてみよう。

文学史編

マストアイテム 66

随筆

随筆とは「筆に随《したが》う」で、見聞・感想を気の向くままに記した文章です。平安時代中期に書かれ、「をかしの文学」とも言われる「**枕草子**《まくらのそうし》」は、物語でも日記でもなく、鋭敏な感性と知性によって自然や人間を切れ味鋭く観察した散文であるので、文学史においては随筆というジャンルに位置づけられます。

鎌倉時代初期に、地震・大火・辻風などで家を失った人々の嘆きを記し、その嘆きと対比させて、庵《いおり》に閑居する隠者の心境を流麗な和漢混交文で綴ったのが「**方丈記**《ほうじょうき》」です。

鎌倉時代末期に書かれた「**徒然草**《つれづれぐさ》」は江戸時代以降、最も広く読まれることになる随筆の名作です。鋭い人間観察、達意の簡潔な文章は現代人の目をも覚まさせる力を持っています。

時代	年	作品	作者	内容
平安時代 中期	1000ころ	**枕草子**	清少納言	「をかし」を基調とする随筆文学の誕生
鎌倉時代	1212	**方丈記**	鴨長明《かものちょうめい》	流麗な和漢混交文でこの世の無常を説く
鎌倉時代	1331ころ	**徒然草**	兼好法師	鋭い人間観察と批評精神に富む名随筆

古典作品 読む

枕草子　「枕草子」は、一、二行から数ページまで三百段ほどの文章からなる。通常、内容は次の三つに分類される。

① 類聚《るいじゅう》的章段　ある主題のもとに連想される事物を集めたもの（「山は」「虫は」のような「〜は」型と、「すさまじきもの」「にくきもの」のような「〜もの」型とある）。

② 随想的章段　自然や人事に関する感想を自由に叙述したもの。観察が鋭く、描写も印象的である。

③ 日記的章段　一条天皇の中宮定子に仕えた宮仕えの体験に基づいて記したもの。約四十段ある。

「枕草子」にはおもしろい・すばらしい・興味深いという意味の形容詞「をかし」が多用されている。それは作者の感性・知性の輝く瞬間の言葉であり、「枕草子」が日本文学の中で最も機知に富む作品であることをよく表している。一見、自分の機転のよさを自慢するかに見える文章もあるが、作者の究極の目的は、お仕えした中宮定子の人柄・魅力を後世に伝えることにあったと考えられている。

作者**清少納言**の父親は「後撰和歌集」を編纂した「梨壺の五人」の一人である清原元輔《もとすけ》、曽祖父は「古今和歌集」に多くの歌を載せる清原深養父《ふかやぶ》であったが、清少納言は和歌を得意とせず、散文の達人として名を残した。最終的な成立は一〇〇〇年頃か。

方丈記 「ゆく河の流れは絶えずして、しかももとの水にあらず」という書き出しでよく知られる通り、方丈記は歌語・雅語を効果的に用い、かつ漢文訓読調の力強いリズムも駆使して、全編、朗々唱すべき格調高い見事な和漢混交文で綴られている。その内容は、無常の世における「人と栖《すみか》」のはかなさを記すことから始まるが、それは若い時からの大火、辻風、飢饉、地震などの度々の災厄の体験に裏付けされていた。この世の無常を思い知らされた果てに作者が選んだのは、山科《やましな》の南、宇治の北に位置する日野山において一丈四方（方丈一丈は十尺。約三・〇三メートル。）の草庵《そうあん》で暮らす隠《いん》遁《とん》生活であった。隠者の庵こそこの世の災難から逃れて自由と心の平安を得ることができる唯一の場所であった。最後は、仏道修行の不徹底さを自省する言葉で終わっている（謙遜卑下の言葉と思われる）。

作者**鴨長明**は下賀茂神社の社家に生まれ、神官として生きるはずの人であったが、その道は挫折に終わり、芸道に精進した。その結果、当代一流の歌人と認められ、後鳥羽院が「新古今和歌集」編纂のために和歌所《わかどころ》を設置したときにはその寄人《よりゅうど》（実務職員）に選ばれ、「新古今和歌集」にも十首入集している。琵琶の名手であったともいわれる。歌論書「**無名抄**」の著者として、また仏教説話集「**発心集**《ほっしんしゅう》」の編者としても文学史に名を残した。成立は一二一二年。

徒然草 「つれづれなるままに、日暮らし、硯《すずり》に向かひて…」という著名な序段と、二百四十三段にわたる長短の文章からなり、形式面で枕草子に似ている。内容は現世無常論・住居論・恋愛論・学問論・実生活論・人生論・四季随想など多岐にわたるが、どの文章にも作者の鋭い観察眼や批評精神がうかがわれる。作者**兼好法師**は隠遁者でありながら、俗世と日々接触し、市井の人々の行動や意識に関心を示し続けた人であった。「何事も古き世のみぞ慕はしき」（第二十二段）の言葉で知られるように、古代王朝文化を憧憬する古典主義的な人でもあった。作品成立は一三三一年頃か。

十九歳で六位蔵人《くろうど》として天皇に仕えるなど、若い頃は兼好は下級廷臣であったが、三十歳頃に出家した。和歌は「和歌四天王」の一人に数えられ、神道・仏教・儒教・老荘の学など、和漢の思想・学問・文学に詳しく、有職故実の知識も豊かな人であったために、武家とも貴族とも広い交遊があった。

文学史小話 「徒然草」と「方丈記」は隠者文学の傑作とされますが、文芸批評家の小林秀雄は「兼好は誰にも似ていない。よく引合いに出される長明なぞには一番似ていない」と評しています。兼好と長明は同質の人間では決してないのです。

プラス+α 「徒然草」という本を手に取ってみよう。そして、短めの文章から読んでみよう。

マストアイテム 67

説話

説話とは口伝えや書き物で伝えられてきた話ということですが、仏・菩薩《ぼさつ》の奇蹟《きせき》や高僧の逸話など仏教の教えを説く**仏教説話**と、貴族から庶民までさまざまな階層の人々の生きる姿を描く**世俗説話**とに大別されます。

最古の仏教説話集として平安初期に薬師寺の僧景戒《けいかい》によって漢文体で書かれた「**日本霊異記**《にほんりょういき》」があり、後の説話に大きな影響を与えました。平安末期にはインド・中国・日本の仏教説話と世俗説話を集大成した日本最大の説話集「**今昔**《こんじゃく》**物語集**」が作られます。王朝文学では描かれなかった新たな人間の姿が力強く新鮮に描かれています。

鎌倉時代は説話集が多数編まれた時代であり、説話文学隆盛の時代ということができます。仏教説話としては、まず鴨長明編集の「**発心集**」があり、他に「**閑居友**《かんきょのとも》」「**撰集抄**《せんじゅうしょう》」「**沙石集**《しゃせきしゅう》」などいずれも僧によって編集されたと考えられる仏教説話が続きます。

世俗説話としては、説話集の中で評価が最も高く、また長く読み継がれることにもなる「**宇治拾遺物語**」が鎌倉時代初期に成立しています（「宇治拾遺物語」は仏教説話も含むが、世俗説話のほうにより魅力がある）。この系統の説話集には、「**十訓抄**《じっきんしょう》」と「**古今著聞**《ここんちょもん》**集**《じゅう》」があり、いずれも貴族王朝時代への郷愁を強く表している説話集です。

時代	年	作品	作者	説明
平安時代 前期	822	日本霊異記	景戒	漢文体の日本最古の仏教説話集
平安時代 後期	1130ころ	今昔物語集		千話以上収録する最大の説話集
鎌倉時代	1212ころ	発心集	鴨長明	「方丈記」の作者による仏教説話集
鎌倉時代	1220ころ	宇治拾遺物語		文学的に最もすぐれた説話集
鎌倉時代	1222	閑居友	慶政《けいせい》	鎌倉時代前期の仏教説話集
鎌倉時代	1252	十訓抄		年少者向けの教訓的説話集
鎌倉時代	1254	古今著聞集	橘《たちばな》 成季《なりすえ》	貴族的伝統に連なる説話集
鎌倉時代	1275ころ	撰集抄		西行《さいぎょう》に仮託された仏教説話集
鎌倉時代	1283	沙石集	無住《むじゅう》	鎌倉時代最後の仏教説話集

古典作品 読む

日本霊異記　仏は信ずる者に報いると説く仏教訓話（主に奈良時代の説話）百十六話を収録。成立は八二二年か。

今昔物語集　全三十一巻あり、巻一～五が天竺《てんじく》（インド）、巻六～十が震旦《しんたん》（中国）、巻十一～三十一が本朝《ほんちょう》（日本）の三部構成をとる。巻二十までの大部分は仏教説話で、特に読みごたえがあるのは、本朝の部の後半（巻二十二～三十一）の世俗説話である。武士や庶民や盗賊まで当時の日本人の日常生活を描いた話が多くある。どの説話も「今は昔」で始まり、「…となむ語り伝へたるとや」で終わる。編者は不明。成立は一一三〇年過ぎか。

発心集　鴨長明編纂の仏教説話集。「発心集」とは、発心、すなわち悟りを求めて修行を行う心を発《おこ》した人々の話を集めたものということ。自分自身が道心を起こし、心の安らぎを得たいと願うために編纂したと長明は言っている。成立は「方丈記」と同じ一二一二年頃か。

宇治拾遺物語　仏教説話より人間のおかしさをおおらかにとらえた世俗説話がより注目される作品。約二百話のうち約八十話が「今昔物語集」と共通するが、「宇治拾遺物語」のほうが文学的に優れている。「瘤《こぶ》取りじいさん」「舌切り雀《すずめ》」などの原話も収める。「今昔物語集」同様、「今は昔」で始まるのが多い。編者は不明。成立は一二二〇年頃か。

閑居友　摂政太政大臣藤原（九条）良経の子で、天台宗の僧となった慶政が編纂した仏教説話集。表題の示す通り隠遁者についての説話が多い。成立は一二二二年か。

十訓抄　年少者向けの教訓説話集。編者不明。十箇条の教訓をかかげ、その具体例として説話を集め示している。平安貴族の登場する話が多い。成立は一二五二年。

古今著聞集　平安王朝貴族とその周辺の出来事を話題の大半とする説話集。編者は五位の貴族だった橘成季。成立は一二五四年。約七百話の分量は「今昔物語集」に次ぐ。

撰集抄　漂泊の歌人西行に仮託された、つまり西行が諸国を旅しながら綴ったものと考えられた仏教説話集。真の作者は不明。成立時期は一二七五年前後か。

沙石集　僧の無住が編纂した仏教説話集。書名は、さまざまな世俗の話（沙石＝砂石）から仏教的教訓（金）を引き出した作品であることを示す。成立は一二八三年か。

文学史小話　「撰集抄」では西行と江口の遊女の出会いの話が有名です。「奥の細道」にはたまたま同じ宿に泊まり合わせた遊女と話をする場面がありますが、それは「撰集抄」にヒントを得た芭蕉の創作ではないかともいわれています。

プラス+α　舌切り雀の話の原話である、「宇治拾遺物語」の第三の十六「雀報恩の事」を読んでみよう。

マストアイテム 68

歴史物語

歴史物語とは、六国史《りっこくし》など漢文で書かれた歴史書に対し、王朝の歴史を和文（仮名文）で叙述した物語のことです。その最初の作品は平安中期から後期に成立した「**栄花**《えいが》**物語**」です。「栄花物語」は十世紀中頃から藤原道長の死（一〇二七年）までを年月の順を追って記す**編年体**で綴ったもので、作者が「栄花物語」を書いた目的は、藤原道長の生涯を後世に伝えることにありました。道長こそ、日本史上で最も栄光に包まれた宮廷人であるという確信が作者にはあったのです。

歴史物語の最高傑作と言われるのは、平安後期に成立した「**大鏡**《おおかがみ》」です。「大鏡」の主題は、「栄花物語」と同様、藤原道長の生涯と時代を描くことでした。「大鏡」が創始した、老人の昔物語という体裁で史実を述べる形式は、後続の歴史物語に受け継がれ、「**今鏡**《いまかがみ》」・「**水**《みず》**鏡**《かがみ》」・「**増鏡**《ますかがみ》」を後の時代に生み出していくことになります。これらは歴史物語の中でも特に「**鏡物**《かがみもの》」と呼ばれ、「大鏡」から「増鏡」までの四つの鏡物を「**四鏡**《しきょう》」と総称します。人は「歴史を映す鏡」を見ることで、人の世の繁栄と衰退のありさまを知ることができるのです。

「大鏡」の後の「今鏡」は「大鏡」以後の歴史を語り、「水鏡」は大鏡以前の歴史を初代神武天皇まで遡って語り、ずっと後の時代の南北朝時代に成立する「増鏡」は「今鏡」以降の歴史を語る歴史物語です。

時代	時期	成立	作品	内容
平安時代	後期	1030ころ	栄花物語	最も古い歴史物語
平安時代	後期	1080ころ	大鏡	歴史物語の傑作。四鏡の最初
平安時代	後期	1170ころ	今鏡	大鏡以後の歴史を語る
鎌倉時代	初期		水鏡	大鏡以前の歴史を語る
室町時代	南北朝時代	1376ころ	増鏡	今鏡以降の歴史を語る

栄花物語　「栄華物語」とも書く。書名は藤原道長の栄花を主として描いていることによる。全四十巻（正編三十巻・続編十巻）。正編は、天皇の外戚としての地位を確保しようと貴族たちが争い、最後に藤原道長が勝利し、その繁栄したさまを描く。道長一家に仕える女房の立場から編年体で書かれている。巻ごとに優雅な巻名を付け、王朝物語風な文体で物語るなど、「源氏物語」の影響が濃い。続編は、道長没後を描くが、物語的造型が不十分で評価は低い。正編の作者は歌人の赤染衛門説が有力。正編は一〇三〇年頃、続編は一〇九二年頃成立か。

古典作品 読む

大鏡　藤原道長がまだ健在であった一〇二五年五月、紫野《むらさきの》雲林院《うりんいん》の菩提講《ぼだいこう》で出会った百九十歳の大宅世継《おおやけのよつぎ》と百八十歳の夏山茂樹《なつやまのしげき》（茂樹は妻も同伴）は、その場に居合わせた若《わか》侍《ざむらい》たちを相手に昔話を始める（主に世継が語る）。それを作者が筆記したという形式を「大鏡」は採る。遠い過去の出来事も、その場にいたという人が語るとなると聴衆の心もかき立てられるし、話し言葉で語られるので分かりやすい歴史叙述になっている。「大鏡」は歴史物語の傑作とされるが、この形式の採用が成功の大きな要因であり、高齢の老人が対話形式で昔を語るという設定は、この後の歴史物語に受け継がれる。「大鏡」は「今鏡」「水鏡」「増鏡」と続くいわゆる「四鏡」の先駆けとして、後世の「鏡物」の祖型となった。

「大鏡」の主題は、「栄花物語」と同様、藤原道長の生涯と時代を描くことにあり、道長の偉大さをいうための前置きとして、八五〇年から一〇二五年までの歴代の天皇の治世に簡単に触れ、続いてその天皇に大臣として仕えた藤原氏二十人のことをやや詳しく述べている。「栄花物語」の作者が女性であるのに対し、「大鏡」の作者は男性貴族と考えられ、人物描写などに鋭い批評精神が示される。叙述の仕方は、編年体の「栄花物語」と違い、人物中心の**紀伝体**で記されている。成立は一〇八〇年頃か（成立年は諸説ある）。

今鏡　「大鏡」を引き継ぎ、一〇二五年（後一条天皇）から一一七〇年（高倉天皇）までの歴史を紀伝体で記す。「大鏡」を踏襲し、老人（百五十歳を超える世継の孫娘）が過去の出来事を回想する形式。作者未詳。成立は一一七〇年頃か。

水鏡　「大鏡」が扱っている期間の前、すなわち、初代天皇神武から第五十四代仁明天皇の崩御（八五〇年）までの歴史を編年体で記す。ある修行者が仙人から聞いた昔の話を長谷寺で老尼に語る形式。作者未詳。成立は鎌倉時代初期か。

増鏡　後鳥羽天皇誕生の一一八〇年から、後醍醐天皇が隠岐からの帰京する一三三三年までの約百五十年間の歴史を宮廷生活を中心に公家《くげ》の立場から編年体で記す。嵯峨の清涼寺に参詣した作者が、老尼の昔語りを聞くという形式。優雅で流麗な和文で、四鏡の中で最も詩的な趣のある作品といわれる。作者は連歌作者で摂政関白ともなった二条良基《よしもと》説が有力。一三七六年までには成立か。

文学史小話　「今鏡」で有名なのは、末尾の逸話集にある紫式部堕獄説です。紫式部は「源氏物語」に男女間の色めいたことばかりを書いて人を惑わした罪で地獄に落とされているというのです。これは当時も後の時代も根強い考え方でした。

プラス＋α　**四鏡に共通するものは何か。また、書かれた歴史内容の順に四鏡を並べるとどのような順になるか、確認しておこう。**

マストアイテム 69

軍記物語

軍記物語とは合戦を主題とした叙事的な文学で、軍記物《ぐんきもの》とも、単に軍記ともいいます。平安時代に軍記物語の先駆けといわれる「将《しょう》門記《もんき》」、「陸奥話記《むつわき》」（前者は平将門の乱（九三九年）を、後者は「前九年の役」（一〇五一～六二年）を記す）が成立していますが、漢文体で記録的な性格が強く、本当に軍記物語と呼びうる最初の作品は鎌倉時代前期に成立した「**保元《ほうげん》物語**」であり、それに続く「**平治《へいじ》物語**」です。和文に多く漢語を交えた**和漢混交文**という新しい文体を用い、物語的要素を多く取り入れて鮮やかな人物像が刻まれます。

これらを踏まえて次に登場するのが「**平家物語**」です。平家が亡《ほろ》び源氏の世となる源平交替史を平氏に重点を置いて描くことに主眼がありますが、動乱の中で翻弄される公家や、悲劇的な女性たちの姿も描かれ、源平合戦に関わる社会全体の変動が見事に表現されています。故に、まさに軍記物語の代表作といえます。貴族階級だけに視点を据えて書かれた歴史物語と違い、軍記物語は宮廷外の人の手で創造された新たな文学ジャンルなのです。

南北朝時代から室町時代に成立した軍記物語には「**太平記《たいへいき》**」「**曽《そ》我《が》物語**」「**義経記《ぎけいき》**」があります。「太平記」は長い南北朝の動乱を扱った大部の軍記物語で、「曽我物語」「義経記」は英雄的人物像を一代記的に描き出したものです。

時代	区分	作品	内容
平安時代	後期	940ころ **将門記**・1064ころ **陸奥話記**	軍記物語の先駆け
鎌倉時代	前期	**保元物語**	最初の本格的な軍記物語
鎌倉時代	前期	**平治物語**	保元物語に並ぶ軍記物語
鎌倉時代	後期	**平家物語**	軍記物語の最高傑作
室町時代	南北朝時代	**源平盛衰記《げんぺいじょうすいき》**	増補版平家物語
室町時代	南北朝時代	1375ころ **太平記**	五十年に及ぶ南北朝内乱を描く
室町時代		**曽我物語**	曽我兄弟による仇討《あだう》ちを描く
室町時代		**義経記**	源義経《よしつね》の逃避行と最期を描く

古典作品 読む

保元物語　保元元年（一一五六）に起こった保元の乱を描く。崇徳院《すとくいん》は左大臣藤原頼長《よりなが》や源為義《ためよし》らを味方に皇位の奪取を企てるも、藤原忠通《ただみち》・源義朝《よしとも》・平清盛《きよもり》ら後白河《ごしらかわ》天皇方に敗れる。敗軍の英雄源為朝《ためとも》（為義の子）、怒りに駆られる崇徳院の姿などが特に印象的。成立は鎌倉前期。

平治物語　平治元年（一一五九）に起こった平治の乱を描く。源義朝は藤原信頼《のぶより》とともに謀反を起こすも、平清盛の勢力に敗れる。信頼の臆病で節度のないさま、それと対照的な悪源太義平《よしひら》（義朝の子）の勇猛果敢な姿など、敗軍側の人物が特に印象的。成立は鎌倉前期。

平家物語　平家の全盛から衰滅までを描く。保元の乱・平治の乱を経て平清盛は太政大臣にまで昇進し、平家は栄華を誇るが、反平家の挙兵が多発し、福原遷都で都は荒れ、やがて平清盛も死去。源義仲の入京で平家一門は都落ちし、追討軍の大将となった源義経の活躍とともに、ついに壇ノ浦で平氏は滅亡する。「盛者必衰《じょうしゃひっすい》のことわり」そのままであった。「徒然草」に信濃前司行長《しなののぜんじゆきなが》が「平家物語」を作り、盲目の法師生仏《しょうぶつ》に語らせたとある。しかし、一人の人間の創作ではなく、十三世紀前半には原形となるものが成立し、琵琶法師によって「**平曲**《へいきょく》」として語られ、また読み物として読まれるなど様々の異本が作られていったと考えられている。

源平盛衰記　一般の「平家物語」を大幅に増補改修した本。源頼朝の挙兵を詳しく描くなど源氏側関係の記事も多い。

太平記　題名とは裏腹に、後醍醐《ごだいご》天皇の鎌倉幕府倒幕計画に始まり、建武の新政と瓦解、その後の果てしない南北朝の争いまで、五十年にわたるほぼ切れ目ない戦乱を全四十巻の大きなスケールで描く。後醍醐天皇に忠誠を尽くす楠木正成《くすのきまさしげ》と新田義貞《にったよしさだ》は武人の鑑《かがみ》とうたわれ、故に何世紀にもわたり「太平記」は人気の書となった。江戸前期には「**太平記読み**」という芸能者によって庶民に講釈された。南北朝期に成立。

曽我物語　父を工藤祐経《すけつね》に殺された曽我十郎・五郎兄弟が、成長した後、源頼朝の主催した富士裾野での巻狩《まきがり》の場で仇討ちを果たすまでの顛末《てんまつ》を描く。盲目の女性芸能者**瞽女**《ごぜ》によって鼓《つづみ》を伴奏に語られた。室町時代前期成立。

義経記　平家を滅ぼした源義経の活躍は取り上げず、義経の幼少期と、命を狙う兄頼朝からの逃避行と悲劇的な最期を描く。義経伝説の寄せ集めで、全体的統一性に欠けるが、国民的英雄像が作られた意義は大きい。室町時代前期成立。

文学史小話　「曽我物語」も「義経記」も劇的要素を多く含んでいて、後世の脚本家にとって戯曲化に食指を動かしたくなる恰《かっ》好《こう》の作品でした。二作品をもとにさまざまに脚色された浄瑠璃や歌舞伎は多くの観客を呼ぶことになりました。

プラス+α　軍記物語で読みやすいのは「保元物語」「平治物語」です。「角川ソフィア文庫（現代語訳付き）」で読んでみよう。

俳諧

十六世紀日本の詩歌の主流は、五七五には七七を、七七には五七五を交互に詠み連ねていく**連歌**《れんが》でした。その中から言語遊戯を主として滑稽味を求めた、座興《ざきょう》としての「**俳諧（の）連歌**」も生まれますが、江戸時代に入ると、誰もが認める俳諧の第一人者**松永貞徳**《ていとく》の影響力によって、座興に終わらない新文芸としての地位を俳諧は獲得し、新たな俳諧作成の式目（ルール）もできて、**貞門**《ていもん》**俳諧**は広く流行します。これを、式目にとらわれた古い俳諧と見なし、奇抜な表現・趣向を用い、新たな流行を導いたのが、大坂の**西山宗因**《そういん》を代表とする**談林**《だんりん》**俳諧**です。その後に、貞門と談林の双方に学びつつ、俳諧という文芸のあり方を一変させる**松尾芭蕉**《ばしょう》が登場します。俳諧は深い奥行きを与えられ、ここに**蕉風**《しょうふう》**俳諧**が起こります。

俳諧師（俳人）は、連歌と同じような形式で連句も作り続けますが、芭蕉の頃になると、連句の第一句である発句《ほっく》（五七五）が独立のものとして扱われるようにもなります。

芭蕉の没後、俳諧は俗化の一途をたどりますが、江戸後期の天明期には**与謝蕪村**《よさぶそん》らが「芭蕉に帰れ」と強く唱え、この**天明俳諧**は芭蕉を再興しようとしたという意味で**中興俳諧**ともいわれます。更に江戸末期の化政期には**小林一茶**《いっさ》が現れ、真心と人間的温かみのある句は、今日なお芭蕉や蕪村に匹敵しうる人気を保っています。

江戸時代

前期

- **貞門俳諧** 松永貞徳
- **談林俳諧** 西山宗因
- **蕉風俳諧** 松尾芭蕉
- **俳諧紀行**
  - **野ざらし紀行**
  - **鹿島**《かしま》**紀行**
  - **笈**《おい》**の小文**《こぶみ》
  - 1689 **更科**《さらしな》**紀行**
  - 1694 **奥の細道**
- **俳論**
  - 1702 **三冊子**《さんぞうし》 服部土芳《はっとりとほう》
  - 1704 **去来抄**《きょらいしょう》 向井《むかい》去来
- **俳諧撰集**
  - **俳諧七部集**《しちぶしゅう》

後期

- **天明俳諧** 与謝蕪村
  - **春風馬堤曲**《しゅんぷうばていきょく》
  - 1771 **新花摘**《しんはなつみ》
- **化政俳諧** 小林一茶
  - 1819 **おらが春**

古典作品 読む

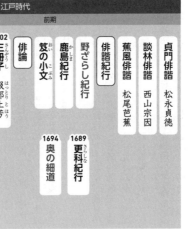

〈松尾芭蕉の五つの俳諧紀行〉

一　野ざらし紀行　芭蕉の俳諧紀行の最初。一六八四年八月に江戸を出て、伊賀、大和、京、尾張などを巡り、翌年四月に帰着するまでの旅を記す。旅を一つの転機に自己の作風を変革することを目指し、十指に余る生涯の名句を得た。

二　鹿島紀行　一六八七年八月、常陸《ひたち》の鹿島神社で名月を見ようとした十日余りの旅を記す。「鹿島詣《かしまもうで》」ともいう。

三　笈の小文　一六八七年十月に江戸を出発し、尾張・三河を経て伊賀上野に至り、大和などを経て、明石・須磨へ至るまでの旅を記す。和歌の西行《さいぎょう》、連歌の宗祇《そうぎ》、絵の雪舟《せっしゅう》、茶の利休《りきゅう》といった芸術の先達と同じ風雅の道を歩む覚悟を述べる。

四　更科紀行　一六八八年八月、美濃国を出発し、信濃国更科の姨捨山《おばすてやま》の中秋の名月を賞した旅を記す。

五　奥の細道　芭蕉の五つの俳諧紀行の最後。一六八九年三月に江戸を出立。曽良《そら》とともに奥羽・北陸を行脚《あんぎゃ》し、八月下旬に美濃国大垣《おおがき》に至る、全行程二四〇〇キロ、晩春から晩秋に至る五か月余の大旅行を記す。道中の出来事や景観を述べる文と、それに続く句が見事に融合し、俳諧紀行の完成した姿を示す。誰もが知る芭蕉の名吟が数多く収められている。

三冊子　俳論。服部土芳著。芭蕉の遺訓を中心に、「風雅の誠《まこと》」や「不易流行《ふえきりゅうこう》」など蕉風俳論の基本が解説されている。

去来抄　俳論。向井去来著。芭蕉が句を評した「先師評」、蕉門俳人が同門の句を批評した「同門評」などからなる。

俳諧七部集　俳諧撰集。松尾芭蕉がかかわった撰集のうち、蕉風を代表する七部。「芭蕉七部集」ともいう。その中の一つ「猿蓑《さるみの》」は「俳諧の古今集」と評され、特に尊ばれた。

与謝蕪村　摂津国毛馬《けま》村の裕福な農家に生まれる。二十歳頃江戸に出て、江戸俳壇で名を現す。三十六歳で京都に上って画業に専心。画家としても大成をなす。発句と漢詩を融合させて郷愁をうたった「春風馬堤曲」、発句と修行時代の回想を記した「新花摘」など不朽の傑作を残した。

小林一茶　信濃国柏原村の農家に生まれる。十五歳で江戸に奉公に出て、江戸で俳人として活動するも、宗匠として成功せず、五十一歳で故郷に移住。結婚して三男一女をもうけるが、みな早世《そうせい》し、妻とも死別。亡き娘への愛惜の思いを綴った「おらが春」は十九世紀の最も感動的な文学の一つ。

文学史小話　松尾芭蕉は自らの草庵の庭に植えられ、自らの名にもした芭蕉の木について、「風雨に破れやすきを愛するのみ」と言っています。わずかな風雨にも裂ける芭蕉の葉は、繊細な詩歌の心を象徴するものだったのです。

プラス+α　**「俳諧七部集」は俳諧の素人には近寄りがたい本です。しかし、「奥の細道」は超一級の文学作品でありながら、高校生でも読める本です。是非とも通読に挑戦してみよう。**

マストアイテム 71

浮世草子・浄瑠璃・読本《よみほん》

江戸時代初期には活字印刷の普及に伴い、**仮名草子**《かなぞうし》と総称される、教訓的、また娯楽的な読み物が多数作られますが、一六八二年の**井原西鶴**《さいかく》の「**好色一代男**《こうしょくいちだいおとこ》」の刊行はその時代の文学の潮流を変えたと言われます。現世の享楽に生きる世之介という、それまでの文学にはなかった主人公を新しい文体で創造したことは、**浮世草子**《うきよぞうし》という新しい文学ジャンルの創始でもありました。西鶴は**好色物**《こうしょくもの》から**武家物**《ぶけもの》、**町人物**《ちょうにんもの》へと作品世界を広げてゆきます。

江戸時代を代表する演劇は歌舞伎と**人形浄瑠璃**ですが、大夫《たゆう》の語り、三味線の伴奏に合わせて人形によって演じられる人形浄瑠璃は十八世紀には歌舞伎以上の人気を得ました。**近松門左衛門**《もんざえもん》はその脚本作家として、「**曽根崎心中**《そねざきしんじゅう》」「**国性爺**《こくせんや》**合戦**」「**心中天**《しんじゅうてん》**の網島**《あみじま》」といった名作を生み出しました。主に元禄時代（一六八八〜一七〇四）に活躍した松尾芭蕉・井原西鶴・近松門左衛門は**元禄の三大文豪**と呼ばれます。

浮世草子の後、近世小説の大きな潮流となるのが**読本**です。読本は挿絵より本文を主とした本の意で、十八世紀後半に上方《かみがた》（京都・大坂）で刊行された**上田秋成**《あきなり》の「**雨月**《うげつ》**物語**」が特に著名です。十八世紀末には読本は江戸でも作られ、代表的な作家に**曲亭**《きょくてい》（**滝沢**）**馬琴**《ばきん》がいます。「**椿説弓張月**《ちんせつゆみはりづき》」「**南総里見八犬伝**《なんそうさとみはっけんでん》」など壮大な作品が書かれました。

江戸時代

前期

- 仮名草子《かなぞうし》 ― 浮世草子
  - 1682 好色一代男　井原西鶴
  - 1686 好色五人女《ごにんおんな》
  - 1688 日本永代蔵《にっぽんえいたいぐら》
  - 1688 武家義理《ぶけぎり》物語
  - 1692 世間胸算用《せけんむねさんよう》
- 浄瑠璃
  - 1703 曽根崎心中　近松門左衛門
  - 1715 国性爺合戦
  - 1720 心中天の網島

後期

- 読本
  - 〔前期読本〕
    - 1776 雨月物語　上田秋成
  - 〔後期読本〕
    - 1811 椿説弓張月　曲亭（滝沢）馬琴
    - 1814 南総里見八犬伝

古典作品 読む

好色五人女　一六八六年刊。道ならぬ恋のとりことなる女の情熱と悲劇を描く。「**好色一代男**」に次ぐ好色物第二作。作中人物への愛情と距離の置き方がみごとで、大傑作とされる。

日本永代蔵　一六八八年刊。才覚と勤勉によって財をなす者あれば、油断や贅沢《ぜいたく》で財を失う者もある。いかにして富者になれるか、教訓も交え、町人生活を活写した町人物の傑作。

武家義理物語　一六八八年刊。町人とは異なる、武士が武士たる所以《ゆえん》は義理を果たすこと。この義理を武士はいかに果たしたか、そのさまざまな姿を描く。武家物の一つ。

世間胸算用　一六九二年刊。一年の総決算日であった大晦日《おおみそか》に繰り広げられる、掛取りの仮借《かしゃく》なさ、借り手の窮境などを面白く描く、西鶴晩年の町人物の傑作。

曽根崎心中　一七〇三年初演。醤油《しょうゆ》屋平野屋の手代《てだい》徳兵衛が悪友九平治《くへいじ》に金をだまし取られ、天満屋《てんまや》の遊女お初と曽根崎天神の森で心中するまでを描く。大当たりを取った。

国性爺合戦　一七一五年初演。明《みん》の亡命者と日本人の母との間に生まれた和藤内《わとうない》が、海を渡って明朝の王位を回復する話。人形の特性を生かして劇的場面を次次と展開させる。

心中天の網島　一七二〇年初演。紙屋治兵衛《じへえ》は妻おさんと遊女小春《こはる》を同時に愛し、心引き裂けながら、小春との心中へと追い込まれていく。近松の一番の傑作とされる。

雨月物語　一七七六年刊。怪異小説九篇からなる。九篇いずれも人の哀れさ、悲しさ、あるいは憤りを描ききって余すところがない。文体の美しさ、性格描写の深さ、構想の妙において、怪異小説の最高傑作とされる。

椿説弓張月　一八一一年刊。鎮西八郎為朝《ためとも》の外伝《がいでん》（正式の記録以外の伝記）の形をとり、強弓で知られた不遇の英雄源為朝を規模雄大な構想で描く。この本により曲亭馬琴は読本の第一人者の地位を得た。「椿説」は「珍説」の意。

南総里見八犬伝　執筆に一八一四年から二十七年間を費やした百六冊の大著。下総《しもうさ》の里見家興亡を背景に、仁・義・礼・智・忠・信・孝・悌《てい》の八徳の玉を持つ八犬士が活躍する伝奇小説。全体の構想を中国の「水滸伝《すいこでん》」に借り、人物や事件をちりばめた展開の壮大さは、読本の頂点と言われる。

文学史小話　ゴッホ展が開かれると、世界中多くの人が美術館に足を運びます。しかし、彼の絵は生前、全く売れませんでした。上田秋成は数々の国学書を刊行した国学者でもありましたが、そちらは今あまり顧みられることはなく、現在ではおよそ読本作家として高く評価されています。時代が求めるものにより芸術家・文学者の評価は大きく変わるのです。

プラス+α　**今は「文楽《ぶんらく》」と呼ばれる人形浄瑠璃。一度は実演を見てみよう。役者以上の人形の魅力に気付く人もいるはずです。**

マストアイテム 72

国学・近世随筆

江戸時代に入ると、いろいろの分野で因襲を打破しようとする機運が生まれてきますが、わが国の古典の学び方についても、漢学や儒教・仏教的な見方から離れて日本の古典を読み直そうとする、後に「**国学**」と呼ばれることになる学問・思想が起こってきます。**契沖**《けいちゅう》によってその基盤が作られ、**荷田春満**《かだのあずままろ》・**賀茂真淵**《かものまぶち》・**本居宣長**《もとおりのりなが》・**平田篤胤**《ひらたあつたね》らによって継承発展したとされる国学は古事記・日本書紀・万葉集などの古典の文献学的研究に基づいて、儒仏渡来以前の日本固有の文化・精神を明らかにすることを基本としています。

契沖は万葉集の注釈書「**万葉代匠記**《まんようだいしょうき》」を記し、それ以降の万葉研究の礎を築き、荷田春満は京より江戸に出向き、「日本書紀」「万葉集」その他の古典の講義を通じて、国学の重要性を広く知らしめました。賀茂真淵がその本流を引き継ぎ、その学派は「**県居派**《あがたいは》」と称され、国学の主流を形づくります。そして、本居宣長によって、国学は歌学・文学・国語学・神道などさまざまな方面で堂々たる学問的体系を備えるに至ります。江戸末期の平田篤胤の門下からは志士が輩出するなど、その思想は幕末・維新期に一定の影響力を有しました。

近世には武士・僧・学者・作家などさまざまな身分の人により、実に多様な随筆が書かれましたが、ここではその中で特に著名なものだけを以下に取り上げています。

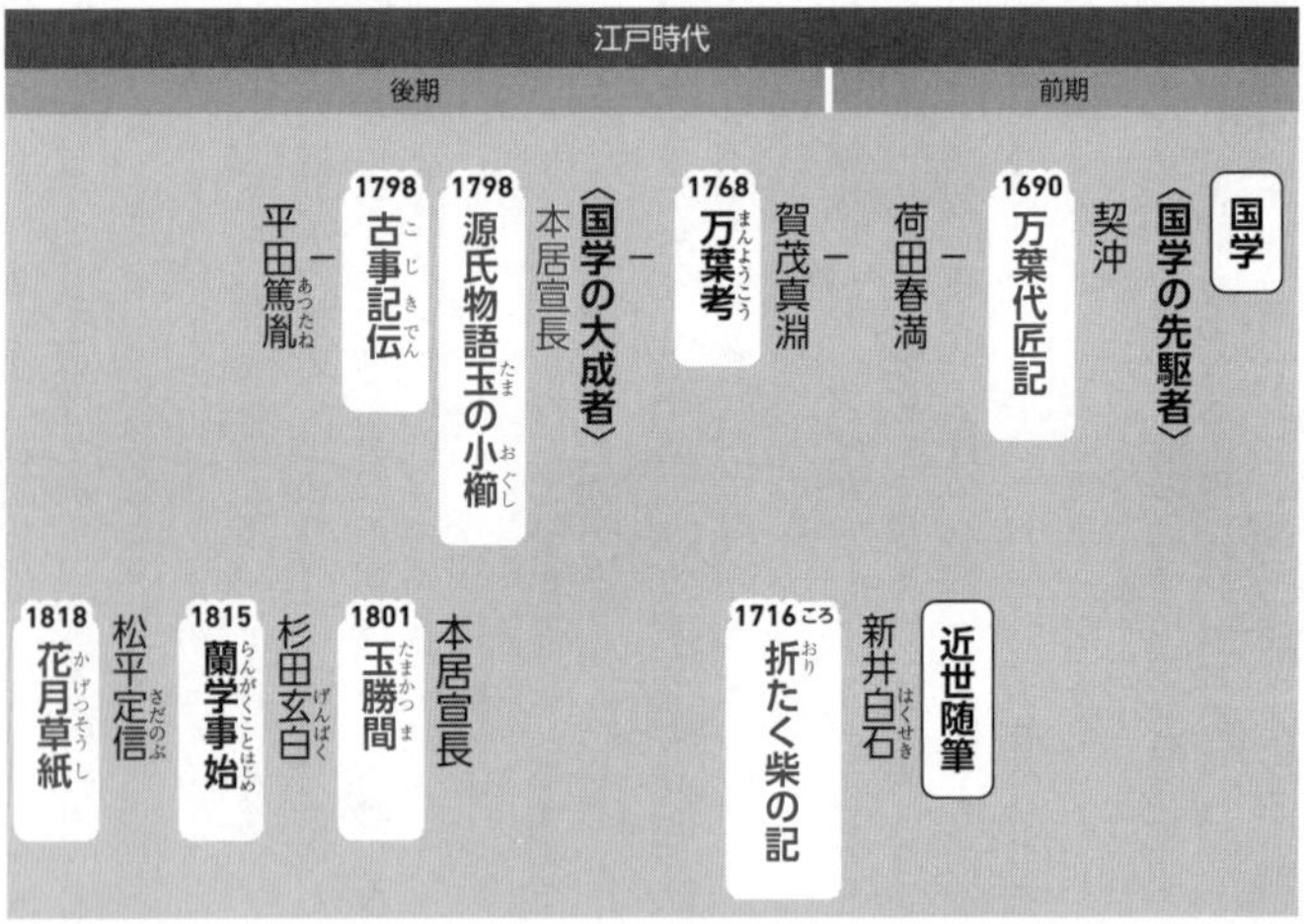

古典作品 読む

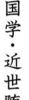

万葉代匠記　契沖による万葉集注釈書。徳川光圀《みつくに》が企画した万葉集の注釈作業を下河辺《しもこうべ》長流《ちょうりゅう》の後を受けて完成したもの（「代匠」は学匠下河辺長流に代わって成《な》した意）。一六九〇年に完成。万葉集全巻に実証的な注釈を詳細に加えている。

万葉考　賀茂真淵による万葉集研究書。独自の注釈や新訓を施し、万葉集の本質は「ますらをぶり（男性的な力強さ・素朴さ）」にあると見て、「ますらをぶり」を尊ぶ考えを示した。一七六八年に完成。現代以前に書かれた万葉研究の中で特に優れたものとされる。

源氏物語玉の小櫛　本居宣長による「源氏物語」の注釈書だが、「もののあはれ」論を展開した総論部が特に有名。「源氏物語」の本質は「もののあはれ」を描くことにあると述べて、儒仏の教えにとらわれて物語の中に教訓を求める読み方を根底から否定した。一七九八年成立。一七六三年成立の「紫文要領《しぶんようりょう》」にも同趣旨の論が展開されている。

古事記伝　本居宣長にとって「古事記」は仏教儒教思想を受容する前の日本の本来の姿を知るための鍵であり、その解読に宣長は三十五年の歳月（一七六四～一七九八年）を費やした。こうして文献学的方法にも立脚した「古事記」の注釈書「古事記伝」が完成された。「古事記」に付した宣長の訓解は、多少の修正を施すのみでおおかた今日でも認められている。

折たく柴の記　六代将軍徳川家宣《いえのぶ》、七代家継《いえつぐ》の下で幕政を主導した新井白石の自叙伝的な随筆。平明・雄勁《ゆうけい》な和漢混交文で、自伝文学の傑作とされる。一七一六年頃成立。

玉勝間　本居宣長の人生観や学問観などを記した随筆集。約千の長短さまざまな文章からなる。学術的随想として評価が高い。「玉勝間」は美しい竹籠《たけかご》の意。一八〇一年成立。

蘭学事始　一八一五年に八十三歳の杉田玄白が蘭学の草創から隆盛に至るまでを書き綴った回想録。「解体新書」の会読、翻訳、出版の苦心などが生き生きと描写されている。

花月草紙　徳川幕府老中として寛政の改革を行った松平定信が引退後に社会・自然・人生について綴った随想。格調高い擬古文で、近世随筆の傑作とされる。一八一八年成立。

文学史小話　この文学史編を書く上で最も参考にしたのは、ドナルド・キーン著『日本文学の歴史』（中央公論社）古代・中世篇1～6、近世篇1～3です。全9冊ありますが、これを読めば、日本の古典にどんなおもしろい作品があるか、どのような展開をしたのかが実によく分かります。自分の関心がある時代の一冊でも読んでみることをおすすめします。

プラス+α　**「蘭学事始」を開いてみよう。わずか五十ページの文から新しい世界を切り拓いた人の気迫が伝わってきます。講談社学術文庫の本が現代語訳も付いて最も読みやすいでしょう。**

練習問題 文学史

問一 平安時代に活躍した歌人に当てはまらない歌人を、次から二つ選べ。

① 清少納言《せいしょうなごん》　② 柿本人麻呂《かきのもとのひとまろ》　③ 紫式部《むらさきしきぶ》
④ 藤原定家《ふじわらのていか》　⑤ 紀貫之《きのつらゆき》

問二 次の文の空欄［ A ］～［ D ］に入るものを、それぞれ次から一つずつ選べ。

うつほ物語は［ A ］に属する。詳細な成立年代は不明だが、［ B ］らが撰者《せんじゃ》を務めた古今和歌集の和歌が本文中に引用されていることからも、古今和歌集が成立した［ C ］より後に成立したと考えられる。また、うつほ物語は、［ D ］の描写にも影響を与えたと言われる。

A ① 歌物語　② 軍記物語　③ 説話集
④ 歴史物語　⑤ 作り物語

B ① 紀貫之　② 藤原俊成《しゅんぜい》　③ 藤原定家
④ 白河院　⑤ 花山院

C ① 奈良時代前半　② 奈良時代後半
③ 平安時代前半　④ 平安時代後半
⑤ 鎌倉時代前半

D ① 日本霊異記《にほんりょういき》　② 竹取物語
③ 伊勢物語　④ 源氏物語
⑤ 平家物語

A
B
C
D

問三 『土佐日記』の冒頭部分はどう始まるか。次から一つ選べ。

① いづれの御時にか　② をとこもすなる
③ むかし男ありけり　④ いまはむかし
⑤ むかし男初冠して

問四 『十訓抄』と同じジャンルに属する作品を次から一つ選べ。

① 沙石集《しゃせきしゅう》　② 伊勢物語　③ 日本永代蔵《にっぽんえいたいぐら》
④ 太平記　⑤ 大鏡

問五 『大鏡』と同じく歴史物語に属する作品を、次から一つ選べ。

① 平家物語　② 源氏物語　③ 保元《ほうげん》物語
④ 栄花《えいが》物語　⑤ 平治物語

問六 **次の文の傍線部に関連して、松尾芭蕉の句ではないものを後から一つ選べ。**

芭蕉の代表的な句である「古池や　かはず　飛びこむ　水のおと」で表現されているのは、カエルの飛びこむ音よりも、カエルが池に飛びこんだことで際立って感じられる、周囲の静かな気配であろう。

① 夏草や　兵《つはもの》どもが夢の跡
② 五月雨をあつめて早し最上川
③ 行く春や鳥啼《な》き魚の目は泪《なみだ》
④ 閑《しづか》さや岩にしみ入る蟬《せみ》の声
⑤ 菜の花や月は東に日は西に

問七 **『花月草紙』と同じく江戸時代に成立した作品を次から一つ選べ。**

① 平中物語　② 古事記伝　③ 方丈記
④ 風姿花伝《ふうしかでん》　⑤ 十六夜《いざよい》日記

問一 解答 ②・④▼②は『万葉集』の代表的な歌人。④は『新古今和歌集』の編者の一人。（➡P.208）

問二 解答 A⑤　B①　C③　D④▼各勅撰和歌集の撰者と成立年代（➡P.208）とともに、物語の成立年代とそれぞれの影響についても押さえておく。（➡P.210）

問三 解答 ②▼女性に仮託して書かれた。（➡P.214）①は『源氏物語』、③は『伊勢物語』の多くの段、④は『竹取物語』『今昔物語集』など、⑤は『伊勢物語』第一段の冒頭。

問四 解答 ①▼同じ説話である①を選ぶ。（➡P.220）②は物語、③は浮世草子、④は軍記物語、⑤は歴史物語。

問五 解答 ④▼『大鏡』と対照的に藤原道長の栄華を描いた歴史物語である④を選ぶ。（➡P.222）②は物語、①・③・⑤は軍記物語。

問六 解答 ⑤▼⑤は与謝蕪村《ぶそん》（➡P.226）の句。他はすべて松尾芭蕉の句である。

問七 解答 ②▼本居宣長の作品である②を選ぶ。（➡P.230）①は平安時代、③は鎌倉時代、④は室町時代で作者は世阿弥《ぜあみ》。⑤は鎌倉時代の日記。

文法編

文法編では、取り違えると、読解そのものに支障をきたす紛らわしい語や複数の意味を持つ助動詞、文脈理解や心情把握を左右する重要な助詞に絞り、短時間で識別するための手順を重点的に解説しています。手順を身につけ、読解に専念できることが目的です。

敬語は、敬意を払う対象が理解できれば人物関係が確実に把握できます。敬語の種類・用法の確認に加え、注意が必要な敬語は特に詳しく解説しています。

文法編

マストアイテム 73

助動詞の識別

文法的識別⬇「ぬ・ね」「なり」「る・れ」「に」「なむ」

※これらは助動詞を中心とした（他に助詞や動詞など）同形語の識別で、接続と活用形による識別が基本です。

手順

1 接続（＝直前の語の活用形）を確認。

例 走ら（ラ行四段活用動詞「走る」未然形）**ぬ**。

2 （識別対象の語自体の）活用形や後方を確認。

例 忘れ**ね**（已然形）ども

例 忘れ**ね**ども（已然形に接続する接続助詞「ども」）

3 文脈（前後）を踏まえた解釈を確認。

「ぬ・ね」

「ぬ」には以下の可能性があります。

A 打消の助動詞「ず」の連体形

B 完了の助動詞「ぬ」の終止形（助動詞は設問や選択肢で意味まで指定している場合を除き、「種類」の識別です。）

＊その他（ナ行下二段活用動詞「寝《ぬ》」の活用語尾や、ナ変動詞「死ぬ」「往《い》（去《い》）ぬ」の一部など）

1 接続（＝直前の語の活用形）を確認。

・直前が**未然形** 例 走ら（未然形）**ぬ**。 ⬇A

・直前が**連用形** 例 走り（連用形）**ぬ**。 ⬇B

2 「ぬ」自体の活用形を確認。

・「ぬ」が**連体形** 例 我ぞ見**ぬ**（連体形）。 ⬇A

・「ぬ」が**終止形** 例 花を見**ぬ**（終止形）。 ⬇B

＊その他の場合

例 秋の夜は月見て**ぬ**べき心地こそせね。

⬇ ナ行下二段活用動詞「寝《ぬ》」の終止形。

※この「ぬ」は直前の「て」が接続助詞で活用しない語なので助動詞ではなく、内容（直後の語の接続など）から決めます。訳は「秋の夜は月を

見て寝ることができる気持ちがしない（＝秋の夜の美しい月を見てしまうと寝られなくなってしまう）」。

◇「ね」には以下の可能性があります。

A 打消の助動詞「ず」の已然形
B 完了の助動詞「ぬ」の命令形
＊その他（ナ行下二段活用動詞「寝」の活用語尾や、ナ変動詞「死ぬ」「往（去）ぬ」の一部など）

1 接続（＝直前の語の活用形）**を確認。**

・直前が**未然形** 例 我こそ行か〔未然形〕**ね**。→A
・直前が**連用形** 例 和泉へ行き〔連用形〕**ね**。→B

2 「ね」自体の活用形を確認。

・「ね」が**已然形** 例 忘れ**ね**〔已然形〕ども、→A
・「ね」が**命令形** 例 欲を忘れ**ね**〔命令形〕。→B

＊その他の場合

例 水におぼれて死なば死**ね**。→ナ行変格活用動詞「死ぬ」の一部（命令形の活用語尾）。

※この「ね」は動詞の活用の種類の知識から決めます（接続からも助動詞ではありません）。

「る・れ」

◇「る・れ」には以下の可能性があります。

A 完了の助動詞「り」（の連体形・已然形・命令形）
B 自発・可能・受身・尊敬の助動詞「る」（の未然形・連用形・終止形）
C 活用語の一部

1 接続（＝直前の語の動詞の活用の種類と活用形）**を確認。**

・直前が**エ段音**で終わる**動詞**（＝サ行変格活用の動詞の未然形か四段活用の動詞の已然形）
例 おこなへ〔四段活用・已然形〕**る**人々 例 おこなへ〔四段活用・已然形〕**れ**ば →A

・直前が**ア段音**で終わる**動詞**（＝四段活用かナ行変格活用か**ラ行変格活用の動詞の未然形**）
例 おこなは〔四段活用・未然形〕**る**。 例 おこなは〔四段活用・未然形〕**れ**けり。→B

※Bの場合はさらに文法的意味を確認します→「る・らる」の意味の識別 →P.247

・直前が**その他**（＝右の二つではない）
例 往ぬ〔ナ変動詞「往ぬ」の連体形〕**る** 人 例 語りぬ〔完了の助動詞「ぬ」の已然形〕**れ**ど →C

※入試問題ではほぼウ段音の語に接続しています。

「に」

✦「に」には以下の可能性があります。

A 断定の助動詞「なり」の連用形
B 完了の助動詞「ぬ」の連用形
C 形容動詞の連用形活用語尾
D 格助詞
E 接続助詞
F 副詞の一部
G ナ変動詞連用形活用語尾
H 格助詞「にて」の一部

1 接続（＝直前の語の活用形など）**を確認。**

・直前が「**死**」か「**往**（**去**）」 ➡G
例 男、狩《かり》に去《い》**に**けり。
※平仮名になっていることもあるので注意しましょう。

・直前が**連用形** ➡B
例 俄《には》かにこの馬死に（連用形）**に**けり。
※ほとんど直後に助動詞「**き・けり・たり・けむ**」を伴っています。

・直前が**事物の状態や性質**を表している ➡C
例 御容貌《かたち》、をかしげ**に**おはす。
※入試では「**〜かに**」「**〜げに**」の形や**重要語句**が多く問われます。

・直前と合わせて**副詞**（＝**用言などを修飾する**）になる ➡F
例 波、静か**に**寄せけり。
例 かの姫君、あて**に**おはしけり。
例 げ**に**をかしき花なり。
※入試では**重要語句**が多く問われます。
例 よ**に**心得ぬことなり。
例 水、さら**に**流れざりけり。

・直前が**連体形** ➡AかE➡2
※連体形の後（＝『に』の直前）に**体言を補える場合**はDかHの可能性もあります。 ➡2

・直前が**体言** ➡AかDかH➡2

2 後を確認。

1で直前が連体形の場合。

・後に**ラ変動詞「あり」**やその**尊敬語「おはします」**などや**丁寧語「侍り・候ふ」がある** ➡A
例 女、笑ひたる**に**あらず。

- 後に**係助詞「や・か」**などがある ⬇A

例 花、いかに散りたる**に**か。

※「にや・にか」の後には「あらむ（ありけむ・侍らむ・侍りけむ）」が省略されています。

- 後に**ラ変動詞「あり」**やその**尊敬語「おはします」**などや**丁寧語「侍り・候ふ」がない** ⬇E

例 扇を持つべき**に**、忘れにたり。

1 で直前が体言の場合（体言が省略された連体形の場合）。

- 後に**ラ変動詞「あり」**やその**尊敬語「おはします」**などや**丁寧語「侍り・候ふ」がない** ⬇D

例 男、狩**に**行きけり。

- 後に**係助詞「や・か」**などがある ⬇A

例 花、咲きたるころ**に**や。

※「にや・にか」の後にはほとんど「あらむ（ありけむ・侍らむ・侍りけむ）」が省略されています。ただし、きわめてまれに他の語句が省略されていることがあり、その場合はDです。

- 後に**ラ変動詞「あり」**やその**尊敬語「おはします」**などや**丁寧語「侍り・候ふ」がある** ⬇AかD⬇3

- 後に**「て」**か**「して」**がある ⬇AかH⬇3

3 文脈（前後）を踏まえた解釈を確認。

- 「に＋あり」を**「である」（尊敬語の場合は「でいらっしゃる」、丁寧語の場合は「でございます」）と訳すことができる** ⬇A

例 殿、大納言《だいなごん》**に**こそ**おはしまし**けれ。（殿は、大納言**でいらっしゃった**。）

※右の例のように**間に助詞が割り込んでいる場合**がしばしばあります。

- 「に＋あり」を**「である」（尊敬語の場合は「でいらっしゃる」、丁寧語の場合は「でございます」）と訳すことができない** ⬇D

例 女、京**に侍り**。（女は、京**にいます〈おります〉**。）

※あまり用例は多くありません。直前には必ず**場所やそれに準じた体言**があります。

- 後に**「て」**か**「して」**があり、**「にて」「にして」を「であって」と訳すことができる** ⬇A

例 男、田舎人《ゐなかびと》**にて**、周防《すはう》に父母あり。（男は、田舎の人**であって**、周防の国に父母がいる。）

※この場合の「て」「して」は接続助詞です。

- 後に**「て」**か**「して」**があり、**「にて」「にして」を「であって」と訳すことができない** ⬇H

例 男、田舎**にて**過ぐしけり。（男は、田舎**で**過ごした。）

✦「なり」

✦**「なり」には以下の可能性があります。**

A 伝聞・推定の助動詞（の連用形・終止形）
B 断定の助動詞（の連用形・終止形）
C 形容動詞（の連用形・終止形）**の活用語尾**
D ラ行四段動詞（の連用形）

＊「なり」については、「なら（未然形）」「なる（連体形）」「なれ（已然形・命令形）」の形の識別を求められることもありますが、「なり」と識別の手順は同じです。

1 接続（＝直前の語の活用形など）**を確認。**

・直前が**終止形**か**ラ変型活用語の連体形** ⬇A
例 水なむ流る《終止形》**なる**。
※直前が**ラ変型活用語の連体形**の場合はほとんど**撥《はつ》音便《おんびん》**や**「ん」の無表記**の形になります。
例 心こそうるはしかん**なれ**。
「うるはしかん」は形容詞「うるはし」の連体形「うるはしかる」の撥音便の形です。
例 人は思はざ**なり**。
※「ざ」は打消の助動詞「ず」の連体形「ざる」が撥音便の形「ざん」となり、さらに「ん」が無表記となった形です（例の「ざなり」の読み方は「ざんなり」と、「ん」を入れます）。

・直前が**体言**か**連体形** ⬇B
例 富士の山は駿河《体言》**なり**。
例 水、流る《連体形》**なり**。

・直前が**事物の状態や性質**を表している ⬇C
例 容貌《かたち》こそはなやか**なれ**。
※入試では**「〜かなり」「〜げなり」**の形や**重要語句**が多く問われます。
例 花、をかしげ**なら**ず。
例 月なむあはれ**なる**。

・直前が**格助詞の「に」「と」**、**活用語の連用形**や**副詞**など ⬇D
例 学生《がくしやう》に《格助詞》**なれ**ば、
例 大臣《おとど》と《格助詞》**ならせ**給ひけり。
例 かの女、うつくしく《連用形》**なる**べし。
例 人はものも言はず《連用形》**なり**ぬ。
例 つひにかく《副詞》**なり**ぬ。

2 直後を確認。

・**「けり」**がある → B

例 男の見る**なり**けり。

※「見る」は上一段活用の動詞なので終止形と連体形の区別がつきませんが、C・Dではなく、**「なりけり」**の形であるときの「なり」は断定の助動詞です。

3 文脈（前後）を踏まえた解釈を確認。

※1・2の手順で識別できないとき（特に直前が四段活用動詞であるなど、AとBが接続で識別できないとき）には注意を要します。

・前に**人の噂《うわさ》**や**音声**を表す言葉がある → A

例 鳥、鳴きて行く**なり**。

・C・Dではなく、**自己の動作**について述べている文脈 → B

例 われさ思ふ**なり**。

・前に**疑問語**がある → B

例 など狩衣《かりぎぬ》を着る**なる**。

・現代語で**「なる」**と訳せる → D

例 **なら**むと思ふべきは聖人なり。

「なむ」

✦「なむ」には以下の可能性があります。

A 他への願望（あつらえ）の終助詞
B 完了の助動詞「ぬ」の未然形＋推量の助動詞「む」
C 強意の係助詞
D ナ変動詞の未然形活用語尾＋推量の助動詞「む」

1 接続（＝直前の語の活用形や品詞）を確認。

・直前が**未然形** → A

例 花、咲か《未然形》**なむ**。

・直前が**連用形** → B

例 花、おもしろかり《連用形》**なむ**。

※次の項の「※」に該当するものは除きます。

・直前が**活用しない語**や**連体形** → C

例 花《名詞》**なむ**咲く。

例 花咲く《連体形》**なむ**おもしろき。

※形容詞や形容詞型に活用する助動詞の連用形の活用語尾（またはその一部）の「く」（ウ音便化することもあります）、形容動詞の連用形の「に」、打消の助動詞

「ず」の連用形の「ず」に接続する場合もあります。

例 花、おもしろく《連用形》**なむ**咲く。

例 かの男、いとなまめかしう《連用形》**なむ**。

※結びの語句は「ある（侍る）」などが省略されています。

例 そはをかしげに《連用形》**なむ**侍る。

例 さはゆめゆめ思はず《連用形》**なむ**。

※結びの語句は「ある（侍る）」などが省略されています。

- 直前が**「死」**か**「往（去）」** ➡ D

例 男、死**なむ**と思ひけり。

※平仮名になっている場合もあるので注意しましょう。

例 男、い**なむ**としけり。

2 文末を確認。

- 文末の**活用語**が**連体形** ➡ C

例 花咲く**なむ**おもしろき《連体形》。

例 海、静かに**なむ**侍りける《連体形》。

※係り結びが成立している場合は、文末の活用語が連体形であることを確認する方が簡単に識別できます。

文法編 マストアイテム 74 助動詞の意味の識別

意味（用法）の識別 ➡「む・むず」「べし」「まし」「る・らる」などの助動詞と「の」「だに」などの助詞

※これらは助動詞や助詞の意味の識別で、解釈した上での識別が基本ですが、多くの場合その前後にポイントになる語句があります。

手順

1 鍵になる語句を前後から確認。

例 鳥鳴か**む**こと（→直後に体言がある）を歌に詠む。

例 つゆ寝**られ**ず（→打消の語を伴う）。

2 文脈（前後）を踏まえた解釈を確認。

重要な助動詞Ⅰ

む（ん）・**むず**（んず）

① **推量**（〜だろう）
② **意志**（〜よう・〜たい）
③ **適当**（〜ほうがよい）・**勧誘**（〜ませんか）
④ **仮定**（〜ならば、その・〜としても、その）・**婉曲**（〜ような）
※婉曲の訳は「ような」と訳してみて不自然な場合は訳出しなくてもかまいません。

＊「む」と「むず」の意味の判別のしかたは同じです。

1 鍵になる語句を前後から確認。

・**文の途中**にあり**直後**に**体言**があるか**補える**とき ⬇④
例 鳥鳴か**む**ことを歌に詠む。
例 鳥鳴か**むずる**を聞かばや。（「むずる」の後に体言「声」などが省略）
例 鳥鳴か**む**、また来べし。（「む」の後に体言「とき」などが省略）

・**文末**や**文末に準ずるところ**にあり、**直後**に**体言**が**な**く、**補えもしない**とき ⬇2

2 文脈（前後）**を踏まえた解釈を確認。**

・**「〜よう・〜たい」と訳せる**とき ⬇②
例 男、「この女を見**む**」と思ふ。
※主体が**一人称**のときに多い用法ですが、一人称主体はほとんど明示されることはありません。

・**「〜だろう」と訳せる**とき ⬇①
例 卯月《うづき》にこそほととぎすも鳴か**め**。
※主体が**三人称**のときに多い用法です。
※**疑問・反語**表現、**仮定条件**を伴っているときは**推量**になることが多く、可能の意を添えて「**〜ことができるだろう**」と訳す方がよい場合があります。
例 今日ならではいつ母に会は**む**。（今日でなくてはいつ母に会う**ことができるだろうか**。）

・**「〜ほうがよい・〜ませんか」と訳せる**とき ⬇③
例 女、殿に「とくこそ帰り給は**め**」と申しけり。（女は、殿に「〈あなたは〉早くお帰りになる**ほうがよい**《適当》・お帰りになり**ませんか**《勧誘》」と申し上げた。）
※主体が**二人称**で、**会話**や**手紙文中**に多い用法です。
※多くは「こそ〜**め**」「〜な**む**（や）」「〜て**む**（や）」の形をとっています。「や」が**ある場合**は**勧誘**の意味に限られます。

◆重要な助動詞Ⅱ

らむ（らん）
① 現在推量（～〈ている〉だろう）
② 現在の原因推量（どうして～のだろう）
③ 現在の伝聞・婉曲（～という・～ような）

けむ（けん）
① 過去推量（～〈てい〉ただろう）
② 過去の原因推量（どうして～たのだろう）
③ 過去の伝聞・婉曲（～たという・～たような）

＊「けむ」は「らむ」の時制を「過去」に変えたものです（訳も「～た」を付けるだけです）。

＊「らむ」と「けむ」の意味の識別のしかたは全く同じです。

1 鍵になる語句などを前後から確認。

・**文の途中**にあり、直後に**体言があるか省略されてい**るとき ⬇③

例 花咲く**らむ**時、

例 花咲き**けむ**に、

例 花咲く**らむ**、

・**文末**にあり、**疑問を表す**（「どうして」などと訳す）語や**原因・理由を表す語句**（已然形＋ば）が**前にある**ときなど ⬇②を優先して **2**

2 文脈（前後）を踏まえた解釈を確認。

・**視界内の事柄**（らむ）や**直接確認した過去の事柄**（けむ）についてその**原因・理由を推量する**とき ⬇②

例 などかかる目を見る**らむ**。

例 容貌《かたち》よければ、いとど見むと思ひ**けむ**。

・**視界外の事柄**について**推量する**とき ⬇①

例 京の花ぞ咲く**らむ**。

例 うれしきことこそあり**けめ**。

べし
① 推量（～だろう）
② 意志（～よう・～たい）
③ 可能（～ことができる）
④ 当然（～はずだ・～べきだ・～にちがいない・～なければならない）
⑤ 命令（～せよ）
⑥ 適当（～ほうがよい）

まじ
① 打消推量（～ないだろう）
② 打消意志（～ないつもりだ・～まい）
③ 不可能（～ことができない）
④ 打消当然（～ないはずだ・～べきではない）
⑤ 禁止（～するな・～てはならない）

⑥ **不適当**（〜ないほうがよい）

＊「まじ」は「**べし**」を**打ち消したもの**です。

＊「べし」「まじ」は複数の意味が該当することもよくあるので、一つに決めつける必要はありません。

1 （「べし・まじ」）**鍵になる語句を前後から確認。**

・**会話文中**などにあるとき ➡②⑤を優先して **2**

（「べし」）**鍵になる語句を前後から確認。**

・**打消の語句を伴う**とき ➡③④⑤を優先して **2**

2 **「べし」の文脈**（前後）**を踏まえた解釈を確認。**

・**「〜ことができる」と訳せる**とき ➡③

例 羽なければ、空をも飛ぶ**べから**ず。

・**「〜よう・〜たい」と訳せる**とき ➡②

例 男、「この女にあふ**べし**」と願ふ。

※**会話**や**思考部**で主体が**一人称**のときに多い用法ですが、一人称主体はほとんど明示されません。

・**「〜せよ」と命じている内容で訳せる**とき ➡⑤

例 殿、御随身《みずいじん》に「往《い》ぬ**べし**」と仰せけり。

※主体が**二人称**で**会話文中**に多い用法です。

・**「〜はずだ・〜べきだ・〜にちがいない・〜なければならない」と訳せる**とき ➡④

例 藤《ふぢ》の花の咲けば、時鳥《ほととぎす》こそ鳴く**べけれ**。

例 歌を詠まれたらば、とく返しす**べし**。

※それが**自然の摂理**や**常識**として当たり前だという意味のときの用法です。

・**「〜ほうがよい」と訳せる**とき ➡⑥

例 帝に「おほとのごもらせ給ふ**べから**ず」と申したり。

※主体が**二人称**のときに多い用法です。

「まじ」の文脈（前後）**を踏まえた解釈を確認。**

・**「〜ないつもりだ」と訳せる**とき ➡②

例 女、「この男にあふ**まじ**」と言ひけり。

※**会話**や**思考部**で主体が**一人称**のときに多い用法ですが、一人称主体はほとんど明示されません。

・**「〜するな」と命じている内容で訳せる**とき ➡⑤

例 帝、御使《つかひ》に「行く**まじ**」と仰せけり。

※主体が**二人称**で**会話文中**に多い用法です。

＊「べし」「まじ」ともに、他の意味でも訳してみて、前後関係から最終的に意味を決めます。

重要な助動詞Ⅲ

まし

①反実仮想（もし〜たならば…〈た〉だろう〈に〉）
②ためらいの意志（〜ようか〈しら〉）
③実現不可能な願望（〜ならよかったのに）

＊**中世以降**の文章では、ごくまれに**推量**の意もあります。

1 鍵になる語句を前後から確認。

・前方に**仮定条件**が**ある**とき ➡①

例 花咲かざらましか（「まし」の未然形）ば、わびしから**まし**。

例 月なかりせ（「き」の未然形）ば、すさまじく思は**まし**を。

例 東風《こち》吹か（「吹く」の未然形）ば、鶯《うぐひす》も心地よく鳴か**まし**。

※「〜まし」の部分が省略されたり、「まし」が他の推量の助動詞で代用されることもまれにあります。

＊**現実がどうであったか**を問われることもあります。

最初の例 ➡（現実）花が咲くので、寂しくない。

・前方に**疑問を表す**語が**ある**とき ➡②

例 いつ行か**まし**。　例 我や詠ま**まし**。

・前方に**仮定条件**も**疑問を表す語**も**ない**とき ➡③

けり

①過去（〜た）
②詠嘆（〜なぁ・〜よ）

1 鍵になる語句などを前後から確認。

・**和歌**の中にあるとき ➡②

・**会話や思考部など**で、**自らの思い**を述べるとき ➡②

※「けり」は自分自身が直接経験しておらず、間接経験（＝伝聞）した過去を表すので、この場合は過去にならないのです。

・**右以外**のとき ➡①

つ・ぬ

①完了（〜た・〜てしまう・〜てしまった）
②強意（きっと〜・必ず〜・〜てしまう）

1 鍵になる語句を前後から確認。

・**推量系の助動詞**を直後に伴っているとき ➡②

例 花を摘み**て**む。　例 風を恨み**つ**べし。

例 鳥も鳴き**な**む。　例 雪も降り**ぬ**べし。

・**右以外**のとき ➡①

る・らる
① **自発**（自然と〜・つい〜）
② **可能**（〜ことができる）
③ **受身**（〜れる・〜られる）
④ **尊敬**（〜なさる・お〜になる）

1 鍵になる語句を前後から確認。

・**心情**や**知覚**を表す語句があるとき ⬇ ①を優先して **2**

例 かの女こそ思ひ出《い》で**らるれ**。
例 海の方《かた》見や**らる**。
例 故郷《ふるさと》恋しかりしかば、歌ぞ詠ま**るる**。

・**打消の語**などを伴うとき ⬇ ②を優先して **2**

例 つゆ寝**られ**ず。
例 禄《ろく》たまはら**れ**で。

2 文脈（前後）を踏まえた解釈を確認。

・**「誰々（何々）に〜れる・られる」という文脈**のとき ⬇ ③
・①②③の意味にならないとき ⬇ ④
・**同じ人物に他の箇所で敬意を払っている**とき ⬇ ④
・③④の意味にならず、**「自然にそうなる」という文脈**のとき ⬇ ①
・③④の意味にならず、**「〜ことができる」と訳せる**とき ⬇ ②
＊人間・動物以外が主語のとき ⬇ ③は少ない。
＊「仰せらる」の「らる」 ⬇ ④
＊「れ給ふ」「られ給ふ」の「れ」「られ」 ⬇ ①②③

す・さす・しむ
① **使役**（〜せる・〜させる）
② **尊敬**（〜なさる・お〜になる）

1 鍵になる語句などを前後から確認。

・直後に**尊敬語**が**ない**とき ⬇ ①

例 花を折ら**せ**にけり。

・直後に**尊敬語**が**ある**とき ⬇ ①か② ⬇ **2**

2 文脈（前後）を踏まえた解釈を確認。

・**何かをさせる相手がはっきりしている**とき ⬇ ①

例 帝、人々に歌を詠ま**せ**給ふ。

・**主語の人物**が尊敬語の前の動作を**しない**とき ⬇ ①
・（会話文以外で）**きわめて高貴な人が主語**のとき ⬇ ②
・**主語の人物**が尊敬語の前の動作を**する**とき ⬇ ②

練習問題

助動詞の識別・助動詞の意味の識別

問一 各文から、傍線部が完了の助動詞であるものをすべて選べ。

(1) 聞かでなむありける。
(2) まめまめしきものはまさなかりなむ。
(3) 跡もなくこそかき消ちて失《う》せにしか。
(4) これはただ事にあらず。様《やう》あるべき。
(5) 走りかかりければ、とらへられぬと思ひて、
(6) 方《かた》のふたがれば、こよひはえなむまうでぬ。
(7) こよひは、なほとく帰り給ひね。
(8) その式部丞《しきぶのじよう》の寝様《ねざま》こそ心得ね。
(9) うちとけたまへらん気色をも見ん。
(10) などこの童《わらは》を見んと思ふらん。

問二 二重傍線部と文法的に同じものを、後から一つ選べ。

人々あまた声して来なり。

(1) 国守の御子の太郎君のおはするなりけり。
(2) 今宵《こよひ》こそいとむつかしげなる夜なんめれ。
(3) 問ひつめられて、え答へずなり侍りつ。
(4) 猫またになりて、人とる事はあなるものを。
(5) まめなるものさまざまに持て来たり。

問三 各文の傍線部を、助動詞に注意して現代語訳せよ。

(1) つげ奉りては、わがためもあしきことにてもやあらんずらんと、おそろしくて、え申さざりしなり。
(2) （敏行《としゆき》は）受けたりける齢《よはひ》、限《かぎり》にやなりにけん、遂《つひ》に失せにけり。
(3) 「昼ならましかば、のぞきて見奉りてまし」と、ねぶたげに言ひて、顔ひき入れつる声す。
(4) いかにせましと、思ひなげきける程に、

問四 次の文章を読んで、後の問いに答えよ。

朝成《あさひら》の中納言《ちゆうなごん》と＊一条《いちでう》摂政と同じ折の殿上人《てんじやうびと》にて、品

のほどこそ、一条殿とひとしからねど、身の才《ざえ》・人覚え、やむごとなき人なりけれ[ア]ば、*頭《とう》になるべき[イ]次第いたりたるに、またこの一条殿さらなり、道理の人に[(1)]ておはしけるを、この朝成の君申し給ひけるやう、「殿はならせ[ウ]給はずとも、人わろく思ひ申すべきにあらず。後々《のち》にも御心にまかせさせ給へり。おのれは、このたびまかりはづれな[エ]ば、いみじう辛《から》かる[a]べきことにてなむ侍るべき[オ]を、このたび、申させ給はで侍りなむや」と申し給ひければ、「ここにもさ思ふことなり。さらば申さじ」とのたまふを、いとうれしと思はれ[b]けるに、いかに思しなりにけることに[c]か、やがて問ひごともなく、なり給ひに[d]ければ、かく謀り給ふべし[カ]やはと、いみじう心やましと思ひ申されけるに[e]、御中よからぬやうにて過ぎ給ふほどに[f]、この*一条殿のつかまつり人とかやのために、なめきことしたうびたりけるを、「本意《ほい》なしなどばかりは思ふとも、いかに[g]、ことにふれてわれなどをば、かくなめげに[h]もてなすぞ」と、むつかり給ふと聞きて、「あやまたぬよしも申さむ[キ]」とて、まゐられ[(2)]たりけるに、はやうの人は、われより高き所にまうでては、「こなたへ」となきかぎりは、上《うへ》にものぼらで、下《しも》に立てる[i]ことになむありけるを、これは六七月のいと暑くたへがたき頃、かくと申させ[ク]て、今や今やと、中門《ちゅうもん》に立ちて待つほどに、西日もさしかかりて暑くたへがたしとはおろかなり、心地もそこなはれ[j]ぬ[ケ]べきに、「はやう、この殿は、われをあぶり殺さむと思《おぼ》すにこそありけれ[コ]。益なくもまゐりにけるかな」と思ふに、すべて悪心おこるとは、おろかなり。

（大鏡）

*一条摂政（一条殿）…藤原伊尹《ふじわらのこれまさ》。　頭……蔵人頭《くろうどのとう》。
一条殿のつかまつり人…一条殿にお仕えしている人。

❶ 傍線部ア〜コの助動詞の文法的意味として最も適当なものを、それぞれ次から選べ。

① 推量　② 意志　③ 婉曲　④ 適当
⑤ 可能　⑥ 当然　⑦ 完了　⑧ 強意
⑨ 使役　⑩ 尊敬　⑪ 過去　⑫ 詠嘆

ア	イ	ウ	エ	オ

カ	キ	ク	ケ	コ

❷ 傍線部(1)・(2)と文法的に同じものを、それぞれ二重傍線部a〜jから一つずつ選べ。

(1)	(2)

❸ 波線部を、主語と「申」す内容を補って現代語訳せよ。

問一 解答 (2) (3) (5) (7) (9)

(1) 訳 聞かないでいた。（伊勢物語）

▼「なむ」の識別（➡P.241）。**1 接続を確認**。直前が接続助詞「で」（＝活用しない語）なので、「な」は完了の助動詞とはならず、「なむ」で一語の強意の係助詞（文末が連体形で係り結びが成立していることから判断してもよい）。よって「な」は強意の係助詞の一部。

(2) 訳 実用的なものはきっとよくないだろう。（更級日記）

▼同じく「なむ」の識別。**1 接続を確認**。直前が連用形なので、完了の助動詞「ぬ」の未然形＋推量の助動詞「む」。

※意味（用法）では強意であるが、何らかの制限・条件がない場合は種類で考えればよい。

(3) 訳 跡形もなく姿を消していなくなってしまった。（源氏物語・帚木）

▼「に」の識別（➡P.238）。**1 接続を確認**。直前が連用形なので、完了の助動詞「ぬ」の連用形。

※直後の「しか」は係助詞「こそ」の結びの語で過去の助動詞「き」の已然形である。入試に頻出の「に」＋（き・けり・たり・けむ）の形。

(4) 訳 これはただ事ではない。（何か）訳があるに違いない。（宇治拾遺物語）

▼同じく「に」の識別。**1 接続を確認**。直前が体言。**2 直後を確認**。「あり」がある。**3 解釈を確認**。「に＋あり」を「である」と訳すことができる。よって断定の助動詞「なり」の連用形。

(5) 訳 （学生《がくしょう》が）走りかかってきたので、（成村《なりむら》は）捕まえられてしまうと思って、（宇治拾遺物語）

▼「ぬ・ね」の識別（➡P.236）。**2 活用形を確認**。思考部を導く「と思ひ」があるので、「ぬ」は文末扱いができ、前に係助詞や疑問を表す語もないので、終止形。よって完了の助動詞「ぬ」の終止形（直前は下二段型活用の受身の助動詞「らる」なので、接続からは識別できない）。

(6) 訳 方《かた》ふたがりなので、今夜は（そちらに）参上することができない。（大和物語）

▼同じく「ぬ・ね」の識別。**2 活用形を確認**。文末で、前方に係助詞「なむ」があるので、連体形。よって打消の助動詞「ず」の連体形（直前は下二段活用の動詞「まうづ」なので、接続からは識別できない）。

(7) 訳 今夜は、やはり早く帰ってしまってください。（源氏物語・東屋）

▼同じく「ぬ・ね」の識別。**2 活用形を確認**。文末で、前方に係助詞「こそ」がないので、完了の助動詞「ぬ」の命令形（連用形に接続していることから判断してもよい）。

(8) 訳 その式部《しきぶ》の丞《じょう》の寝ている様子は理解できない（＝寝姿は不審だ）。（宇治拾遺物語）

▼同じく「ぬ・ね」の識別。**2 活用形を確認**。文末で、前方に係助詞「こそ」があるので、打消の助動詞「ず」の已然形（直前は下二段活用の動詞「心得《こころう》」なので、接続からは識別できない）。

(9) **訳** くつろいでいらっしゃるような様子も見たい。（源氏物語・宿木）

▼**1 接続を確認**。四段の已然形（＝エ段音の動詞）に接続している（➡P.237）ので、完了の助動詞「り」の未然形。

(10) **訳** どうしてこの子を見たい（＝この子に会いたい）と思っているのだろう。（宇治拾遺物語）

▼**1 接続を確認**。終止形（＝ウ段音の活用語）に接続しているので、現在推量の助動詞「らん」の一部（意味〈用法〉は現在の原因推量➡P.244）。

問二 解答 (4)

問題文の訳 人々がたくさん声を出して来るようだ（＝人々がたくさん来る声が聞こえてくる）。（宇治拾遺物語）

▼**1 接続を確認**。直前がカ変動詞「来《く》」の終止形（読みが「こ」なら未然形だが、未然形に接続する「なり」はない。「なり」の下に句点があるので「なり」は終止形で、動詞の連用形とみることもできない）。よって伝聞・推定の助動詞（➡P.240）。

(1) **訳** 国守の御子の長男の君がいらっしゃるのであった。（宇治拾遺物語）

▼**1 接続を確認**。直前が連体形（＝サ変動詞「おはす」の連体形）。よって断定の助動詞。

(2) **訳** 今夜は実に気味が悪そうな夜であるようだ。（大鏡）

▼**1 接続を確認**。直前が事物の状態を表している。

※「〜げなり」は形容動詞の代表的な形である。

(3) **訳** 問い詰められて、答えることができなくなりました。（徒然草）

▼**1 接続を確認**。直前が連用形（＝打消の助動詞「ず」の連用形）。あるいは、**3 文脈（前後）を踏まえた解釈を確認**。現代語で「なる」と訳せる。よってラ行四段活用の動詞。

(4) **訳** 猫またになって、人をとることがあるというのに。（徒然草）

▼**1 接続を確認**。直前がラ変型活用語の連体形（＝ある）の撥音便の無表記形。よって伝聞・推定の助動詞。

※問題文は「来なり」の直前に「声して」とあるので、推定用法。(4)は聴覚にかかわる語などがないことから伝聞用法。伝聞・推定の助動詞が選択肢に複数あれば、もちろん、意味（用法）の同じものを選ぶべきだが、この設問は種類でよい。

(5) **訳** 実用的なものをあれこれと持ってきた。（大和物語）

▼ **1** **接続を確認**。直前が事物の性質を表している。
※「まめなる（まめなり）」は重要語句である。

問三 解答

(1) **悪いことであるだろうか（=まずいことになるかもしれない）**
(2) **限りになったのであろうか（=尽きてしまったのだろうか）**
(3) **昼であったならば、きっとのぞいて拝見しただろうに**
(4) **どのようにしようか（=どうしようかしら）**

(1) 訳 告げ申し上げては（=お伝えすると）、自分のためにも（=私にとっても）悪いことであるだろうか（=まずいことになるかもしれない）と、恐ろしくて、申し上げることができなかったのである。（宇治拾遺物語）

▼「に」が断定の助動詞「なり」の連用形（接続助詞「て」、係助詞の「も」「や（=疑問）」を挟んでラ変動詞「あり」の未然形「あら」があり、「に＋あり」を「である」と訳せる⬇P.239）。「んず」は推量の助動詞、「らん」は現在推量の助動詞で、合わせて「だろう」と訳す。

(2) 訳（敏行《としゆき》は）受けていた年齢（=授けられた寿命）が、限りになったのであろうか（=尽きてしまったのだろうか）、ついに亡くなってしまった。（宇治拾遺物語）

▼「限《かぎり》に」の「に」は格助詞。「や」は疑問の係助詞。「なり」はラ行四段活用の動詞「なる」の連用形。次の「に」は完了の助動詞「ぬ」の連用形。「けん」は直後に読点があるが、前方に疑問を表す語「や」があり、挿入句の末尾。よって体言は省略されておらず、過去の伝聞・婉曲用法ではなく、過去の原因推量（⬇P.244）。

(3) 訳「昼であったならば、きっとのぞいて拝見しただろうに」と、眠たそうに言って、顔を引き入れた声がする。（源氏物語・帚木）

▼文末に「まし」がある。前方に仮定条件があり、「ましかば～まし」で反実仮想の構文（⬇P.246）。「なら」は体言に接続しており、断定の助動詞「なり」の未然形（⬇P.240）。「奉り」は謙譲の補助動詞で、「～申し上げる」と訳すのが基本だが、「見る」の謙譲表現は「拝見する」と訳すのがよい。「て」は完了の助動詞「つ」の未然形で、強意用法（⬇P.246）。

(4) 訳 どのようにしようか（=どうしようかしら）と、思い嘆いていたときに、（宇治拾遺物語）

▼文末に「まし」がある。前方に仮定条件がなく、疑問を表す語「いかに」（=「どのように」と訳す）があるので、ためらいの意志の用法。「せ」はサ変動詞「す」の未然形（⬇P.246）。

問四 解答

❶ **ア** ⑪ **イ** ⑥ **ウ** ⑩ **エ** ⑦ **オ** ① **カ** ④ **キ** ② **ク** ⑨ **ケ** ⑧ **コ** ⑫

❷ (1) **c** (2) **b**

❸ **あなた（＝一条摂政殿）は蔵人頭になりたいと申し上げなさらないで（＝御申請しなさらないで）くださいませんか**

訳 朝成《あさひら》の中納言《ちゅうなごん》と一条《いちじょう》摂政とは同じ時代の殿上人《てんじょうびと》で、（中納言は）家柄の程度は、一条殿と同等ではないが、身につけた漢学の知識も世間の人望も、格別な人であったので、蔵人頭《くろうどのとう》になるべき順番がきた折に、またこの一条殿も言うまでもなく、（蔵人頭になって）当然の人でいらっしゃったが、この朝成の君が（一条殿に）申し上げなさったことは、「殿は（蔵人頭に）おなりにならなくても、（世の）人がよくなく思い申し上げるはずでもない（＝悪く思い申し上げるはずもありません）。後々でもお心のままでいらっしゃいます。（しかし）私は、このたび（蔵人頭になることに）はずれましたならば、ひどくつらいにちがいないことでございましょうから、このたびは、（蔵人頭になりたいと）申し上げなさらないでくださいませんか（＝御申請しなさらないでくださいませんか）」と申し上げなさったところ、（一条殿は）「私もそう思うことである（＝思います）。それでは申請すまい」とおっしゃるので、（朝成は）本当にうれしいとお思いになったが、（一条殿は）どう思うようにおなりになった（＝気が変わられた）のであろうか、そのまま（朝成に）尋ねることもなく、（蔵人頭に）おなりになってしまったので、（朝成は）このようにおだましになってよいことかと、ひどくいまいましく思い申し上げたので、（お二人はその後）仲がよくない状態で過ごしていらっしゃったときに、（朝成が）この一条殿にお仕えしている人とかいう人に対して、無礼なことをしなさったのを、（一条殿は）「（蔵人頭になれなかったことを）残念だなどぐらいは思っても、どうして、何かにつけて私たちに、このように無礼にふるまうのか」と、腹を立てていらっしゃると聞いて、（朝成は）「（自分は）間違っていないことを申し上げよう」と思って、（一条殿のもとに）参上しなさったのだが、昔の人は、自分より（身分の）高い（方の）所に参上したときは、（先方から）「こちらへ」と（案内の）ない限りは、（屋敷に）上がらないで、下（＝屋外）に立っていることになっていたが、この時は六、七月のとても暑く堪えがたい頃で、このように（参上しました）と（供の者に）申し上げさせて、今か今かと、中門に立って待っているうちに、西日も差しかかって暑く堪えがたいという言葉では言い尽くせなく（＝暑く堪えがたいどころではなく）、病気になってしまいそうなので、（朝成は）「なんと、この殿は、自分をあぶり殺そうとお思いであるよ。無駄に参上した（＝無駄足を踏んだ）ものだなあ」と思うと、全く悪心《あくしん》が起こるなどといった言葉では、言い尽くせない（＝憎悪の心が起こるなどというどころではない）。

❶▼設問指示文に「文法的意味」とあるが、念のため選択肢から種類を問うているのか、意味・用法を問うているのかを確認すること。ここは明らかに後者である。

ア「けり」の識別（⬇P.246）。詠嘆用法の条件を満たさないので、過去用法。

イ「べし」の識別（⬇P.244・245）。前方に「已然形＋ば」で明確に根拠を述べており、「〜はずの（べき）」と訳せるので、当然用法。

ウ「す」の識別（⬇P.247）。直前の行為「（蔵人頭《くろうどのとう》に）なる」か否かは主語「（一条摂政）殿」の行為である。よって尊敬用法。

エ「な」の直後の「ば」は、未然形か已然形に接続するが、「な」で已然形になる助動詞はない。一文字で未然形になるものは完了の助動詞「ぬ」の未然形しかない。

オ「べし」の識別（⬇P.244・245）。仮定条件と呼応し、「〜だろう」と訳せるので、推量用法。

カ「べし」の識別（⬇P.244・245）。「〜べきだ」と訳せなくもないが、上位者の行為であり、強い表現を避けた方がよいので「〜てよい」が適訳で、適当用法。

キ「む」の識別（⬇P.243）。文末にあり、主体が一人称で、「〜よう」と訳せるので、意志用法。

ク「す」の識別（⬇P.247）。直後に尊敬語がないので、使役用法。

ケ「ぬ」の識別（⬇P.236・237・246）。直後に終止形接続の助動詞「べし」があるので、完了の助動詞「ぬ」の終止形。直後に推量の助動詞「べし」があるので、強意用法。

コ「けり」の識別（⬇P.246）。思考部で自らの思いを述べているので、詠嘆用法。

❷▼

(1) **「に」の識別**（⬇P.238・239）。**1 接続を確認**。直前が体言。**2 後を確認**。接続助詞「て」を挟んで「あり」の尊敬語「おはす」があり、「〜でいらっしゃる」と訳せる。よって断定の助動詞「なり」の連用形。

(2) **「る・れ」の識別**（⬇P.237）。**1 接続を確認**。直前がア段音で終わる動詞（＝四段活用の動詞「まゐる」の未然形）。**「る・らる」の識別**（⬇P.247）。自発・可能・受身の意味にならず、同じ人物（＝朝成《あさひら》）に他の箇所で敬意を払っているので、尊敬用法。

a「辛《から》かる」が一語。形容詞「辛し」の連体形の一部。

b 直前がア段音で終わる動詞（＝四段活用の動詞「思ふ」の未然形）。直前に心情を表す語があるが、同じ人物（＝朝成）に他の箇所で敬意を払っているので、自発の意味にならず、尊敬用法。

c 直前が体言。後に係助詞「か」がある（直後に「あらむ」が省略)。「に+あり」を「である」と訳せる(「にかあらむ」で「であろうか」)。よって断定の助動詞「なり」の連用形。

d 直前が連用形なので、完了の助動詞「ぬ」の連用形。

※連用形+「に」+(き・けり・たり・けむ)の形をとっている。

e 直後に読点(、)があるときは、まず接続助詞かどうかを確認する。直前が連体形で、体言の省略もなく、後にラ変動詞「あり」やその尊敬語「おはします」などや丁寧語「侍り・候ふ」も接続助詞「て・して」もないので、接続助詞。

f 直後に読点(、)があるときは、まず接続助詞かどうかを確認する。ここは直前が体言なので、接続助詞ではない。直前が体言で、後にラ変動詞「あり」やその尊敬語「おはします」などや丁寧語「侍り・候ふ」も接続助詞「て・して」もないので、格助詞。

g 「いかに」で重要語句の副詞(元は形容動詞「いかなり」の連用形)。「に」はその一部。

h 直前が事物の状態を表しており、「〜げに」の形をとっているので、形容動詞(「なめげなり」)の連用形活用語尾。「なめげなり」は重要語句の形容詞「なめし」に、形容動詞をつくる接尾語の「げなり」が付いて「なめげなり」となったものである。

i 直前がエ段音で終わる動詞(=四段活用の動詞「立つ」の已然形)なので、完了の助動詞「り」の連体形。

j 直前がア段音で終わる動詞(=四段活用の動詞「そこなふ」の未然形)。「気分(体の状態)が(暑さに)損なわれる」という文脈で、受身の用法。

❸▼主語は、会話文中で主体の明示がなく尊敬語を使っており、この場面で他の者は想定不可能なので、二人称(=「あなた」=「一条《いちじょう》摂政」)である(⬇P.136)。

「申」す内容は、直前の話題が「殿(=一条摂政)と自分(=朝成)のどちらが蔵人頭《くろうどのとう》になるか」であることからつかむ。

「申さ」は「言ふ」の謙譲語。「せ」は尊敬の助動詞「す」の連用形(⬇P.247)。「給は」は尊敬の補助動詞。「で」は打消の接続助詞。「侍り」は丁寧の補助動詞。「な」は完了の助動詞「ぬ」の未然形で、強意用法(⬇P.246)。強意は訳出しなくてもよいが、「どうか」などと現代語訳に入れてもよい。「む」は推量の助動詞「む」の終止形。会話文中にあり、主体は二人称。「〜なむや」の形をとっており、「〜ませんか」と訳せるので、勧誘用法(⬇P.243)。「や」は疑問を表し、勧誘の訳にあてはまる。

文法編

マストアイテム 75

助詞の意味の識別

◆重要な格助詞・接続助詞

＊助詞は、用法の識別よりも、きちんと訳せることが重要です。現代語と異なる重要な用法のものを中心に覚えましょう。

◆注意すべき格助詞の用法（訳し方）

の
①主格（〜が）
②同格（〜で）
③連体修飾格（〜の）
④準体格（〜のもの）
※「**体言の代用**」ともいう。
⑤連用修飾格（〜のように）
※「**比喩**」ともいう。

＊入試で重要なものは①と②です。

1 鍵になる語句などを前後から確認。

・**直前の体言**が受ける**述語**があるとき ⇒①
例 鳥**の**鳴く音はおもしろし。

※訳は「〜が」で訳せますが、「〜の」で訳しても意味が通ることがあるので、訳だけで決めてはいけません。

・**後方**に**連体形**があり、**直後に「の」の直前の体言が省略**（**きわめてまれに明示**）**されている**とき ⇒②
例 花**の**卯月《うづき》に咲くを愛《め》でむ。
※連体形「咲く」の直後に「花」が省略されています。

・**直前**に**名詞「例」**があるとき ⇒⑤を優先して 2
例 例**の**集まりぬ。

・**和歌の自然描写などの直後**に用いられているとき（特に二句目か三句目の末尾） ⇒⑤を優先して 2

2 文脈（前後）**を踏まえた解釈を確認。**

・「の」の**直前の体言**が**後の体言**に係っていき、「**の**」と**訳せる**とき ⇒③
例 世**の**あまたの人は花を愛づ。

・「**のもの**」**と訳せる**とき ⇒④
例 京の梅はめでたし。大和《やまと》**の**もさらなり。

・「**例の**」を「**いつものように**」**と訳せる**とき ⇒⑤
例 中将、例**の**うなづく。

・**和歌の自然描写などの直後**に用いられ（特に二句目か三句目の末尾）、「**のように**」**と訳せる**とき ⇒⑤

例 瀬をはやみ　岩にせかるる　滝川の　われても末《すゑ》に　あはんとぞ思ふ

より
①経由（～を通って）
②即時（～やいなや）
③手段（～で）

1 鍵になる語句などを前後から確認。

・**直前**に**場所**があるとき ➡ ①
例 門《かど》**より**車を引き入る。
※現代語と同じ起点「～から」を表す用法（入試問題の対象とはなりません）ではないことを確認しましょう。

・**直前**に**動詞**があるとき ➡ ②
例 月を見る**より**涙ぞこぼるる。

・**①でも②でもない**とき ➡ ③
例 ただ一人徒歩《かち》**より**詣でけり。

◇注意すべき接続助詞の用法（訳し方）

で
①打消の接続（～ないで）
※未然形に接続します。

ものから・ものゆゑ
①逆接の確定条件（～のに）
※連体形に接続します。
※まれに順接（現代語に準ずるので重要ではありません）もありますので前後関係を確認しましょう。

ば
①順接の仮定条件（～ならば）
②順接の確定条件（～ので・～と・～ところ）
※①は未然形に、②は已然形に接続します。

ど（ども）
①逆接の確定条件（～けれども）
※已然形に接続します。

とも
①逆接の仮定条件（～ても）
※終止形（形容詞などは本活用連用形）に接続します。

重要な副助詞・終助詞

◇注意すべき副助詞の用法（訳し方）

だに ①〔最小限の〕限定（せめて〜だけでも）
②類推（〜〔で〕さえ）

1 鍵になる語句などを前後から確認。

・**後方に命令・意志・願望・仮定があるとき** ➡①

例 鶯《うぐひす》よ、一声**だに**鳴け(命令形)。

例 風**だに**吹かなむ(願望)。

例 月**だに**雲居にあらば(仮定)、うれしからまし。

・**後方に命令・意志・願望・仮定がない**とき ➡②

例 はかなき歌を詠み**だに**せず。

※程度の軽いものを挙げて、より重いものを類推させる用法です。後方に「まして〜」が明示されることもあります。

さへ ①添加（〜までも）

例 雨**さへ**降り出《い》だしぬ。

※「**Aだけでなく、その上Bまでも**」と、**前提となる状況Aに別の状況Bが添加される**用法で、**AとBは同類**の場合が多く、上の例ではAとして「風が吹き出した」という状況などが想定されます。

し（しも） ①強意（訳出しない）

※副助詞の「し」（A）は、過去の助動詞「き」の連体形の「し」（B）や、サ変動詞「す」の連用形の「し」（C）との識別ができなければなりません。

1 鍵になる語句などを前後から確認。

・**直前**が**連用形**で、**直後**に**体言**があるか、「し」が**文末**で**前方**に**係助詞**や**疑問語**があるとき ➡B

例 咲き(連用形)**し**花を愛《め》でたり。

例 月をぞ眺め(連用形)**し**。

・**直後**に**連用形接続の語**があるとき ➡Cを優先して 2

・**直後**に**強意の係助詞「も・ぞ・こそ」**や、**後方**に**接続助詞「ば」**があるとき ➡Aを優先して 2

2 文脈（前後）を踏まえた解釈を確認。

・「する」と訳せるとき ⬇ C

例 行ひを**し**つ。（※「つ」は連用形接続の助動詞）

・除いても文脈上も文法的にも影響がないとき ⬇ A

例 雨**し**降り出だしければ、とく帰りけり。

◇注意すべき終助詞の用法（訳し方）

そ ①禁止（～（する）な）

※ほとんどの場合、**副詞の「な」と呼応**します。

例 **な**行き**そ**。

※**連用形**（カ変・サ変動詞には**未然形**）に接続します。

例 **な**来《こ》**そ**。 例 **な**せ**そ**。

てしがな（てしかな）・**にしがな**（にしかな）

①自己の願望（～たい）

※**連用形**に接続します。

例 行き**にしがな**。

※まれに「**しが**（しか）」「**しがな**」「**てしが**（てしか）」「**にしが**（にしか）」という形の場合もあります。

ばや ①自己の願望（～たい）

※**未然形**に接続します。

例 行か**ばや**。

なむ ①他への願望（～てほしい）

※**未然形**に接続します。

例 行か**なむ**。

がな・もがな

①願望（～が（で）あればいいなあ）

※**体言**（存在を願望）や**形容詞**（状態を願望）の**連用形**などに接続します。

例 友《体言》**もがな**。 例 なく《形容詞》**もがな**。

かし ①念を押す（～よ）

※**文末**や**文末に準ずるところ**に付きます。

例 行け《命令形》**かし**。 例 行くぞ《係助詞（文末用法）》**かし**。

重要な係助詞の用法

◆**係助詞には注意すべき用法**（訳し方）**が二つあります。**

① 懸念用法「もぞ・もこそ」（〜と困る・〜と大変だ）

例 風**もぞ**吹く。（風が吹く**と困る**〈**大変だ**〉。）

例 烏など**もこそ**見つくれ。（からすなどが見つける**と困る**〈**大変だ**〉。）

② 逆接用法「こそ〜已然形、」（〜けれども、）

※和歌の場合は句読点を付けないので注意。

例 花**こそ**おもしろく**咲け**、うれしからず。（花は美しく咲く**けれども**、うれしくない。）

◆**結びの語を指摘する際、文中に会話や思考を含む場合、文末が形容詞型に活用する語の場合は要注意です。**

例 雨に咲く花**こそ**いとどおもしろけれと思ひけり。

※「と」の直前までが思考部（二つの文扱い）なので、形容詞「おもしろけれ」が結びの語です。

◆**係り結びの結びの省略には以下のパターンがあります。**

1 **にや・にか〔あらむ〕 にこそ〔あれ・あらめ〕**
にぞ〔ある〕 になむ〔ある〕

※「あり」は「侍り」に、「む」は「けむ」になることもあります。

2 **とぞ〔言ふ・思ふなど〕 とこそ〔言へ・思へなど〕**

3 **二系列に活用する語の本活用の連用形＋係助詞＋〔あり・侍り〕**

例 うつくしく（形容詞）・静かに（形容動詞）・言はず（打消の助動詞） → **なむ（ある・侍る・思ふ）**

例 かなしく（形容詞）・あはれに（形容動詞）・逢《あ》はず（打消の助動詞） → **こそ（あれ・侍れ・思ふ）**

◆**結びの流れ**（消滅・消去）

例 我**こそ**かしこに**行きて**、語らはむ。

※右の例は、本来**已然形「行け」**となるべき結びの語が、連用形に接続する接続助詞「て」が付いたために連用形「行き」になっています。これを「結びの流れ（消滅・消去）」といいます。**全く解釈には影響しないので、気にする必要はありません。**

練習問題

助詞の意味の識別

問一 **傍線部ア・イの用法として最も適当なものを、それぞれ後から選べ。**

男《をのこ》どもの[ア]、いと赤き稲の[イ]、本《もと》ぞ青きを持たりて刈る。

① 連体修飾格　② 主格　③ 準体格
④ 連用修飾格　⑤ 同格

ア	イ

問二 **二重傍線部と異なる用法のものを、後から一つ選べ。**

今宵《こよひ》だに人しづめていととく逢《あ》はむと思ふに、

① 仏だによく描き奉らば、百千の家も出《い》で来《き》なん。
② われに今ひとたび声をだに聞かせ給へ。
③ なかなか涙だにも出で来《こ》ず。
④ 夢をだに見ばや。

□

問三 **次の文章は、女のもとを宮が久しぶりに訪れる場面である。これを読んで、後の問いに答えよ。**

からうじておはしまして、「あさましく心よりほかにおぼつかなくなりぬるを、おろかになおぼしそ[ア]。御あやまちとなむ思ふ。かく参り来ることびんあしと思ふ人々、あまたあるやうに聞けば、いとほしくなむ[イ]。大方もつつましきうちに、いとどほど経ぬる」とまめやかに御物語したまひて、「いざたまへ、今宵ばかり。人も見ぬ所あり。心のどかにものなども聞こえむ」とて車をさし寄せて、ただ乗せに乗せたまへば、われにもあら□乗りぬ。人[ウ]もこそ聞けと思ふ思ふ行けば、いたう夜更けにければ、知る人もなし。

（和泉式部日記）

❶ **傍線部ア・ウを、それぞれ現代語訳せよ。**

ア	ウ

❷ **傍線部イと文法的に同じものを、次から一つ選べ。**

① 髪もいみじく長くなりなむ。
② 川瀬の鶴《たづ》は鳴かずもあらなむ
③ 身はいやしながら、母なむ宮なりける。
④ 願はくは花の下にて春死なむ

□

❸ **空欄に当てはまる接続助詞として最も適当なものを、次から選べ。**

① に　② で　③ て　④ ど　⑤ ば

□

問一 解答 ア ② イ ⑤

訳 身分の低い男たちが、とても赤い稲で、根本が青い稲を持っていて（＝手に持ったまま）刈（ってい）る。（枕草子・八月つごもり）

▼アは直前の体言「男ども」が「持たり」および「刈る」の主語となっており（「が」と訳せる）、主格。

イは後方に連体形（「青き」＝形容詞「青し」の連体形）があり、その直後に「の」の直前の体言「稲」を補えることから同格。➡P.256

問二 解答 ③

訳 せめて今夜だけでも人を寝静まらせてとにかく早く逢《あ》いたいと思うが、（伊勢物語）

▼問題文の「だに」は意志（助動詞「む」）と呼応しており、限定用法。➡P.258

① 訳 せめて仏だけでもよく描き申し上げるならば（＝うまくお描きするならば）、百や千の家もきっとできるだろう（＝きっといくらでも家を持てるだろう）。（宇治拾遺物語）

▼仮定（「奉ら（未然形）＋ば」）と呼応して、限定用法。

② 訳 私にせめてもう一度声だけでも聞かせてください。（源氏物語・夕顔）

▼命令（「給へ（「給ふ」の命令形）」）と呼応しているので、限定用法。

③ 訳 かえって涙さえも出てこない。（増鏡）

▼命令・意志・願望・仮定と呼応していないので、類推用法。

④ 訳 せめて夢だけでも見たい。（源氏物語・夕顔）

▼願望の意を表す終助詞（「ばや」）と呼応しているので、限定用法。

問三 解答 ❶ ア いい加減だとお思いになるな（＝お思いにならないでください）

ウ 人が聞くと困る（大変だ・いけない）

❷ ③ ❸ ②

訳 （宮は）やっと（女のもとへ）いらっしゃって、「（自分でも）あきれるほど思いのほかにご無沙汰してしまったことを、いい加減だとお思いになるな（＝お思いにならないでください）。（私が来られなかったのも）あなたの罪だと思います。このように（私が）参上することを不都合だと思っている人々（＝あなたの愛人たち）が、たくさんいるように聞いているので、気の毒に（思いまして）。だいたいも（＝普通に考えてみて）遠慮しているうちに、ますます時が経ってしまいました」と真面目にお話しになって、「さあいらっしゃい、今夜だけ。人も見ない（＝誰にも見られない）所があります。心のどかに（＝落ち着いて）お話なども申し上げましょう」と言って車を寄せて、ただ乗せに乗せなさる（＝無理やりにお乗せになる）ので、（女は）自分でも自分が分からない状態で（＝何も考える余裕もなしに）乗った。（女は）人が聞くと困る（大変だ・いけない）と思いながら行くと（＝行くが）、とても夜が更けてしまっていたので、（女の外出に）気づく人もいない。

❶▼な～そ（⬇P.259）。もこそ（⬇P.260）。

ア「おろかに」は「おろそかだ・いい加減だ」の意の重要語句である形容動詞「おろかなり」の連用形。「な」は終助詞「そ」と呼応して禁止の意を表す副詞。

「おぼし」は「思ふ」の尊敬語。「おろかに」を「いい加減に」と訳さないように。これだと思いの状態・程度を言っているともとれるので、適訳とならない。ここは宮が自分の無沙汰を「いい加減だとお思いになるな」と言っている。

ウ「もこそ」（「もぞ」も同様）は懸念を表す用法で、「～と困る（大変だ・いけない）」と訳す。「もぞ」「もこそ」を見つけたら、まずその前後を訳し、その後に「と困る（大変だ・いけない）」を付ければよい。

❷ **選択肢の訳**

① 髪もきっととても長くなるだろう。（更級日記）

② 川の鶴《つる》は鳴かないでいて欲しい。（新勅撰集）

③ 自分の身は賤しいけれども、母は皇族であった。（伊勢物語）

④ 願わくば桜の花のもとで春に死にたい。（山家集）

▼「なむ」の識別（⬇P.241）。

傍線部イは形容詞の連用形（本活用）の活用語尾「しく」に接続しているので、強意の係助詞（二つの助動詞であれば、補助活用の方に接続するので、「いとほしかりなむ」となっていなければならない）。

①は連用形に接続し、二つの助動詞。

②は未然形に接続し、他への願望の終助詞。

③は体言（活用しない語）に接続し、あるいは係り結びの成立から強意の係助詞。

④は「死」が直前にあり、ナ変動詞「死ぬ」の一部（未然形活用語尾）と推量（意志）の助動詞「む」。

❸▼接続助詞の空欄補充問題は、まず接続、次に空欄の前後の訳を確認して決定する。

空欄の直前はラ変動詞「あり」の未然形。よって接続から②の「で」か⑤の「ば」。後者の場合は仮定条件を表し、文脈（とりわけ文末の完了の助動詞「ぬ」との関係）から不適なので、正解は②。

文法編

マストアイテム 76

敬語

敬語の種類と用法

敬語を覚えるときには、敬語の種類と敬語の用法を見分けなくてはなりません。

敬語には以下の種類があります。

① 尊敬語
② 謙譲語
③ 丁寧語

*敬語の種類は、その訳し方とともに一つ一つを覚えていくしか手立てはありません。

① **尊敬語**⬇敬語を含む文の**主体**（＝動作をする者）に対して敬意を表す。

例「のたまふ」＝「おっしゃる」（「言ふ」の尊敬語）

② **謙譲語**⬇敬語を含む文の**客体**（＝動作の及ぶ相手）に対して敬意を表す。

例「たまはる」＝「いただく」（「受く」の謙譲語）

③ **丁寧語**⬇敬語を含む文の**聞き手**や**読み手**に対して敬意を表す。

例「はべり」＝「あります」（「あり」の丁寧語）

敬語表現の考え方

※①が尊敬語、②が謙譲語、③が丁寧語です。矢印は「敬意の方向」（⬇P.270）を示しています。

◆**敬語動詞（➡P.266・267）には以下の用法があります。**

① 本動詞（動詞）
② 補助動詞

①**本動詞（動詞）➡具体的な動作（行為）や存在**を示します。

②**補助動詞**➡具体的な動作（行為）や存在を示さず、**敬意のみ**を表します。

＊補助動詞の用法を持つ敬語動詞（➡P.266・267）はその用法を本文中でそのつど確認しなければなりません。その手順を次に示します。

1 鍵になる語句などを直前から確認。

・**直前に接続助詞の「て」・係助詞・副助詞**があるとき ➡ 2

例 君は泣きて**おはします**。

・**直前に活用語がない**とき（右の接続助詞の「て」・係助詞・副助詞がある場合を除く） ➡①

例 殿は清水《きよみづ》へ**おはします**。

※右の「へ」は格助詞で活用しない語です。

・**直前に活用語があるとき** ➡②を優先して 2

例 姫はあてに**おはします**。

※ほとんどの場合②ですが、まれに①の場合もありますので、訳してみることが必要です。

例 男は上《うへ》に親しく**さぶらふ**。

※右の例文の訳は「男は天皇に親しくお仕えしている」。つまり具体的な動作（行為）を含んでいます。

＊補助動詞の用法を持たない敬語動詞は、直前にたとえ活用語があっても、絶対に①にしかなりません。➡P.269「侍り・候ふ」

例 宮はうれしく**おぼす**。

2 文脈（前後）を踏まえた解釈を確認。

・**具体的な動作（行為）**や**存在**の意味が**含まれる**とき ➡①

例 君はこなたへ泣きて**おはします**。

※君が泣いて「（どこかに）行く・来る」場合です。

・**具体的な動作（行為）**や**存在**の意味が**含まれない**とき ➡②

例 君はここにて泣きて**おはします**。

※君が泣いて「（どこかに）行く・来る」のではなく、泣いている状態の場合です。

文法編 重要敬語動詞と主な意味・用法

❶ 尊敬語（本動詞の用法のみのもの）

動詞	もとの動詞	訳例
のたまふ **のたまはす**［下二段］ **仰《おほ》す**［下二段］	言ふ	おっしゃる
思《おぼ》す・思《おぼ》し召《め》す 思《おも》ほす	思ふ	お思いになる
御覧《ごらん》ず［サ変］	見る	御覧になる
聞《き》こし召《め》す	聞く 食ふ・飲む	お聞きになる 召し上がる
おほとのごもる	寝《ぬ》・寝《い》ぬ	おやすみになる
しろしめす	知る 知る・治《し》る	知っていらっしゃる お治めになる
たまはす［下二段］	与ふ	お与えになる
召《め》す	呼ぶ 取り寄す 着る 乗る 食ふ・飲む	お呼びになる お取り寄せになる お召しになる お乗りになる 召し上がる

動詞	もとの動詞	訳例
あそばす	す	なさる
つかはす	遣《や》る	おやりになる

❷ 尊敬語（本動詞と補助動詞の用法があるもの）

動詞	もとの動詞	訳例
たぶ たうぶ	与ふ 補助動詞	お与えになる・下さる ～なさる・お～になる
おはす［サ変］ **おはします**	あり・行く・来《く》 補助動詞	いらっしゃる ～(て)いらっしゃる
います・ます・まします **いますかり**［ラ変］	あり・行く・来 補助動詞	いらっしゃる ～(て)いらっしゃる

③ 謙譲語（本動詞の用法のみのもの）

動詞	もとの動詞	訳例
承《うけたまは》る	受く・聞く	お受けする・お聞きする
たまはる	受く・もらふ	いただく
奏《そう》す［サ変］	言ふ	（帝《みかど》に）申し上げる
啓《けい》す［サ変］	言ふ	（中宮・東宮に）申し上げる
つか（う）まつる	仕ふ	お仕え申し上げる
	す	し申し上げる
まうづ［下二段］	行く・来	参上する
まかる／まかづ［下二段］	出《い》づ・行く	（貴所から）退出する

④ 謙譲語（本動詞と補助動詞の用法があるもの）

動詞	もとの動詞	訳例
申《まう》す／聞こゆ［下二段］／聞こえさす［下二段］	言ふ	申し上げる
	補助動詞	（お）〜申し上げる
参《まゐ》らす［下二段］	与ふ	差し上げる
	補助動詞	（お）〜申し上げる

⑤ 尊敬語または謙譲語になるもの

動詞			もとの動詞	訳例
まゐる	本	尊	食ふ・飲む	召し上がる
	本	謙	行く・来	参上する
			与ふ	差し上げる
奉《たてまつ》る	本	尊	着る	お召しになる
			食ふ・飲む	召し上がる
			乗る	お乗りになる
	本	謙	与ふ	差し上げる
	補	謙	補助動詞	（お）〜申し上げる
給《たま》ふ	本	尊	与ふ	お与えになる・下さる
	補 四段	尊	補助動詞	〜なさる・お〜になる
	補 下二段	謙	補助動詞	〜（ており）ます

⑥ 謙譲語または丁寧語になるもの

動詞			もとの動詞	訳例
はべり［ラ変］／さぶらふ／さうらふ	本	謙	仕ふ	お仕え申し上げる・伺候《しこう》する
	本	丁	あり・をり	あります・おります
	補	丁	補助動詞	〜です・〜（でござい）ます

複数の種類を持つ敬語

給ふ

①尊敬の動詞（お与えになる＝「与ふ」の尊敬語）
②尊敬の補助動詞（お〜になる・〜なさる）
③謙譲の補助動詞（〜〈ており〉ます）

1 **用法**（➡P.265）**を確認。**

・**動詞**の用法のとき ➡①
例 殿は禄《ろく》**給ひ**けり。

・**補助動詞**の用法のとき ➡**2**

2 **活用の種類を確認。**

・**四段活用**のとき ➡②
例 殿は帰り**給ひ**けり。

・**下二段活用**のとき ➡③
例 かく思ひ**給へ**て、

※③は原則として**会話文・手紙文**中で使用されます。
※③は**終止形・命令形**はほとんど**使われません。**
※③は**自分の「思ふ・見る」などの動作**に付きます。

奉る

①尊敬の動詞（お召しになる＝「着る」の尊敬語）
②尊敬の動詞（召し上がる＝「食ふ・飲む」の尊敬語）
③尊敬の動詞（お乗りになる＝「乗る」の尊敬語）
④謙譲の動詞（差し上げる＝「与ふ」の謙譲語）
⑤謙譲の補助動詞（〈お〉〜申し上げる）

1 **用法を確認。**

・**補助動詞**の用法のとき ➡⑤
例 男は歌を詠ませ**奉り**けり。

・**動詞**の用法のとき ➡**2**

2 **主体**（➡P.264）**と客体**（➡P.264）**を確認。**

・**地の文**では**作者**、**会話文**では**同一の話し手**が**同一の**客体に敬意を表しているとき ➡④
例 男は殿に歌を**奉り**けり。

・**地の文**では**作者**、**会話文**では**同一の話し手**が**同一の**主体に敬意を表しているとき ➡**3**

3 **動作の対象となる語を確認。**

・**着るもの**のとき ➡① 例 殿は狩衣《かりぎぬ》を**奉り**たりけり。

・**食べ物・飲み物**のとき ⬇② 例 殿は酒を**奉り**けり。
・**乗り物**のとき ⬇③ 例 殿は船に**奉り**けり。

✪侍り・候ふ

① **謙譲の動詞**（お仕え申し上げる＝「仕ふ」の謙譲語）
② **丁寧の動詞**（あります・おります＝「あり・をり」の丁寧語）
③ **丁寧の補助動詞**（～です・～〈でござい〉ます）

1 用法を確認。

・**補助動詞**の用法のとき ⬇③
例 男はいとうれしく思ひ**侍り**けり。
・**動詞**の用法のとき ⬇2

2 主体と客体を確認。

・**主体も客体も人**のとき ⬇①
例 女は中宮に**侍り**。
※高貴な人物や神仏が客体である場合、貴人のいる場所や神社仏閣で表されることもあります。
例 男は東三条殿《とうさんでうどの》に**候ふ**。
・**右以外**のとき ⬇②
例 花の庭に**候ふ**。 例 男は近江に**侍り**。

✪参る

① **謙譲の動詞**（参上する・参詣する＝「行く・来」の謙譲語）
② **謙譲の動詞**（差し上げる＝「与ふ」の謙譲語）
③ **尊敬の動詞**（召し上がる＝「食ふ・飲む」の尊敬語）

1 主体と客体を確認。

・**地の文**では**作者**、**会話文**では**同一の話し手**が**同一の主体**に敬意を表しているとき ⬇③
例 宮は御酒を**参り**けり。
※動作の対象は食べ物や飲み物です。
・**地の文**では**作者**、**会話文**では**同一の話し手**が**同一の客体**に敬意を表しているとき ⬇2

2 鍵になる語句などや文脈を前後から確認。

・**貴人や貴人のいる場所**が**動作の対象**のとき ⬇①
例 男は内裏に**参り**けり。
・①にならないとき ⬇②
例 女は文を**参り**けり。
※貴人のために「(何かを) して差し上げる」という意の場合もあります。例 御格子《みかうし》参る（格子を上げ(下げ) て差し上げる＝格子をお上げ（下げ）する)。

敬意の方向・敬語の重なり方

◆**誰からの**（誰の）**敬意かは、敬語の使われている文**（部分）**によって決められます。**

① 会話（手紙）文→会話の話し手（手紙の書き手）
② 地の文→作者

例 男は「殿は歌を詠み**給ひ**《男から》けり」と語り**侍り**《作者から》。

◆**誰への**（誰に対する）**敬意かは、敬語の種類によって決められます。**

① 尊敬語→**敬語動詞を含む文の**主体（＝動作をする者）**への敬意**
② 謙譲語→**敬語動詞を含む文の**客体（＝動作の及ぶ相手）**への敬意**
③ 丁寧語→会話（手紙）文**では**会話の聞き手（手紙の読み手）・**地の文では読者への敬意**

例 男は「殿は歌を詠み**給ひ**《殿への》けり」と語り**侍り**《読者への》。
例 男は帝に歌を詠み**奉り**《帝への》けり。

◆**敬語を組み合わせて用いる順序は決まっています。**
謙譲語→尊敬語→丁寧語

例 殿は歌を詠み**奉り**《謙譲語》**給ひ**《尊敬語》けり。
例 殿は歌を詠み**給ひ**《尊敬語》**侍り**《丁寧語》けり。
例 殿に歌を詠み**奉り**《謙譲語》**侍り**《丁寧語》けり。

◆**一つの動作に謙譲語と尊敬語を重ねて用いて動作の客体と主体の両方に敬意を表す**（二方面に対する敬意の）**場合の敬意の方向も、上記の決め方にそのまま従えばよいのです。**

例 殿は帝に歌を詠み**奉り**《謙譲語》**給ひ**《尊敬語》けり。
※この文の動作は「詠み」、主体は「殿」、客体は「帝」。「奉り」は「帝」への、「給ひ」は「殿」への敬意です。

◆**尊敬語と尊敬語を重ねて用い、主体に対して特に高い敬意を表すものを二重敬語**（最高敬語）**といいます。**

例 帝は歌を詠ま**せ**《尊敬の助動詞》**給ひ**《尊敬の補助動詞》けり。
例 宮はをかしげに**仰せ**《尊敬の動詞》**られ**《尊敬の助動詞》けり。
※地の文では皇族や最高階級の貴族などに使われますが、会話文・手紙文中では身分によらず使われます。

練習問題　敬語

問一　傍線部ア～カの説明として最も適当なものを、それぞれ後から選べ（同じものを何度選んでもよい）。

(1)「つらくなむ、かしこき御心ざしを思ひ給へ〔ア〕られ侍る〔イ〕」

(2) 御休所《やすみどころ》にまかで〔ウ〕給ひて、御衣《おんぞ》奉り〔エ〕かへて、下りて拝し奉り〔オ〕給ふさまに、皆人《みなひと》涙落とし給ふ〔カ〕。

① 尊敬の動詞　② 尊敬の補助動詞　③ 謙譲の動詞
④ 謙譲の補助動詞　⑤ 丁寧の動詞　⑥ 丁寧の補助動詞

ア	イ	ウ	エ	オ	カ

問二　次の文章を読んで、後の問いに答えよ。

泉の大将、故左*のおほいどのにまうで給へりけり。ほかにて酒などまゐり、酔《ゑ》ひて、夜いたくふけてゆくりもなくものし給へり。大臣《おとど》おどろき給ひて、「いづくにものし給へるたよりにかあらむ」など聞こえ給ひ〔ア〕て、御《み》格子あげさわぐに、壬生忠岑《みぶのただみね》、御《おほむ》供にあり。御階《みはし》のもとに、松ともしながらひざまづきて、御消息《せうそこ》申す。

　かささぎのわたせる橋の霜の上を
　　夜半《よは》にふみわけことさらにこそ

となむのたまふと申す〔イ〕。あるじの大臣、いとあはれにをかしとおぼして、その夜、夜一夜《よひとよ》大御酒《おほみき》まゐり、遊び給ひて、大将も物かづき〔ウ〕、忠岑も禄《ろく》たまはりなどしけり。

（大和物語）

*故左のおほいどの…左大臣藤原時平《ふじわらのときひら》。

❶ 傍線部アの(1)「聞こえ」と(2)「給ひ」の敬語の種類と敬意の対象として最も適当なものを、それぞれ次から選べ。

① 尊敬語　② 謙譲語　③ 丁寧語
④ 泉の大将　⑤ 故左のおほいどの　⑥ 壬生忠岑

(1) 種類	対象	(2) 種類	対象

❷ 傍線部イの(1)「のたまふ」と(2)「申す」は誰の行為か、最も適当なものを、それぞれ次から選べ。

① 泉の大将　② 故左のおほいどの　③ 壬生忠岑

(1)	(2)

❸ 傍線部ウとはどういうことか、最も適当なものを、次から選べ。

① 大将が大臣に贈り物を差し上げたということ。
② 大将が忠岑から贈り物をもらったということ。
③ 大臣が大将に褒美を与えたということ。
④ 大将が忠岑に褒美を与えたということ。

問一 解答

カ ② ア ④ イ ⑥ ウ ③ エ ① オ ④

(1) 訳 (桐壺更衣《きりつぼのこうい》の母君は)「つい恨めしいと、畏れ多い(帝の)ご寵愛《ちょうあい》を思ってしまいます」(源氏物語・桐壺)

(2) 訳 (光源氏《ひかるげんじ》が)ご休憩の場所に退出なさって、お召し物を着替えなさって、(清涼殿《せいりょうでん》の庭に)下りて(帝に)拝舞し(=感謝の意を表す舞踏を伴う礼をし)申し上げなさる様子に、人々は皆涙を落としていらっしゃる。(源氏物語・桐壺)

▼ウ「まかで」以外は「複数の種類を持つ敬語(⬇P.268・269)」参照。

ア 1 用法を確認。直前に活用語(動詞)があり、具体的な動作が含まれておらず、補助動詞の用法。
2 活用の種類を確認。直後に未然形接続の助動詞「らる」があるので、「へ」が未然形の活用語尾である下二段活用。よって謙譲の補助動詞。

イ 1 用法を確認。直前に活用語(助動詞)があり、具体的な動作が含まれておらず、補助動詞の用法。「侍り」が補助動詞の用法のときは必ず丁寧の補助動詞である。

ウ「まかで(まかづ)」には謙譲の本動詞(動詞)の用法しかない。

エ 1 用法を確認。直前に活用語がないので、本動詞(動詞)の用法。
2 主体と客体を確認。主体と客体は不明であるが、直前で同じ主体に敬意を表しているので、尊敬語の可能性は排除できない。
3 動作の対象となる語を確認。「御衣《おんぞ》」、つまり、着るものであり、直後に「かへ(=替へ)」ともあるので、「着る」の尊敬語。

オ 1 用法を確認。直前に活用語(動詞)があり、具体的な動作が含まれておらず、補助動詞の用法。「奉る」が補助動詞の用法のときは必ず謙譲の補助動詞である。

カ 1 用法を確認。直前に活用語(動詞)があり、具体的な動作が含まれておらず、補助動詞の用法。
2 活用の種類を確認。終止形で四段活用と下二段活用の区別がつかないが、下二段活用の終止形「給ふ」はほとんど使用されず、主体も「皆人」で一人称(=自分)ではなく、「落とす」という動作に付いているので、下二段活用の謙譲の補助動詞ではない。よって尊敬の補助動詞。

問二 解答

❶ (1) 種類 ② 対象 ④ (2) 種類 ① 対象 ⑤ ❷ (1) ① (2) ③ ❸ ③

訳 泉の大将が、故左大臣のお屋敷に参上しなさった。

よそで酒などを召し上がり、酔って、夜がひどく更けて突然参上しなさった。（左）大臣は驚きなさって、「どこにおいでになったついでであろうか」などと申し上げなさって、御格子を上げて騒ぐが、（その時）壬生忠岑《みぶのただみね》が、（大将の）御供として（お仕えして）いる。（忠岑は）階段のもとに、松明《たいまつ》を灯しながらひざまずいて、ご挨拶を申し上げる。（忠岑は）「『かささぎの渡した橋（＝左大臣殿のお屋敷の階段）に降りた霜の上を、夜更けに踏み分け、わざわざ（参上したのです）（＝よそへ行ったついでではございません）』と（大将が）おっしゃっています」と申し上げる。主人の大臣は、実にしみじみとおもしろいとお思いになって、その夜、一晩中お酒を召し上がり、管弦の遊びをなさって、（大臣から）大将も褒美をいただき、忠岑も褒美をいただきなどした。

❶▼まず、この文章の登場人物は選択肢④⑤⑥の三人で、最初の文などから④と⑤には作者は敬意を表しているが、最後の文などから⑥には敬意を表していないことを確認する。人物整理が読解の基本・前提である。⬇P.136・270

(1)の「聞こえ」の敬語の種類は謙譲語のみ。謙譲語は動作の客体（相手）に敬意を表すので、「（左）大臣」が「申し上げる」相手である「（泉の）大将」が敬意の対象。(2)の「給ひ」は補助動詞の用法で、活用語尾が「ひ」なので四段活用の尊敬の補助動詞。尊敬語は主体に敬意を表すので、「申し上げる」主体である「（左）大臣」が敬意の対象。

❷▼まず(2)の「申す」は歌の直前の「申す」と一致し、尊敬語も使われていないので、主体は忠岑。

次に忠岑の詠んだ歌は、（左）大臣の質問に対する返答となっていることから(1)の「のたまふ」の主体は（左）大臣ではなく、忠岑が敬意を表していることから「（泉の）大将」。また古典常識として当時の貴人は歌の巧みな従者を伴い、自らの代わりに歌を詠ませること（＝代詠）が多々あったことを知っておこう。

❸▼まず文構造として直後に「忠岑も禄《ろく》たまはりなどしけり」とあることに注目したい。つまりこの内容と並列するものが正答である。また「かづく（＝被く）」には「（貴人から褒美として衣服などを）いただく」という重要語句としての意があることを知っておかなければならない（⬇P.112）。並列関係と合わせ、「物」は「禄（＝褒美）」であり、（泉の）大将と忠岑が二人とも（左）大臣から褒美をいただいたことになる。よって（左）大臣が（泉の）大将に褒美を与えたとする③が正答である。

桐原書店の
デジタル学習サービス

営業所のご案内

札幌／仙台／東京／東海 ………………… (03) 5302-7010

大阪／広島／福岡 ………………………… (06) 6368-8025

営業時間 9:00～17:00（土日祝を除く）

読んで見て聞いて覚える

古文攻略マストアイテム76<古文常識・和歌・文学史・文法>　改訂版

2017年12月1日　初　版第1刷発行
2023年10月20日　改訂版第1刷発行
2024年1月10日　改訂版第2刷発行

著　者	武田　博幸
	鞆森　祥悟
発行人	門間　正哉
発行所	株式会社 桐原書店
	〒114-0001　東京都北区東十条3-10-36
	TEL：03-5302-7010（販売）
	www.kirihara.co.jp
装丁･本文レイアウト	荒川　浩美（ことのはデザイン）
イラスト	武田　知子
	駒田　康高（デジタル・スペース）
印刷・製本	図書印刷株式会社

ISBN978-4-342-35404-5
Printed in Japan